社会学视角下的中国教育改革

SHEHUIXUE
SHIJIAO XIA DE
ZHONGGUO JIAOYU
GAIGE

高水红　主编 ■

教育科学出版社

·北 京·

本书为江苏省普通高等学校哲学社会科学重点研究基地"社会学视野下的中国教育改革研究"结项成果，特此鸣谢江苏高校哲学社会科学重点研究基地的支持和赞助！

目　　录

序　言

　　教育改革多年，但是未解决的问题一点不比已经解决的问题少。有些是老问题，有些是新问题。老问题是改革没有动或久攻不下的问题，新问题中有些亦是由改革本身连带出的问题，因此对于教育改革的分析和反思任何时候都是需要且有意义的。本书所进行的就是这样一个工作：从社会学的视角出发对已经进行的教育改革进行审视，以明晰中国教育改革的社会学意涵、中国教育改革的社会场域、中国教育改革的内在逻辑，并在此基础上反思中国教育改革的取向、策略及问题，以便为教育改革提供"来自自身"的启示，并对教育改革的进程提出负责任的建议。具体而言，我们试图在以下三个方面做出我们的努力。

　　一是丰富并发展教育改革的本土理论。教育改革的实践虽然如火如荼，但具有概括力和解释力的教育改革理论却不多。本书中提供了从社会学意涵出发理解中国教育改革的视角和框架，集体性知识、关系嵌入、参与者知识学等，是在贴合中国本土教育改革现实的基础上创生的教育理论成果。

　　二是揭示并分析教育改革的要害性问题。本书所提供的研究成果不是大而虚的制约因素分析，也不是小而实的个案问题揭示，而是透过教育改革的表面现实，揭示其深层或背后的各种社会力量及其相互关系。从社会场域、文化传统、阶层生态、家长力量与教育改革实践之间的复杂的关系和力量纠结，直指教育改革的价值取向、立场选择、政策执行等要害性问题。

　　三是提出并设想成功教育改革的可能路径。中国的教育改革并不缺乏蓝图的设计和实践的热情，而是缺乏基于改革实践的具体经验而提升出的可行的实践路径和策略。本书提供的研究成果是在研究者的实证研究基础上而提出的可行性策略。

不可否认，我们正处在一个教育的深刻变革时期，众多的教育问题被暴露出来，这既预示着形势的不容乐观，也逼迫着教育研究者们不可懈怠。我们需要客观地面对教育的问题，脱离中国教育经验，或者没有完全了解真实教育情况所做的抽象分析、判断和猜测都不可能利于教育理论的创造、教育学科的发展及教育改革的实践。在乱象丛生的教育现实和理论面前，我们唯有正直、诚实和谦虚的面对，才能有机会做出些许有意义的工作。

本书主要由三编构成。第一编为教育改革分析的视角与框架，意在呈现教育改革研究的源起、教育改革分析的路径，以及由此形成的解释框架，在理论层面对中国教育改革的研究做出概括和提升。其中第一章"教育改革社会学研究的兴起"，梳理了教育改革社会学既有的研究，并指出作为建立一个新的教育社会学分支领域的努力，教育改革的社会学研究需要有合理的发展路向：在研究视角上，应聚焦于"人群差异"，关注利益群体与教育改革的关联；在研究对象上，应对作为整个教育改革之组成部分的各种"分类教育改革"进行系列化社会学考察；在研究方式上，应首先加强实证分析，并以实证分析为根基进行理论探究。第二章"教育改革的解释框架：集体性知识"，从整体关照的角度，审视教育改革的动员和实践过程所形成的集体共识，此共识所包裹的知识与权力成为理解中国教育改革的一种理念框架。第三章"教育改革的分析路径：特定事件、改革过程与整体背景"，从微观的教育改革事件、中观的教育改革过程以及宏观的教育改革文化背景三个层次考量教育改革过程的复杂性和独特性，来把握教育改革过程更丰富的细节和更清晰的脉络。第四章"教育改革的研究视角：从旁观者知识学到参与者知识学"，在面对当前社会转型与教育变革的背景下，走出"知识与控制"的解释框架，从更具实践性的"知识与行动"这一分析框架入手提出问题，并寻求重新理解与解释教育改革现实的可能。

第二编为教育改革的场域与逻辑，从政策调整、关系嵌入、阶层生态、文化渗入等方面呈现教育改革所处的场域。对于自上而下的改革而言，1949 年后，国家对教育改革的政策调整是否出现变化？教育改革的制度设计又如何嵌入社会结构与文化环境中？阶层的分化趋势与固化格局如何影响教育改革的实践效果？上述问题正是本编第五至第七章试图回答的。从第八章到第十一章，则从更为具体的诸如公共领域的协商、辩论、批判机制，游民文化对于流动学生亚文化的形塑，三次技术变迁对学习方式变革的影响，家长力量对于学校微观教育改革实践的干预等方面，试图探讨真实教育改革的实践逻辑。

第三编为教育改革的问题与出路，意在明晰不同阶段、不同领域教育改革实践中存在的问题，在此基础上思索教育改革成功的可能出路。其中，第十二章到第十三章分别从基础教育、高等教育出发，分析不同教育阶段所面临的核心问题即基础教育改革过程中存在的"公平理念"与"非公平现实"的矛盾；高等教育改革过程中追求"精英化"与"大众化"的张力。第十四章和第十五章则分别呈现道德教育改革领域所面临的"政治化"取向朝"生活化"取向转变过程中的问题与局限，以及乡村教育改革领域在自上而下的国家现代化进程与乡村教育之间潜在的冲突和紧张。本编的最后四章则从理念、体制及改革的主体三个层面进行了改革出路的构想。第十六章"教育改革的系统设计：协同运行与效果评价"，强调系统思维与全局设计是教育改革成功的前提条件，以系统思维为引领，充分预期改革风险、进行综合的方案设计、监控改革的实施进程、协调系统内外的复杂关系、进行理性的改革效果评价，是成功教育改革的关键；第十七章"教育改革的体制关怀：重建共同体"，指出了"共同体"作为一种体制依托，可以解决改革理念与现实之间的距离、改革逻辑与教育本体关怀之间的裂痕，并探索了学校如何建设"学习共同体"、"教育共同体"乃至"学术共同体"；第十八章和第十九章分别根据教师教育改革的经验和学校教育管理人员的经验，指出教育改革的顺利进行有待学校层面提供必要的支持、信任和宽容，以规避标签效应、克服刻板印象、扭转污名化倾向和减少利益算计心理。而作为基础教育改革的行动主体——各级各类的学校本身面临着向优质学校的提升和跨越，化解"财物性阻碍"和"应试性阻碍"，并深究和澄明"以人为本"的学校管理理念和行动是完成学校教育改革的可能路径。

本书由南京师范大学教育社会学研究中心、江苏省普通高等学校哲学社会科学重点研究基地"社会学视野下的中国教育改革研究"项目组成员共同完成。书中内容作为项目的阶段性成果已陆续发表，在此编撰成书，意在更为集中地呈现我们对于教育改革的思考，更为清晰地反映我们在教育改革研究中的思路，并相信在与读者朋友的交流中，会更加利于我们对于教育改革研究的反思和后续研究的展开。其中各章节分别由以下学者完成：吴康宁（第一章）、马维娜（第二章）、庄西真（第三、六章）、高水红（第四、七、十五章）、程天君（第五章）、王海英（第八、十六章）、周宗伟（第九章）、张义兵（第十章）、胡金平（第十一章）、吴永军（第十二章）、彭拥军（第十三章）、齐学红（第十四章）、王有升（第十七章）、杨跃（第十八章）、张新平（第十九章）。

在此感谢项目组成员的信任和支持，委任我完成此书的编撰。感谢南京师范大学教育社会学研究中心的吴康宁教授、程天君教授，南京大学社会学院的贺晓星教授，他们在本书题目的确定、章节的编排等方面给予了诸多建设性的意见。感谢教育科学出版社的刘明堂先生、罗永华女士，没有他们认真、高效、负责的工作就没有本书的面世。

高水红

2015 年 7 月 31 日

第一编

中国教育改革：视角与框架

第一章　教育改革社会学研究的兴起[*]

一、教育改革社会学研究的兴起

改革开放以来中国教育发展的 30 年历程也可以说是一个持续改革的过程。撇开地区层面、学校层面的各种教育改革不谈，即便在"国家层面"或"全国范围"的意义上，"改革"也已成了中国教育迄今 30 年中不断出现的一个主题词，许多教育领域都曾进行过，或正在进行着，或至少谋划过具"颠覆"意义的改革。

如同对于中国整个社会改革的认识一样，人们对于教育改革起初持有坚定、乐观的态度，认为改革是必由之路，不改革便不能发展，且认为只要持续努力，改革就会成功①。事实上，由于改革开放初期进行的教育改革中有不少都属于对"文革"期间教育领域所受种种浩劫与延误的"拨乱反正"，带有"纠偏"与"恢复"的性质，其合法性与合理性得到广泛社会认同；且作为教育领域中的一种主流社会运动，其推进过程呈摧枯拉朽之势，因而"旧貌变新颜"的效果比较明显。所以，此时人们对于教育改革的评价基本上是肯定性的，人们所关注的是如何"又快又好"地进行既定的教育改革，而不是对教育改革本

　＊　本文原刊于《教育研究与实验》2009 年第 6 期，现收入本书时略有改动。
　①　譬如，请见江月孙. 1980. 中等教育结构改革浅议[J]. 华南师范大学学报(1)；邹有华. 1981. 试论当前我国教育制度的改革[J]. 华南师范学院学报(1).《中共中央关于教育体制改革的决定》(1985 年 5 月 27 日)也明言："中央相信,只要各级党委和政府加强领导,坚持正确方针,经过全党、全社会和全国各族人民的共同努力,教育体制改革必将获得成功。"

身加以反思，因为没有进行这种反思的社会需要。

但大致从 20 世纪 80 年代末 90 年代初开始，随着教育改革不断向纵深发展，尤其是不断触及"体制"这个坚硬堡垒与"文化"这个牢固根基，教育改革的进程便再也不像此前的进程那样畅行无阻了。许多改革都进展缓慢乃至举步维艰；不少改革起初轰轰烈烈，其后冷冷清清，继而徒有其名，最终偃旗息鼓乃至原路返回；还有一些改革虽然总体上有成效，但代价高昂，回报远不如预期。这就迫使人们不得不探讨教育改革的制约因素，进行教育改革的反思性研究①。

在 90 年代中期之前，对于教育改革的反思性研究多半带有某种"定型化"色彩。这种定型化的教育改革研究在分析教育改革的制约因素时，通常都是"逻辑周延"地从宏观到中观再到微观依序分析一番，列举出诸如思想观念没有解放、体制障碍没有打破、经费投入不足、地区发展不平衡、教师素质跟不上和评价制度不配套等一系列因素来。此类研究至今仍在延续，且依然汗牛充栋。但稍微阅读、对照一番便会发现，此类研究并不能扩展人们关于教育改革的知识积累，更遑论激发人们参与教育改革的行动热情，因为不论从事实揭示的深入性还是从思想阐明的深刻性来看，任何一篇写于今天的这种"定型化"教育改革研究文章同 10 年前的同类文章之间都不会有多大区别。

区别于这种"定型化"研究的是教育改革的社会学研究。教育改革的社会学研究力图避免那种只是对众口皆云的一些教育改革受制因素加以简单罗列与表浅评析，而是着力于对作为一种社会现象的教育改革受制因素、演变过程及社会后果进行社会学解释，力图透过教育改革的表面事实，揭示与解释其深层的或背后的各种社会力量及其相互关系，为教育改革的判断与决策提供社会学依据。据笔者从《cnki中国期刊全文数据库》查阅结果显示，我国大陆学者撰写的可视为教

---

① 徐海鹰. 1988. 教育体制改革思路的明显缺陷[J]. 幼儿教育(10)；忻福良. 1990. 求索中的失误——上海高教发展与改革反思[J]. 教育发展研究(3)；王文肃. 1991. 高教十年发展改革的回顾与反思[J]. 中国高教研究(3). (忻文与王文的审视对象虽然分别主要是上海与四川的高等教育改革，但作为对教育改革本身进行明确的直接的反思来说，则具有典型性与普遍意义。)

育改革社会学研究的论文最早出现于 1995 年（龚怡祖，1995），其后一直到 2001 年的 7 年间，总共只发表了 6 篇同类论文，平均 1 年不到 1 篇。但自 2002 年起，关于教育改革的社会学研究开始明显增加，截至 2008 年的 7 年间，共发表同类论文 30 篇；尤其是 2006—2008 年的 3 年间，共见有同类论文 18 篇，平均每年 6 篇。而且，据笔者从《cnki 中国博士学位论文全文数据库》查阅结果显示，以教育改革的社会学研究为主题的 9 篇研究生学位论文与博士后出站报告都是 2002 年之后出现的，其中有 7 篇是 2006 年之后出现的。

与之相呼应的一个事实是，进入 21 世纪后，尤其是自 2006 年以来，对教育改革进行社会学研究已经不只是个别学者的零散的学术行为，而是在一定程度上也成为我国教育社会学界不时呈现的一种"群体行动"。譬如，全国教育社会学专业委员会第七、九、十届学术年会的主题分别为"社会变迁中的教育公平问题"（2002 年）、"教育改革的社会学分析"（2006 年）、"面向和谐社会的教育问题"（2008 年），这三届学术年会对教育改革的社会学层面进行了专门的或相对集中的探讨①。在"北京大学首届教育社会学国际研讨会"（2006 年）与"北京师范大学首届教育社会学论坛"（2007 年）中，教育改革也是重要论题。笔者则与课题组其他九位同人一起，自 2007 年起开始承担国家社科基金项目"中国教育改革的社会学研究"。

从已发表和出版的成果来看，教育改革社会学的研究方式既有理论探讨，也有实证分析。在理论探讨中，既有关于教育改革的一般社会学理论探究②，也有以中国教育改革为专门对象的本土社会学理论

---

① 在此之前，全国教育社会学专业委员会曾两次召开学术年会，专题讨论"教育变革"问题（如第三届学术年会主题为"国家（地区）现代化与教育变革"，1993 年；第四届学术年会主题为"社会转型时期的教育变革"，1995 年）。"教育变革"与"教育改革"有关联，但区别于教育改革，教育变革通常被用来指称那些可以促进社会进步与个人发展的"积极意义"上的革命性教育变化。与之相应，教育变革研究往往也带有较浓的理想化、进化论色彩。

② 吴永军. 2001. 知识经济对教育改革的影响：一种社会学分析[J]. 现代教育论丛(6)；吴康宁. 2007. 谁支持改革——兼论教育改革的社会基础[J]. 教育研究与实验(6)；黄珊珊，田静. 2008. 课程改革本质的社会学思考及其现实意义[J]. 当代教育科学(21).

建构①;在实证分析中,有研究者进行了将现场观察、问卷调查、文本分析、深度访谈及在此基础上的理论提炼等多种方式相结合的尝试②。

至于教育改革社会学研究的对象,也已涉及比较广泛的领域。在"教育阶段"上,既有高等教育改革③,也有基础教育改革④;在"教育类型"上,既有普通教育改革,也有职业教育改革⑤,还有特殊教育改革⑥;在"教育范畴"上,既有知识教育改革,也有道德教育改革⑦、体育教育改革⑧,还有教师教育改革⑨;在"教育要素"上,包括教育法律改革⑩、教育制度改革⑪、学校课程改革⑫,以及教育评价改革⑬等。

不过,若从数量上看,关于基础教育课程改革的社会学研究所占比例最大。基础教育课程改革于 2001 年开始在义务教育阶段进行实验,2002 年便开始出现相应的社会学研究论文⑭。截至 2008 年年底,共见有基础教育课程改革的社会学研究论文 15 篇,占同期发表的教育

---

① 马维娜. 2009. 中国教育改革的知识社会学解读[J]. 北京师范大学学报(2);吴康宁. 2008. 制约中国教育改革的特殊场域[J]. 教育研究(12).

② 高水红. 2006. 改革精英:基础教育课程改革案例研究[D]. 南京师范大学博士论文;王平. 2006. 课程改革中的文化适应问题研究[D]. 兰州:西北师范双学博士论文.

③ 胡俊生. 2006. 高等教育改革若干重大问题的社会学反思[J]. 甘肃社会科学(5).

④ 王有升. 2004. 理念的力量:基础教育学校改革的社会学研究[D]. 上海:华东师范大学博士论文.

⑤ 庄西真. 2006. 社会结构变化趋势及其对职业教育的影响[J]. 教育发展研究(21).

⑥ 贺晓星. 2008. 聋教育改革的社会学思考:非政府组织的"双语双文化"努力[J]. 教育学报(4).

⑦ 齐学红. 2009. 道德教育改革的社会学分析框架[J]. 思想理论教育(6).

⑧ 刘燕. 2006. 从体育社会学角度看高校体育教育改革[J]. 四川体育科学(1).

⑨ 杨跃. 2007. 教师教育改革阻抗的社会学分析[J]. 湖南师范大学教育科学学报(3).

⑩ 王海英. 2007. 从"城市偏向"走向"均衡发展"——《义务教育法》改革历程的社会学思考[J]. 湖南师范大学教育科学学报(2).

⑪ 韩蕾. 2008. 社会学视角下高考制度改革研究[D]. 福州:福建师范大学硕士学位论文.

⑫ 葛春. 2007. 关于基础教育课程改革的社会学分析与思考[D]. 南京:南京师范大学硕士学位论文.

⑬ 李慧莲. 2003. 重新审视基础教育学生评价改革——从社会学研究视角出发[D]. 上海:上海师范大学硕士学位论文.

⑭ 高水红. 2002. 课程知识的合法性研究:《对基础教育课程改革纲要(试行)》的社会学分析[J]. 学科教育(8).

改革社会学研究论文总数（30 篇）的 50% 。即便以迄今所有教育改革社会学研究论文总数来计算，基础教育课程改革的社会学研究论文所占比例也高达 41.7% 。而在以教育改革的社会学研究为主题的研究生学位论文中，基础教育课程改革的社会学研究也是重心所在。6 篇硕士学位论文中有 3 篇是基础课程教育改革的社会学研究，2 篇博士学位论文则都是关于基础教育课程改革的社会学研究。

二、教育改革社会学研究的发展路向

《国家中长期教育改革和发展规划纲要（2010—2020 年)》的颁布实施表明，中国教育改革虽然已经走过了 30 年历程，但从教育的职能履行现状及国家对教育的期待来看，教育改革还将继续进行下去，并将是一个长期的过程。因此，我们有理由相信，在今后相当长一个时期里，教育改革研究将成为我国教育研究的一个重心，而教育改革的社会学研究将成为其中不可或缺的一个重要组成部分。

之所以这样说，全部的理由就在于：教育改革本身乃是整个社会改革的一个重要组成部分，教育改革受制于同时又制约着整个社会的政治、经济、文化及科技的发展状况。教育改革的决策乃是各种社会力量反复博弈的结果，教育改革的实施充满着利益相关者之间的互动或互闭、交流或交锋、对话或对抗，教育改革的结果对于特定人群的利益来说或是增进，或是减损，或是不增不减。而所有这一切，都需要从社会学角度去考察、分析、解释，得出建基于事实判断的研究结论。人们可以根据研究结论，对教育改革的政策与实践提出基于价值判断的行动建议。

因此，教育改革的社会学研究虽然已经在我国兴起，但也还只是处于起步阶段，因为就总体而言，迄今的研究成果尚不足以对作为一种独特社会现象的中国教育改革予以圆顺、充分的解释，从而成为调整教育改革政策与实践的有效社会学依据。笔者在前面述及迄今已有教育改革社会学研究的方式和对象时，使用了"既有……也有……"

的句式，其目的只在于表明迄今已有的教育改革社会学研究在研究方式与研究对象上都不是完全单一的，而并不意味着教育改革的社会学研究目下已呈现出丰富多彩的格局，更不意味着总体上已具有较高水平。事实上，不论在研究视角上，还是在研究对象上，抑或在研究方式上，教育改革的社会学研究都需要有新的拓展与深化，以便能在我国教育社会学学科中真正形成一个可称之为"教育改革社会学"的分支领域，继而为我国教育改革的合理而顺利的发展提供必要的社会学依据。这就需要对教育改革社会学研究的今后路向有一个清晰的把握。

首先是研究视角问题。"教育改革的社会学研究"是一个复合词，其中的"教育改革"指的是研究对象，后面的"社会学"则是指研究视角。关于社会学的研究视角，观点因人而异。笔者也曾在几个不同场合数次述及。笔者以为，区别于哲学、政治学、经济学、心理学、法学等其他学科的研究视角，社会学的研究视角在于"人群差异"。即是说，用这一视角来审视，社会学所关注的便是具有不同社会特征或文化特征的各种人群，是这些人群之间的差异问题①。

因此，从社会学视角来研究教育改革，其基本任务就不是以"既……又……"的句法逻辑对教育改革同社会的政治、经济、文化及科技之间的关系加以辩证的却又是人所皆知的说明，而是要敞现出作为不同社会力量的各种人群在教育改革中的利益关联、地位占有、价值取向、行动目的及策略手段，尤其是首先要敞现出不同人群与教育改革的利益关联；揭示出这些不同人群之间展开的利益的竞争与联合、思想的交流与碰撞、价值的争辩与澄清、关系的磋商与妥协等一系列社会过程，尤其是要揭示出利益的竞争与联合的过程；弄清教育改革对不同人群来说最终带来的实际结果。

这样，"利益群体"便成了教育改革的社会学研究中具有重要价值

---

① 吴康宁. 2009. 我国教育社会学的三十年发展（1979—2008）[J]. 华东师范大学学报（教育科学版）(2). 本文修正了笔者之前的"社会学视角观"。在此之前，笔者认为社会学视角是"社会平等"。详见吴康宁编《社会学视野中的教育丛书》(南京师范大学出版社 2005 年起出版)之总序。

的一个关键词。由于"任何改革都会使原有利益格局发生变化，都有
可能发生利益冲突，都有一个利益调整问题。改革能否成功、是否顺
利，既取决于改革的大方向是否正确、目标是否合理，也取决于利益
调整能否为改革所涉各方基本接受，能否最大限度地减少或缓解利益
冲突。改革，萌生于现实困境，肇始于理念引导，受阻于利益冲突，
推进于利益调整。"（吴康宁，2009）因此，利益关联应成为教育改革
的社会学考察的一项关键内容，尤其是在当今利益分化时代，教育改
革的社会学研究不能不特别关注利益群体与教育改革之间的关联，且
揭示与解释这种关联也是教育改革社会学研究的可用武之处。关于这
一点，已有学者进行了专门阐明（庄西真，2007），并也已见有专门探
讨①，但由于这方面的探讨还只是凤毛麟角，还谈不上研究范围的广窄
与研究方式的区分，因而，突出"人群差异"这一社会学视角，抓住
"利益群体"这一关键概念，增加研究力量的投入，着力考察利益群体
与教育改革的关联，便成了我国教育改革的社会学研究下一步需首先
解决的一个路向性问题。

其次是研究对象问题。中国教育改革既可被视为一个整体，又可
被视为一个组合体。作为一个整体，中国教育改革具有区别于西方国
家教育改革的一些总体上的基本特征；而作为一个组合体，中国教育
改革本身又是由若干相对独立的"分类教育改革"组成的。这些相对
独立的"分类教育改革"相互之间有联系、有共通之点，但也有区别、
有独特之处。

譬如，高等教育改革、基础教育改革及学前教育改革这三个不同教
育阶段的改革，就各自都具有其他两类教育改革所不具有或不明显具有
的一些典型特征。高等教育改革所需解决的"大众教育与精英教育"的
矛盾并非同样是基础教育改革和学前教育改革必须面对的课题②，基础

① 马健生.2002.论教育改革过程中的利益冲突[J].教育科学(4);周小虎,土坽.2006.
论教育政策制定的利益指向——利益集团理论的分析视角[J].教育科学(1).
② 彭拥军在"中国教育改革的社会学研究"课题研讨会上的发言,参见课题组第四—七次
课题研讨会纪要(2006年12月20日—2008年12月7日).

教育，尤其是义务教育改革必须作出的"均衡发展"这一无条件承诺也很难成为对于高等教育改革与学前教育改革的同样要求①，而学前教育改革所遭遇的"去教育性"问题在基础教育改革与高等教育改革中则根本就不是个问题②。

再譬如，学校的道德教育改革与政治教育改革虽然都属于广义的"意识形态教育改革"的范畴，但两者之间显然各有其自身特点。学校道德教育改革的旗帜是"回归生活"③，学校政治教育改革的口号则是"走向科学"④。

因此，对中国教育改革的社会学研究，就不仅需要阐明同西方国家教育改革相区别的整个中国教育改革的社会学特征，而且有必要揭示出作为中国教育改革总体中的那些相对独立的"分类教育改革"的社会学特征。由此来看，迄今为止教育改革的社会学研究虽然如上所述涉及了诸多对象，但由于在这当中，对于基础教育课程改革这一"分类教育改革"的社会学研究占据了半壁江山，因而，对于其他"分类教育改革"的社会学研究在数量上便微乎其微。在这个意义上，除了基础教育课程改革之外，其他"分类教育改革"多半还只是一块块有待社会学研究的学术处女地。

这就涉及教育改革社会学研究中的诸多处女地如何开发的问题。笔者以为，我们可以将教育改革社会学视为教育社会学的一个新的相对独立的分支领域。我国教育社会学学科发展的经验告诉我们，一个新的分支领域的形成可以有两条途径。一条途径是完全任其自然，等待研究逐步积累到一定程度时水到渠成；另一条途径则是促进分支领

① 高水红在"中国教育改革的社会学研究"课题研讨会上的发言,参见课题组第四、五、七次课题研讨会纪要(2006 年 11 月 20 日—2008 年 12 月 7 日)。

② 王海英在"中国教育改革的社会学研究"课题研讨会上的发言,参见课题组第三—八次课题研讨会纪要(2006 年 11 月 29 日—2009 年 1 月 11 日)。

③ 齐学红在"中国教育改革的社会学研究"课题研讨会上的发言,参见课题组第三、四、五、七次课题研讨会纪要(2006 年 11 月 29 日—2008 年 12 月 7 日)。

④ 程天君在"中国教育改革的社会学研究"课题研讨会上的发言,参见课题组第七、八次课题研讨会纪要(2008 年 12 月 7 日—2009 年 1 月 11 日)。

域建立规划，通过组织对若干重要问题的持续公关性研究并取得系列化成果，来促成新的分支领域的"诞生"。究竟采取哪一条途径，当视建立分支领域的需要及研究力量的状况而定。在研究力量比较薄弱，且建立分支领域的需要并非十分迫切的情况下，通常采取第一条途径；而当迫切需要建立分支领域，且已拥有基本研究力量时，则可采取第二条途径。就教育改革社会学这一分支领域的建立来看，似以第二条途径为宜。其原因便在于，作为国家发展战略之组成部分的我国教育改革的进一步拓展与深化及其长期实施，已经向教育社会学提出了建立教育改革社会学这一专门分支领域，从而为教育改革合理而顺畅的持续推进提供必要的社会学依据的迫切需求，且经过这些年的发展，已有一支可对教育改革进行较为系统的社会学研究的学术力量。因此，根据教育改革的实际构成状况，区分作为整个教育改革组成部分的各种"分类教育改革"（高等教育改革、基础教育改革、学前教育改革、农村教育改革、职业教育改革、道德教育改革、政治教育改革等），并组织对于"分类教育改革"的系列化社会学研究，乃是我国教育改革的社会学研究今后在研究对象问题上的可取路向。

再次是研究方式问题。迄今的教育改革社会学研究虽然如前所述"既有理论探讨，也有实证分析"，但绝大部分都是理论探讨，实证分析很少，真正规范的实证分析可以说是几乎凤毛麟角。且即便是理论探讨，也以一般议论居多，有深度的、富于社会学想象力的理论探究很少。社会学研究的根基在于实证分析，社会学理论的产生奠基于实证分析之上。教育改革的社会学研究，首先必须告诉人们作为一种独特社会现象的中国教育改革的真实状况，诸如教育改革的样态、特征、过程、成因等，而这些都需要进行实证分析。只有在实证分析基础上建构起来的理论，才有可能对中国教育改革具有较强的解释力，也只有在实证分析基础上思考出来的行动建议，才有可能对中国教育改革具有较强的指导力。因此，加强实证研究，并以实证研究为根基来进行理论探究，乃是教育改革的社会学研究在研究方式问题上的合理路径。

参考文献

龚怡祖. 1995. 从社会学与经济学看高等农业教育改革[J]. 教育发展研究(1).

吴康宁. 2009. 地位与利益——教师教育改革的两大制约因素[J]. 当代教师教育(3).

庄西真. 2007. 利益分化时代的教育改革 —— 一个拟议中的教育社会学论题[J]. 当代教育科学(22).

第二章　教育改革的解释框架：集体性知识[*]

一、知识及其分类、使用：思想主张的门户

要对知识进行语义学定义，起码可以"拿来"以下两种依据。一是根据韦伯斯特（Webster）词典 1997 年的定义，"知识"（knowledge）指的是通过实践、研究、联系或调查获得的关于事物的事实和状态的认识，是对科学、艺术或技术的理解，是人类获得的关于真理和原理的认识的总和。也就是说，知识是人类积累的关于自然和社会的认识和经验的总和。二是按照《中国大百科全书·社会学》的解释，"知识"一词的含义包括思想、意识形态、法学观念、伦理观念、哲学、艺术、科学和技术等观念。（《中国大百科全书·社会学》编委会，1998a）⁴⁷⁴但是，仅仅这样认识"知识"，很可能某种程度隐匿了知识的想象力与已有胸襟，若再对"知识"进一步拆解、细究，我们发现获取的意涵将更为丰厚。

就汉语语境而言，"知"除通"智"外，竟富含八种意思。（1）晓得；知道。《论语·为政》："知之为知之，不知为不知，是知也。"（2）使人知道。（3）知识。（4）知觉。《荀子·王制》："草木有生而无知。"（5）见；显现。《吕氏春秋·自知》："文侯不说（悦），知于颜色。"（6）相契；相亲。《左传·昭公四年》："公孙明知叔孙于齐。"（7）主持。《左传·襄公二十六年》："子产其将知政矣。"（8）接待。

---

* 本文原刊于《教育学报》2009 年第 5 期，现收入本书时略有改动。

与之相对应，"识"除通"适"、通"志"与通"帜"外，主要包括两种意思。（1）知道；认识。《礼记·乐记》："识礼乐之文者能述。"（2）知识；见识。张衡《东京赋》："鄙夫寡识。"（辞海编委会，1979）^{1733,385}就英语语境而言，"knowledge"与《辞海》中"知识"（即人们在社会实践中积累起来的经验；相知、相识。指熟识的人。）相比，包含的意思似乎更多些：一是 understanding，即了解；理解。二是 all that a person knows；familiarity gained by experience，即个人的知识；见闻。三是 everything that is known；organized body of information，即学问；学识；知识。四是 be known by everyone in a community or group，即人所共知。需要指出的是，虽然"knowledge"中"know"与"ledge"没有相互之间的词根类关系，但研究中却发现，将其分别考据对进一步理解"knowledge"却不无裨益，至少我们从中发现的意蕴，比如依托某种支撑之力去区分、明辨人或物，去获取某种经验或技巧，去将一事物标明为另一事物等[①]，似乎对透视现实更具有解释力。

如此，汉英双重语境中的字源学梳理，至少使我们在理解"知识"时可以获得来自不同方位的信息刺激，表明对知识的理解不仅是某种本义的单一原录（如某某"总和"或等等"观念"），而且还有广义、引申义的发现与延展（如见、显现；相契、相亲）；不仅是作为名词性的静态解释（如见闻、学识），而且还有动词性（包括使动、被动）的行为表征（如知道、认识；使人知道）；不仅是常人的一般解释（如

---

① 在《牛津高阶英汉双解词典》中，"know"除了作为习语之用的诸多意思外，居然还有另外九种意涵。（1）have（sth.）in one's mind or memory as a result of experience or learning or information：知道，懂得，了解（某事物）。（2）feel certain：确知；确信。（3）be acprainted/familiar with（sb./a place）：认识/熟悉（某人/某地）。（4）regard sb./sth. as（being）sth.：认定某人/某事物为某事物。（5）call，nickname or label sb./syg as sth.：将某人（某事物）称为、起绰号叫作或标明为某事物。（6）be able to distinguish（one person or thing）from another；recognize.：能区分、辨别，认出（人或物）。（7）understand and be able to use（a language，skill，etc.）.：会，掌握（某语言、技巧等）。（8）have personal experience of（sth.）：有（某事物）的亲身经历或体验。（9）have knowledge of sth.；be aware of sth.：了解或知道某事物。而"ledge"的意思则较为有趣：（1）narrow horizontal shelf coming out from a wall，cliff，etc.：指水平的窄长架状突出物；壁架；岩石架。（2）rideg of rocks under water，est near the shore：指暗礁，岩礁（尤指近岸的）。参见牛津高阶英汉双解词典[M]. 1997. 北京：商务印书馆/英国：牛津大学出版社：925-926，947.

经验；学问），而且还有潜隐一隅的特别所指（如接待；辨别人或物；掌握语言、技巧）。只是人们对它的整体关注远远不及其自身的蕴藏力。这种情形正如同"知识"的词根考证一样。"知识"来自于希腊语的"gnoo-（knowledge）"，这个词根在希腊语里有三个层次：一是它最原初的含义，就是"私人性的"，"亲切的"；二是"记忆的"，"专家意见"；三是现在人的理解，知识是"系统的"和"科学的"。在英文字典里，第二和第三层次的意思仍很明确，但看不到第一个层次的意思了，因为现在的人已经把它忘掉了，因为语言的核心含义总是处在分解、漂流、重组的过程中（汪丁丁，2009a）。如此，对知识本身的重新认识就不仅是必要的，也是可能的。

进一步说，不同学科、不同学派、不同学者在论及"知识"的类别或在对"知识"使用时，与其是依据各自标准的不同划分，毋宁是对他们自身思想、理念等的使用域在作某种诠释。因此，我们更需要关注的就不仅是他们如何对知识进行分类？依据什么标准对知识进行分类？而且是他们为什么这样而非那样分类？这种分类与他们的思想主张之间的关联是什么？而与前相同，"汇总"诸多知识类别的企图同样退居其次。

作为集科学家和哲学家于一身的学者波兰尼（Michael Polanyi），对实证主义科学观所造成的危害有着深刻的体会和理解，对机械原子论和客观主义佞妄的批判亦较有力。他一反科学是客观的、普遍的传统观念，利用逆向思维提出科学乃至一切知识都是个人的主张。目的既不是为了标新立异，也不是要走向另一极端，其深层意义是通过证明科学和人文知识都离不开个人的参与，从而达到即使是自然科学也充满人性因素的认识，以促使人们科学观的革命性转变。这样，为了阐明他的"知识是个人的"论断，在他的重要论著《个人知识》中，波兰尼首先将人类的全部知识进行了分类，认为人的知识分为两类，通常被说成知识的东西，像用书面语言、图或数字公式来表达的东西，只是一种知识；而非系统阐述的知识，例如我们对正在做的某事所具有的知识，是另一种形式的知识。如果称第一种知识为言传知识，第二种知识为意会知识，就可以说，我们总是意会地知道，我们在认为我们的言传知识是正确的（波兰尼，1985）。

与波兰尼的思想主张影响其对知识的界定相似，作为知识社会学重要奠基人的曼海姆（Karl Mannheim）认为，社会境况决定论是其知识社会学的中心思想。在曼海姆看来，思想或知识表面上是从思想家个人头脑中产生的，而实际上它们终究是由思想家所处的各种社会环境、社会状况决定的。"由于我们至今生活在一个不能免除尘世烦扰和超越历史的时期。我们的问题不是怎样对待将成为'真理本身'的那种知识，而是人们怎样对待认识自己的问题，这些问题像他们在其知识方面一样，受其时代和社会地位的制约"（曼海姆，2000a）[192]。曼海姆特别强调知识的非自主性、非个人性或社会性问题，他的知识社会学中的"知识"只包括人文社会科学知识，不包括自然科学知识，因为他认为自然科学知识的内容不受社会性因素制约。为此，知识社会学必须致力于探讨"思想的社会决定"或"知识的社会决定"，且"探讨的宗旨不在于研究思想如何以逻辑形式在教科书中表现出来，而在于它在社会生活和政治活动中如何作为集体行动的工具实际发挥作用"（曼海姆，2000b）。

正因为对知识的划分与使用紧密关联于提出者的思想主张，所以也就不可能只有按照某种分类标准的静态知识类别与使用特质，更有与知识的发生、发展、变化的内外在因素密切相关的动态流变的知识类别与使用特质。在这种流变中，知识的丰富性与想象力似乎彰显得更为强烈。福柯（Mechel Foucault）就是一个典范。

福柯对"知识"的诠释不仅是精妙的，而且由知识的诠释延展出的想象力更是令人慨叹与震撼：这个由某种话语实践按其规则构成的并为某门科学的建立所不可缺少的成分整体，尽管它们并不是必然会产生科学，我们可以称之为"知识"。知识是在详述的话语实践中可以谈论的东西：这是不同的对象构成的范围，它们将获得或者不能获得科学的地位（19世纪，精神病学的知识不是我们曾信以为真的东西的总和，而是我们在精神话语中能够言及的行为、特殊性和偏差的整体）；知识也是一个空间，在这个空间里，主体可以占一席之地，以便谈论它在自己的话语中所涉及的对象（在这个意义上，临床医学的知识是医学话语的主体可以起到观察、询问、辨读、记录、决定等功能的整体）；知识还是一个陈述的并列和从属的范围，概念在这个范围中产生、消失、被使用和转换（在这个层次上，博物史的知识在 18 世纪便不是说出的东西的总和，而是方式和所在的整体，我们能够依据这些方式和所在把每一个新的陈述纳入已说出的东西中）；最后，知识是由话语所提供的使用和适应的可能性确定的（因此，政治经济学的知识在古典主义时代不是各种经过答辩的论文，而是它在其他话语中的或者在其他非话语的实践中的连接点的整体）。与此同时，福柯还将"能够在既定的时期把产生认识论形态、产生科学，也许还有形式化系统的话语实践联系起来的关系的整体"称为"知识型"，并认为"知识型"既不是指一种知识的形式，也不是指一种理性的类型，而是"当我们在话语的规律性的层次上分析科学时，能在某一既定时代的各种科学之间发现的关系的整体"，还"能使人们掌握在既定的时间内强加给话语的约束性和界限的规则"（福柯，1998）[235-236,248-249]。

这里，稍稍了解福柯的人都不难发现，上述阐释显然同样服务于他的权力思想主张。就是说，在福柯的权力思想中，知识、话语、权力三者互相包容、惟妙惟肖。知识裹覆在权力之中，更确切地说裹覆在话语、规训、性欲等"载体"之中，以致不少分析将知识与权力的关系"溶解"在话语、规训、性欲与权力的分析中。福柯认为："问题不在于确定权力如何征服知识并使它终身侍奉，或是确定权力怎样在知识上打下权力的烙印并把意识形态的内容和限制强加于知识。倘若没有本身就是权力的一种形式，并以它的存在和功能与其他形式的权力相联系的传播、记录、积累和置换的系统，那么知识体系便无法形成。反之，假如没有知识的摘要、占用、分配或保留，那么权力也无法发挥作用。在此层面上，唯有知识/权力的根本形式。"（阿兰·谢里登，1997）[15,181]可见，正是权力与知识互相蕴含的思想，正是任何知识都同时预设和构成了权力关系的主张，才引发福柯对知识理解的高屋建瓴与大气磅礴。

上述对知识及知识的分类与使用的阐释想表明的是：第一，"知识"是一个包容度深广的概念，它既有知识本身的界定、分类问题，也有与知识密切相关的特质、想象、能力、操作等问题，对知识的融通理解与广袤运用可能开辟知识的更多空间；第二，本研究中的"知识"服务于对中国教育改革复杂现实与多重结局的解释，大体会在一个静态与动态兼具、认识与行为共存的阈限内进行使用；第三，本研究中的知识既包括一般意义上的知识，也包括研究中的特别所指，即思想观念、群体精神、传播节奏、生产活动与关系格局等，且更多是在福柯的"知识"意义上使用知识概念，为的是更强调其宽泛、开放与整体的意涵。

二、集体与集体性：整体的或集合的精神气质

对"集体"的基本的语义学解释，《中国大百科全书·社会学》这样认为，集体（collectivity）是执行一定的社会职能、有明确的求成目标的群体。苏联心理学家 A. B. 彼得罗夫斯基认为，集体是一个有组织的群体，其成员由对于整个群体和每个个人有意义的共同价值、共同活动目的和任务而结合在一起，其中，人际关系以具有社会价值和个人意义的共同活动内容为中介（《中国大百科全书·社会学》编委会，1998b）[99]。

当然，如果我们并不仅仅囿于这类有关集体的一般性解释，可能会对其生发另外的发现。比如，马克思、恩格斯的"集体"就带有较为强烈的阶级色彩，且注重在对虚构或冒充集体与真实集体的辨析中进行阐释。在过去的种种冒充的集体中，如在国家中，个人自由只是对那些在统治阶级范围内发展的个人来说是存在的，他们之所以有个人自由，只是因为他们是这一阶级的个人。从前各个个人所结成的那种虚构的集体，总是作为某种独立的东西而使自己与各个个人对立起来；由于这种集体是一个阶级反对另一个阶级的联合，因此对于被支配的阶

级说来，它不仅是完全虚幻的集体，而且是新的桎梏。而在真实的集体的条件下，各个个人在自己的联合中并通过这种联合获得自由（马克思、恩格斯，1960、1995）[84,110]。再如，有学者对"集体"的界定就显得更为宽泛与包容，认为人类社会的集体并不是若干个人的总和，而是由一定的利益关系、权利和义务关系以及一定的组织系统联系起来的有机的社会集团。因此，在人类历史上，不仅氏族、家庭、家族、民族、村落、国家是集体，而且还有其他政治性的、经济性的、学术、教育和宗教性的各种集体（中国社会科学院哲学所伦理研究室，1983）[209]。

颇有意思的是，"集体"与"集体性"在英文中使用的竟是同一个词，即"collectivity"。或许这更多可以从词性指涉的角度去理解，但却并不说明二者之间完全没有差异。至少在汉语语境中，"集体"更多具有某种实体的性质，且其中"集"多有（众多个体的）集合、集团、组织之意，"体"多有（思想与行动时的）整个个体之意；"集体性"则更多指涉某种事物所具有的特质。而从对"集体性"的使用中，可以看到"集体性"拥有的更多意涵区间以及作为一种现实存在的集合的或整体的特性。

郑杭生先生在阐释现代性过程中"个人"的创生与集体化问题时，谈及与集体性相关的问题。他认为 19 世纪社会生活的集合性着重是以大型集体和组织方式来展现的。活跃在这一时期的一些普遍的社会现象——社会组织、社会运动，民族国家、政治民主化和民主参与、福利国家和充分就业政策等——都提醒我们，这种集体性并不是偶然的，而是表征了古典现代性的一种基本特征和趋势。它们凸显了这样一个事实：这是一个建构集体性的社会时代。在 20 世纪的大部分时间里，民族国家成了社会生活集合性的最为集中的表现。这一时期的国家释放出空前的整合力量，个人的集体性也发展到了极致。首先，"社会"范畴中包含的民族国家隐喻，如结构功能主义、社会冲突论、社会批判理论等，表现了社会的结构化和体系化，成为全民性、领土性和民族性大集体的发展过程。此外，社会学也表达了民族国家对社会群体进行的大型集体化塑造，通过民族理想和国家意识的神圣化和普遍化，国家的政治抱负也融入到各个群体、阶级阶层之中，成为它们的理想和信念的重要支柱，这极大地推动了这些群体向大型社会集体的汇聚和转变，这些过程都表现了国家的意志、理想和实践。同样，社会学也就从多种角度展示了国家对个人集体性的刻意追求：通过各种集体和组织过程，国家成功地造就了理性行动者、角色扮演者、国民、居民、组织人和法人（郑杭生，杨敏，2006）。

邓正来先生在谈及中国社会科学场域中主要存在着两大知识生产趋势以及与其相应的两大"知识类型"（规划的知识和违背知识场域逻辑的知识）时认为，在中国发展的今天，在相当的程度上讲，个人的知识活动既不是一种单纯的"智性活动"，也不是西方当代社会中的那种高度制度化的"个人性"社会实践活动，而毋宁是一种"集体性的知识生产和再生产活动"。所谓"集体性"的知识生产和再生产活动，也就是中国在当下深陷于其间的那种"自上而下"的"知识规划"时代。在谈及其《小路上的思与语》访谈录时，邓正来先生同样表达了"集体性"所包蕴的意涵。"这十篇访谈文字所表达的是对一种个人性的、独立性的思想方式的承诺，是对一条充满寂寞和欢愉的'小路'的选择。这种方式的确定，是对一条以各种主流形式构成的'大路'的决然批判。这条'大路'的根本特征，不仅在于它所承载的各种思想取向是主流的，更在于它所承载的各种思想立场都是以一种'集体性'的方式表现出来的——而不论其思想立场是反传统的或反现代的、左派的或右派的、西化的或中国传统的"（邓正来，2009a；2006a）[13]。

上述对集体与集体性的阐释想表明的是：第一，不管哪一类型、何种性质的"集体"，似乎都有某些意义上的相似与相通，即有某种利益上的联系，有一定的组织系统，共处于一个统一体中；第二，在表达一种现实存在的集合的或整体的特性时，"集体性"较之"集体"来更具有表达的丰满和意义的拓展的能力，它的灵动与深邃的精神气质在上文已初显端倪；第三，本研究框架之所以更倾向于使用"集体性"而非"集体"，是以为前者的意义空间与解释空间较之后者更为强烈，即更能表达其既具有集体的特质又不等同于集体，既具有某种实体特质又不局限于实体的狭隘，既有内隐的传统本土元素又有当下现实中的时代嬗变。

三、理论资源：阅读的可选择性

作为一种解释框架的"集体性知识"，不仅不可能游离于中国本土昨天、今天的"根"的蔓延与"根"的变异，而且也不可能更不会与整个"地球村"的研究相脱域。事实上，虽然笔者的视野中尚未发现明确提出"集体性知识"此一解释框架的学者，但与"集体性知识"相关的国外理论资源并不在少数，只是我们的研读同样需要思想的漏筛。由此想做和能做的，就是在有限的研读中，去感受国外学者的研究气质——如何将常规的不可能变为可能；去体悟他们对社会现象的考察理路——如何推测出某一事物中所包含的社会因素；去捕捉他们的问题留白——集体记忆的历史感存续方式。当然，更主要的是在这种选择性阅读中，明晰自己不直接"拿来"某一理论而另提出一种解释框架的研究所指，铺展自己对中国教育改革的社会学解释之路。

（一）奥尔森、克罗齐耶：将常规的不可能变为可能

对奥尔森（Mancur Olsen）的"集体行动的逻辑"和克罗齐耶（Michel Crozier）的"行动者与系统"中的如何将常规的不可能变为可能的研究气质进行再认识，会产生方法论上的启示。

可以说，作为公共选择理论奠基之作的奥尔森的集体行动的逻辑是对传统经济学的一种反动，因为传统经济学不予关心非市场决策问题，认为诸如此类的决策和行动是由非市场因素决定的，超出了经济学有关行为的传统假定。但奥尔森"集体行动的逻辑"，恰恰将一个看似不可能的议题成为可能，且恰恰证明了非市场议题并不意味着不能用经济学的方法来研究。因为公共选择理论从它诞生的那一天起就牢牢扣住了"经济人"这个最基本的行为假定，认为除了参与私人经济部门活动的人之

外，公共活动的参与者也受制于此，都有使自己行为最大化的倾向，无行为主体的所谓的公共利益是不存在的（奥尔森，1995）[14]。

与奥尔森被传统经济学视为不可能的研究具有相似性，克罗齐耶与费埃德伯格的《行动者与系统》，同样以其独树一帜的研究，不仅使其基本概念与传统的组织概念大相径庭，而且使其观察视角、研究路径也与以美英学者为代表的益格鲁－撒克逊学派的组织研究迥然不同。在他们的观察视角中，组织并不是一种简单的社会功能单位，抑或具有一定的整体性的系统，而是一种极为错综复杂的现象，组织既是一种容器，又是容器中的内容；既是结构，又是过程；既是对人类行为的制约力量，同时又是人类行为的结果。正是在对组织这一错综复杂的现象的建构中，他们得以完成对集体行动产生和维系条件的解释（克罗齐耶、费埃德伯格，2007）[1,2]。

由此看来，如果说属于传统经济学议题之局外者的非市场题的集体行动的逻辑尚且并不意味着不能用经济学的方法来研究，如果说克罗齐耶和费埃德伯格所提供的具体、实际、完全对应于现实存在领域中的组织的形象，尚且并不意味着不能与传统组织概念及美英学派的组织研究迥然有异，也便从某种意义上昭示，作为中国教育改革解释框架的"集体性知识"同样具有在看起来不可能处正孕育和潜藏着诸多解释与巨大空间的可能性。当然，作为解释性框架的"集体性知识"在以他者理论推断或佐证自身的研究假设的同时，需要构建其自身特有的立论基地。

（二）涂尔干：群体共识的符号解码

可以说，涂尔干（Emile Durkheim）的《宗教生活的基本形式》在对宗教信仰起源的绝妙剖析中，渐进有序地解释了知识的集体性问题。这种集体的作用在以下涂尔干对最原始的澳洲氏族社会考察中，体现得更为出神入化。一是凡俗的世界与神圣事物的世界之间可以发生勾连，这种勾连是"一个充满了异常强烈的力量的环境"，左右人并使人发生质变。"在一个世界中，他过着孤单乏味的日常生活；而他要突入另一个世界，就只有和那种使他兴奋得发狂的异常力量发生关系。前者是凡俗的世界，后者是神圣事物的世界。"二是集体性诞生于某种特定的社会环境之中，这种社会环境（集会、图腾膜拜等仪式）"是社会群体定期重新巩固自身的手段"。"集体生活由于几乎完全集中于确定的时刻，它就能够获得最大的强度和效果，因而使得人们对他们所过的双重生活和他们所享有的双重本性都具有了更加积极的情感。"三是这些集体性与社会、群体密切相联，"实际上强化的就是作为社会成员的个体对其社会的归附关系"。"既然这些（对图腾的）情感是群体所共有的，那么它们就只能和所有人所共同拥有的某种东西相关联，从而把这些情感归因于图腾形象也就更加自然了，因为图腾标记是唯一符合这一条件的事物……它是社会生活的永恒要素"（涂尔干，1999）[289,507,292,297]。

由此，涂尔干在为我们描绘群体共识的符号支点——图腾制度的基础上，将一种集体力量创造神俗力量的过程凸显得出神入化，这也同样符合他的功能主义的理论性格。但是，这里想表明的是，描绘群体共识或许只是进行中国教育改革的社会学解释的一个部分，更多的部分还包括"共识"之外的矛盾、冲突、断裂、协商、抗衡、博弈等诸多"社会事实"，因为作为中国教育改革的解释框架，"集体性知识"不仅是寻求某种共识的诞生，更有除共识之外的太多复杂性。也就是说，以"集体性知识"表现出的对教育改革进行解释的某种需要，既不皆以完全一致的形式表现，也不都作截然分裂的样态彰显，最初的情形有点类似图腾崇拜，即并不是一般所认为的图腾崇拜是对不能战胜的恶的向往与内心希冀征服的表达，而是一种亲近与善的表达，但在一种特定的集体氛围中，可以让人的思想与行为在其间不得不、不能不发生一系列变化，这可能引发理解中国教育改革现实的眼光发生某些转换。

（三）哈布瓦赫：历史感存续的集体记忆

哈布瓦赫（Halbwachs，M）的"集体记忆"是在回答涂尔干"集体欢腾"所遭遇到的困境中发展起来的。这个困境就是，如果承认社会或群体在欢腾时期会展示出创造力，焕发生机，那么当常规行为成了一个时代的秩序时，在这种平淡无奇的时期里，又是什么把人们整合在一起的呢？哈布瓦赫指出，存在于欢腾时期和日常生活时期之间的明显空白，事实上是由集体记忆填充和维持着的，这种集体记忆以各种典礼性、仪式性的英雄壮举的形式出现，并且在诗人和史诗性的诗歌中得到纪念，它们使记忆在除此之外单调乏味的日常生活的常规实践中保持鲜活。当然，对哈布瓦赫来说，过去是一种社会建构，这种社会建构，如果不是全部，那么也是主要由现在的关注所形塑的。这就是"现在中心观"（presentist）。哈布瓦赫往往倾向于把不同时期的观点看作是收集在一本相册里的一组不同的相片，某些特定观察者现在所持的观点与这本相册中其他时期的观点是彼此隔绝的。但这样的观点不能解释历史的连续性。当代美国社会学家巴里·施瓦茨（B. Schwartz）认为，过去总是一个持续与变迁、连续与更新的复合体。我们或许的确无法步入同一条河流，但是这条河流却仍具有绵延不绝的特征，具有别的河流无法与之共有的性质。如果过去被视为完全异己的，那么，集体记忆也就不能作为当前历史时期的一个坚实牢靠的支柱（哈布瓦赫，2002）[44,45-49]。

正是在这样的阅读中，笔者以为，各种典礼性、仪式性英雄壮举的形式、纪念性的集会，固然是存续以往记忆、重构过去事件的"有效法则"，但在历史的悄然蔓延、暗滋潜长中，也可能在"日常生活的常规实践"或"平淡无奇"中以非仪式或非集会的形式实现某种集体记忆。

四、"集体性知识"：整体视角、过程、方法意义

在上述诸多阐释的基础上，作为中国教育改革解释框架的"集体性知识"拟在原先界定的基础上作进一步修改与完善，即"以某些特殊方式建构起来的，具有一定利益关联和一定社会能量的思想观念、群体精神、传播节奏、生产活动与关系格局"。与此前所界定的"被群体以某些特殊方式建构出来的具有一定目标、执行一定社会职能的思

想、意识形态、伦理观念、法学观念、哲学、科学、技术等"的表述相比，不同之处有二：一是更加确切地表达"集体性知识"的研究指向，即"思想观念、群体精神、传播节奏、生产活动与关系格局"，而不是原先泛泛所指的"思想、意识形态、伦理观念、法学观念、哲学、科学、技术等"；二是"社会能量"的表述较之原先的"社会职能"更为适切，前者更能体现笔者企图表达的"群体力量聚合"的意涵，后者则仍有某种"行政关涉"的色彩。

（一）作为整体视角的"集体性知识"

作为一种看问题的整体视角，它并不纠缠于本身的实体性表达，不是要回答一些具体的问题，如集体的比例有多少、集体性知识的要件是什么等，而是要呈现从一种整体关照的角度，看精神产品生产方式或建构要素对社会生产活动、对群体间的关系，对人的精神状况带来的影响，且这种影响错综复杂、跌宕纵横。如此，在自上而下的整体关照中，国家对教育改革中的思想建构、生产活动、传播节奏、关系格局等的期待，更多是通过特有的组织形式或制度设置，将分散的个人和群体纳入到组织和集体之中，以形成强大的整合机制和影响力量，它更多需要的是国民的整体性与一致性，一种类似于大型社会组织中的整体，由此使规模浩大的改革动员与意图灌输成为可能，但与此同时也使这种可能带来诸多变异。在自下而上的整体关照中，地方或学校、群体或个体对教育改革中的思想建构、生产活动、传播节奏、关系格局等的表达，可能并不是与国家意图的有意相左或刻意相悖，而是既寻找认同、一致、期待等的集体呈现，也寻找困惑、疑虑、对策等的集体规则的再生，但可能并不是以某种单一的集体性特质表现出来，而是呈现胶着、互融、共谋、协商等诸多张力。这样一种"整体的眼界暗示着既吸收又超越特殊视点的界线。它代表知识扩展的持续过程，其目的不是取得超时限的有效结论，而是尽可能扩大我们的视野"（曼海姆，2000c）[107]。

（二）作为一种过程的"集体性知识"

这里表明的是，"集体性知识"中所要呈现的"思想观念、群体精神、传播节奏、生产活动与关系格局"等不仅有其自身的静态表达，即类似"是什么"的问题；更有其置身于中国教育改革历史与现实、长时与短暂的流变时空中的动态因子，即类似"怎么样"的问题；而在整个过程中，类似"为什么"的解释始终会如影随形，这就使"集体性知识"不仅是某一时段的某些点的汇聚，而且是某些历程的诸多点的粘合。也就是说，更多作为一种过程的"集体性知识"，它试图以某些特殊方式，如勾连与重组、传播与生产、抽象与剥离、张力与融通等的社会建构，诠释中国教育改革的不断阅读、重新发现、一再开始。而在这个"知识从一开始就是群体生活的协作过程"中，每一个人、每一类群体"都在共同命运、共同活动和克服共同苦难的框架之内表达自己的知识"（曼海姆，2000d）[30]。

（三）具有方法意义的"集体性知识"

作为具有研究方法的意义，它更多"构成最一般的分析背景，是理论构想的来源、经验研究的实际范域"（邓正来，2009b；2006b）。这里试图表达的意思是，"集体性知识"是有"根"的。它的文化传承、社会生产以及表现形式，不仅具有国外社会理论中所阐释的某些存在方式，如在教育改革过程中，对改革可能导致的神圣力量的向往常常使人同样具有某种欢腾与神明感，那种一呼百应的效用似乎就有这样的特征；而且具有中国本土昨天、今天的"根"的蔓延与"根"的变异。也就是说，这种集体性具有原发的植根性，它与这个社会与之俱来，甚至可能成为一个国家性的"惯习"；这种集体性又具有强烈的渗透性，它就在我们的生活中，且无时无刻不有某种能量从外界流向内里并滋生出新的物质。由此，既可以让太多的人在不知情的情况下，成为教育改革大潮的随波逐流者，也可以让太多的人相信教育改革是一种集体的事，只有集体性行为方能"生效"；一方面如同参与了教育改革就相信教育改革一定就是所说的那样，另一方面又以不动声色的变化改变着对教育改革的看法与行为。这种一脉相承在当下语境中更有一种"拟制的家"的色彩。①只是我们需要的不是简单地对号入座式的比附，而是对更多植根于内心深处的这种"拟制的家"所引发的检讨。一旦我们对问题或现象的分析具有一种既触摸当下又链接历史的方法意义时，其历史感就可能不是人为强加的，与此同时也就有可能获取一种独特的"看"的眼光。

早先，当知识社会学刚刚萌芽时，人们对它这样批评："既然知识也成了社会学调查的对象，那么剩下的问题就在于考察社会环境如何影响知识的宣传，而丝毫没考虑知识的内容本身也是一种社会现象。然而，这个概念现在已被学者们所接受，而且'知识社会学'已构成社会学的重要一章。"（苏国勋，刘小枫，2005）[447]这表明，生发、演化、拓展其实无论对概念的诠释还是思想的诞生抑或一门学科的出现，都有一个舒缓发展、渐进接受的过程。按照希腊人的传统，当我们说"知识"的时候，当我们说知道了什么的时候，实际上我们是要反思我们自己的确认，即"How do I know that I know"（我怎么知道我知道？）（汪丁丁，2009b）。

参考文献

阿兰·谢里登. 1997. 求真意志——密歇尔. 福柯的心路历程[M]. 尚志英,许林,译. 上海:上海人民出版社.

爱弥尔·涂尔干. 1999. 宗教生活的基本形式[M]. 渠东,汲喆,译. 上海:上海人民出版社.

黄瑞雄. 2000. 波兰尼的科学人性化途径[J]. 自然辩证法通讯(2):30-37.

---

① 作为在社会学、人类学及法律社会学领域中的一个重要术语，"拟制的家"主要指在社会结合的人与人的关系中，在生理上、血缘上、没有亲属关系的人们，用以与家和亲属相类似的关系来设定他们之间的关系。这一关系是家的外延扩大的重要表现方式，成为社会结合的一个重要象征。麻国庆. 1999. 家与中国社会结构 [M]. 北京：文物出版社：126.

辞海编辑委员会. 1979. 辞海 [M]. 缩印本. 上海：上海辞书出版社.

邓正来. 2006. 小路上的思与语 [M]. 北京：北京大学出版社.

卡尔·曼海姆. 2000. 意识形态与乌托邦 [M]. 黎鸣，李书崇，译. 北京：商务印书馆.

马克思，恩格斯. 1960. 马克思恩格斯全集（第3卷）[M]. 北京：人民出版社.

曼瑟尔·奥尔森. 1995. 集体行动的逻辑 [M]. 陈郁，郭宇峰，李崇新，译. 上海：上海三联书店/上海人民出版社.

米歇尔·克罗齐耶，埃哈尔·费埃德伯格. 2007. 行动者与系统——集体行动的政治学 [M]. 张月，等，译. 上海：上海人民出版社.

莫里斯·哈布瓦赫. 2002. 论集体记忆 [M]. 毕然，郭金华，译. 上海：上海人民出版社.

米歇尔·福柯. 1998. 知识考古学 [M]. 谢强，马月，译. 北京：生活·读书·新知三联书店.

苏国勋，刘小枫. 2005. 二十世纪西方社会理论文选 Ⅲ [M]. 上海：上海三联书店/华东师范大学出版社.

汪丁丁. [2006-12-14]. 知识与信仰 [EB/OL]. wang-dingding. blog. sohu. com / 25165080. html.

郑杭生，杨敏. 2006. 现代化过程中"个人"的创生与集体化 [J]. 社会（2）.

中国大百科全书总编辑委员会《社会学》编辑委员会. 1998. 中国大百科全书·社会学[M]. 北京：中国大百科全书出版社.

中国社会科学院哲学研究所伦理学研究室. 1983. 道德与精神文明 [M]. 上海：上海人民出版社.

第三章 教育改革的分析路径：特定事件、改革过程与整体背景*

　　在中国这样一个幅员广大、地区差异明显而又处于快速转型期的国家，整齐划一地教育发展方式是不可能的，一以贯之的教育发展方式也是不可能的。从共时性的角度来看，各地的教育发展规模、速度、质量多有不同；从历时性的角度来看，整个国家和各个地方的教育发展模式一直处在变动不居的过程中。当然这种全国层面总体上的教育改革经常的是建立在基层政府教育改革实践的基础之上，换言之，各级地方政府和学校的教育制度、机制、体制改革的乐章构成了整个国家教育发展和改革的大合唱。在大致相同的制度背景中，各地持不同主张的教育改革主导者促进教育发展的能动作用体现在变革所在地区的教育发展制度和相应教育组织上面。改革开放以来，中央政府基于财政压力鼓励各区域进行教育改革试点是主旋律，上一级政府通过举办教育改革的实验区和试点学校，鼓励下一级政府和学校进行教育制度创新，给予他们教育改革的特许权，这是过去、也是现在和将来我国教育改革的主要启动机制。这一点已经为过去的实践所证明，比如，江苏省率先开始的高校扩招、开办五年一贯制大专等等皆如此；又比如，上海浦东新区推行的教育领域"管、办、评"联动机制；在江苏省无锡市 2005 年开始的教育领域（包括体育、文化、卫生等社会事业）"管办分离"改革等都说明了这一点（庄西真，2008）。自 2006 年 7 月《国家中长期教育改革和发展规划纲要（2010—2020 年）》的颁布

---

　　* 本文原刊于《教育发展研究》2011 年第 21 期，现收入本书时略有改动。

以及随后发布《国务院办公厅关于开展国家教育体制改革试点的通知》（国办发〔2010〕48 号）以来的一年间，大陆 31 个省、市、自治区都成了承担几种教改任务的教改实验区。各个省、市、自治区又根据不同地区的区情规划有区域特点的教改内容，各自行政区域内对承担的中央政府的教育改革任务进行层层分解，使更低一级的政府成为教育改革的真正实践者。实践是如此的丰富，但在理论层面，对如此涉及上上下下各方面的教育改革的展开、运行机制很少有根植于中国背景的讨论，更遑论有意识地分析和评估具体的教育改革过程。如果我们不对各种规律、机制进行研究、分析、提炼、总结，我国的教育改革就永远也不能摆脱"摸着石头过河"的低效率、随意性等缺点。因此，提出一个可用于分析中国教育改革实践的分析框架就显得很有必要。我认为一个能够真正反映教育改革实际的分析框架必须反映教育改革过程的复杂性和具体情境的独特性。比如，不同层面的教育改革实质上究竟改革了什么？有哪些行动者参与了改革？他们怎样理解教育改革？改革参与者具体的政策主张以及在改革过程中采取的行动如何？教育改革事件所嵌入的制度背景是什么？等等。也就是说分析教育改革的框架应该致力于研究教育改革的过程，以及其与情境因素的关系。在现今教育利益主体日益分化且多元的社会背景下，充分听取各利益主体的心声，照顾他们的关切，进而采取措施满足各自的需要不仅是教育改革的目的，而且也是建设和谐社会的需要。

一、教育改革分析的方法论基础

教育改革是一项在教育领域革旧布新的事情，研究和分析教育改革需要在方法论上有所创新。方法论是一个研究者在研究某种社会现象时所采取的立场，在社会科学研究中大致有两种研究立场，一种是优先考虑个人的主体性，还有一种是优先考虑社会的客体性，采取前一个研究立场的是方法论个体主义，采取后一个研究立场的是方法论整体主义。在社会学的方法论中一直存在着整体主义与个体主义研究立场的分歧。整体主义的方法论将社会看作一种客观结构，并将自己建构的各种结构（社会关系、社会制度等因素）看作具有自主能动性的实体，认为它像真实的行动者那样具有"行为"的能力。形形色色的结构主义或者功能主义流派的社会学家一般都采用这种方法。而在解释学流派的社会学家那里，则更注重对行动者的主体动机、主观意义的理解，关注具有某种行为能力的社会行动者对他们所处的社会世界的建构。实际上，在社会学发展的历程中，结构主义和个人主义的分歧早就使很多学者试图综合这两种方法论取向。从霍斯曼（G. C. Hemans）、布劳（P. M. Blau）的社会交换理论到科尔曼（J. S. Coleman）的理性行动理论，无一不在尝试构建起沟通微观行动与宏观结构之间关系的分析框架。晚近比较著名的是，英国社会理论家吉登斯（A. Giddens）提出了"结构化"的概念以消解这种二元对立。在他看来，结构无非是行动者在跨时空互动中所使用的规则和资源，他们在使用这些规则和资源以展开行动的过程中维持原有的结构或再生产出新的结构。这一过程也就是结构化的过程，它具有明显的二重性：一方面社会结构规定着行动者的行动，另一方面行动者的行动又产生和再生产出新的社会结构。与此相呼应，美国经济社会学家格兰诺维特（M. Granovetter）提出"嵌入性"概念。嵌入性一方面表明了社会结构对生活其中的行动者的制约，另一方面表明了行动者是一个有主体意志的行为主体，他不是其外在结构的奴隶。按照格兰诺维特的观点，行动者既不可能脱离社会结构背景采取行动、做出决策，也不可能是规则的奴隶，任由社会进行编码；相反，行动者总在具体的、动态的社会关系结构中追求自己目标的实现。由此可见，结构和能动的行动者并非对立，结构为行动者提供了行动的边界和规则，但行动者在行动中所生成的能动性又会在某种程度上调整甚至重构结构（格兰诺维特，2007）[1-32]。如果将方法论上的结构主义和个人主义的争论放到教育改革的具体场域中，则会发现结构主义与个人主义的问题从某种意义上来看是宏观社会结构与微观行动者的关系问题。上述方法论上的分歧给我们的启示是：能动的行动者和其外在社会结构并非是对立的关系，社会结构（背景）为行动者提供了行动的边界和规则，但行动者的行动所产生的能动性又会在某种程度上调整甚至重塑结构。正是"行动者通过他们有目的的行动，织造了关系和意义的网络（结构），这网络又进一步帮助或限制他们做出某些行动，这是一个永无止境的过程"（萧凤霞，2001）。需要指出的是，纯粹理论层面关于结构主义与个人主义相调和的探讨已经具体化为可操作性的研究方法，并已经反映在国内现有的社会学相关的研究成果中。如我国的社会学者孙立平等人所提出的"过程—事件"分析法就是其中之一，此法主张将社会事件本身作为分析的对象，将过程作为一个相对独立的变项并对其中的逻辑进行动态的解释，以发现社会生活的隐秘（孙立平，2001）。

　　但是，具体到对中国教育改革实践的考察，就教育改革的权力结构研究而言，结构和行动还是十分抽象的概念，为了能对教育改革进行具体分析，还需要进一步提出更具有分析力的概念。在笔者看来，可以借助"教育改革事件"来加以描述。不管是多么复杂的教育改革都可以细分为一个个具体的"事件"，作为"事件"的教育改革有如下特点：其一，每一个教育改革事件都围绕特定主题而发生；其二，每一个教育改革事件的发生都是连续性的动态变迁过程，不是支离破碎的片段，而是在特定时段内连续发生的、由多个具有相关性的环节组成的事件链；其三，教育改革事件的核心是由参与教育改革的各种行动者基于利益诉求的行动构成的，这些利益诉求行动嵌入在一定的结构情境之中，同时也反作用于外在结构。仔细追究，不管是哪一层级、何种内容的教育改革，可以说它们都是一个边界（时空）相对清晰的事件，是一个在既定的制度和文化背景下发生的各类教育利益相关者（包括政府、教育行政机构、学校、企业、社会组织）的经过算计后采取的行动。把教育改革分解成一个个相对独立的事件并将之放到具体的情境中进行分析暗含着如下的几个命题：第一，教育改革行动者基于利益的考量采取的行动是分析的起点之一，但教育改革行动者的利益并不单纯指个体主义方法论意义上的经济利益，也包括社会、文化、情感和政治等方面的利益因素。第二，教育改革行动者追求利益的行动不是发生在真空中，而是嵌入在一定的社会结构之中，并受社会结构的影响，即具体的社会情境决定了行动者采取什么样的策略。就本文关涉内容而言，由于不同层级"地方政府"从宏观结构的角度强调外部力量对地方权力结构变动的影响，因此我们观察教育改革事件中行动者权力结构变化的时候，要意识到个体肯定会进行利益最大化计算，更重要的是要知道行动者利益计算的结果，受制于个体不能控制的、外在的一系列结构性与制度性因素。第三，对于各类教育改革的事件，影响它的结构性要素并不只是"先在的"和静态化的，而是随着教育改革事件的发生、发展其不断发挥作用并进一步发生变化的。

单纯的从宏观结构角度分析教育改革的过程容易产生的问题是，"过高地假定国家组织的控制，而忽略基层社会取外部因素为我所用的方面，特别是忽略基层社会以不同的方式——通常是顺应外部需要的方式和语言，建构自主性空间或防卫来自外部的'管辖权'竞争的方面"（张静，2000）[253]。这就是我们常常看到的多从外部环境和上一级部门寻找教育改革原因的现象。宏观的结构分析往往不会关注教育改革过程本身，只关注教育改革背后的制度因素，认为这才是教育改革的决定因素。因此持这一分析思路的人往往会从现实材料中选择有利自己做出解释的材料，而对于其他表面上看似无关（实则相关）的材料则弃之不顾。在这种情况下，生动活泼、丰富细腻而又曲折繁复的教育改革事件被固化或者类型化，研究者很难揭示真正隐藏于教育改革行动者背后的深层奥秘，而要揭示这些奥秘，唯有去挖掘和体察"嵌入在社会结构中的教育改革事件"，以此来把握转型期教育改革有关的权力格局变化过程中的更真实和更丰富的细节及其内在机制。

二、我国教育改革的分析框架

在当今中国社会利益主体不断分化、重新组合的背景下，教育改革就是调整各种利益主体的权力结构的过程，也是重新安排教育利益、配置教育资源的过程。权力结构是指权力在主体间的配置以及各种权力主体之间的相互关系，是以权力为核心、以关系为纽带而形成的体系。所谓教育改革的权力结构，是指教育改革的不同教育利益相关者（包括个人、群体和组织）权力的大小和运用权力过程中形成的关系格局，比如说地方政府、教育行政部门、学校、家长、社会组织等都有可能是教育改革的利益相关者，它们会围绕教育改革构成一定的结构。如果将教育改革事件看成是一个连续的发生过程，则这个过程就是权力结构的调整过程，是"权力"在主体间此消彼长、彼多此少的过程，也即参与教育改革的主体数量的增减以及各自权力和利益的变化过程。因此，在提出具体的分析框架之前，有必要回顾对权力的有关分析。

权力的实质常常被看作一个行动者对另一行动者未经同意的强制性的控制。在已有的研究传统中，西方学者关于权力研究的路径主要有两类。一种路径是以弗洛伊德·亨特（F. Hunter）为代表的精英主义路径。亨特以亚特兰大市作为研究对象，运用声望法分析了其决策层的层级和权力运用的过程，并于1953年出版了《社区权力结构：决策者研究》（纳什，斯科特，2007）[85]。声望法的核心就是"列出有声望的人，然后访谈并证实这一列表"，具体包括：（1）通过与居民交谈和其他一些调查，列出被认为是当地社区工商业、政府、市民或社交圈中有实际影响的所有人，在亚特兰大案例中是开列了这些人的名单。（2）询问社区中了解该社区的人们或对地方政治熟悉的专家的代表性看法，把上表中人物按顺序排列，在适当的时候增加或删除某个人。（3）把表中的人物数量由175人缩小到40人。接着，对这40人进行访谈，请他们指出其中被认为此区中最有领袖地位的人。最后，从中得到了一个中选率最高的12人名单。亨特认为，在亚特兰大市，权力的分配是不平等的，在一些重要事情的决策中，由选举产生的政府官员并没有影响力，决策的权力主要掌握在没有官职的商业精英手中（通常不超过40人），这些商业精英大多相互认识、经常来往，经常在一起磋商公共事务，因而结成联系密切的权势群体。另一种路径是以罗伯特·达尔（R. A. Dahl）为代表的多元主义分析路径。达尔是最早对精英主义路径和结构分析路径提出批评的人之一。在他看来，权力并不是个人所拥有的什么私人物品，而是人与人之间的一种关系。基于这一看法，达尔认为亨特的声望法只能测量权力资源的静态分布，却不能发现权力的动态运作，因此应当用"决策法"来考察谁对重大政策拥有最终的影响力，以便勾勒出城市内的权力分布。1961 年，达尔出版了《谁统治：一个美国城市的民主和权力》（达尔，2011）。该书以美国纽黑文市为研究对象，选择了纽黑文市政府中对城市重建、政治任命、公共教育政策三个最主要领域的决策过程进行分析。他发现，有各种类型的团体和个人参与了这三个方面的决策，除了市长外，没有其他的任何个人或团体足以垄断这三个领域的决策过程，比如工商组织对城市重建较有发言权，但是对教育领域的影响较小。此外，多元主义路径还认为，权力不仅仅是声望，还要有行动的实权，因此权力总是与具体事务和拥有的资源多寡相联系。

但是，达尔的观点也受到了同行的广泛批评，其中巴卡拉克（P. Bachrach）和巴拉兹（M. Baratz）就认为，达尔将诸如"由谁统治"或"是否有人握有权力"等问题作为权力分析的出发点是不合适的，正确的出发点应是对某一"偏好的动员"的调查分析（P. Bachrach, M. Baratz, 1962）[47-52]。"偏好"所表示的是行动者之间有关资源汲取、资源利用与资源分配的特定模式，其中隐含着谁获得利益、谁利益受损，及其获利与损利的不同程度，提倡以"偏好的动员"作为权力研究的重点，实际上是主张把权力研究的重点放在分析有关行动者之间资源的汲取、利用与分配的过程。当某种偏好被动员时，行动者之间的利害得失关系将会发生变化，而行动者为了最大化地汲取利益，必须与其他行动者博弈，要么联合、要么冲突，或是既联合又冲突。到了 20 世纪 70 年代，卢克斯（S. M. Lukes）对达尔的模型、巴卡拉克和巴拉兹的观点进行了反思，并从行动者的权力动力、行动者所遵循的游戏规则以及规则制定的潜在深层结构三个层面提出了"权力层次"的观点（卢克斯，2008）。1997 年，戴博格（T. P. Dryberg）修订了卢克斯的观点，对权力的三个层次进行了更丰富的说明，如他所说，应该从下面这样三个层次去考察权力（戴博格，1997）。

第一是特定事件层次。即在集体行动中，成员在彼此互动过程中形成的特定事件，这是权力在人际关系中的互相作用，在特定事件中，不同群体通过集体行动（非个体行动）对正式组织的行动议程产生"挤压"作用，迫使正式组织在做出决策的时候必须考虑特定人群和团体的利益诉求。因此，透过一个特定事件，我们可以观察到集体行动者与正式组织互动过程中所产生的权力互动及其表现形式。

第二是决策过程和偏好动员层次。这是指嵌入在既定结构和制度中，并且被决策者进一步操作化和具体化的权力关系。在一个自由、民主国家里，不同的群体和派别通常会通过一定的组织或者意见领袖对成员进行"偏好的动员"，在这个过程中获得更强的凝聚力和行动能力。例如，通过政策企业家（政治学术语，是指一些对发起政策议题起关键作用的人）的倡导和推动，非正式的组织力量（社会团体）可以与正式的组织决策者（政府官员）讨价还价。如此一来，这些非正式组织将不再局限于影响某一特定事件决策过程的一个方面或者一个环节，而是对整个决策过程的方式、程序甚至是决策机构的重构产生强有力的影响。

第三是权力的文化层次。"文化"在此指的是在人们心目中已经形成的假设、惯习和程序。权力的文化层次包括人们对决策模式的认可程度、文化价值嵌入决策过程的程度、政策理论和实践的正式与非正式结构。这些已有的思想和行为方式、结构安排在权力实践中根深蒂固，并对其产生重要的影响，它对行动者和组织（群体）行为的影响是潜在的、自然的、强制性的。从教育改革来看，各级政府作为唯一的对各种利益具有正式分配与协调权力的机构，自古以来就掌握了分配教育机会这种社会稀缺资源的排他性权力，因此，非政府力量介入教育决策过程就意味着对政府的这种权力提出了挑战，结果必然导致政府对这种外来力量的渗透采取排斥或对抗的态度。

从上述内容中不难看出，戴博格等人认为，关于权力结构的研究其实最重要的不是"权力到底属于谁"的问题，真正的关键在于我们必须追溯权力结构的形成和变化过程；而在这个过程中，最重要的无非有两个因素：一个因素是权力格局中的各方面人士（行动者）的行动，而这诚如戴博格认为的往往只能够通过"特定的事件"才能够观察到；第二个因素是行动者嵌入其中的制度背景，这种制度背景可以通过行动者所属的组织结构辨识出来。

基于以上讨论，我们可以借鉴英国纽卡斯尔大学的城市规划专家希莉（Patsy Healey）和柯菲（Jon Coaffee）提出的分析英国地方社区治理实践的框架，进而提出分析发生在中国社会中的各类教育改革的框架。希莉和柯菲的方法是将地方政府治理实践划分成"特定的治理事件"、"具体的治理过程"以及"宏观的治理文化"三个层次，然后又将每个层次作了更细致的维度划分。把特定的地方治理事件区分为治理行动者、行动者所处的社会制度环境以及在这个环境中行动者的互动实践三个维度；把地方政府治理过程区分为治理过程中存在的网络和联盟（即利益集团或者其他形式的利益联盟）、利益相关者的博弈过程、治理议题的筛选以及具体的治理实践；宏观层次的治理文化则代表着特定的治理模式在社会文化层面所获得的支持和认可。在这里需要强调的是除非在特定的治理事件、具体治理过程和治理文化这三个层次都有显著改进，否则地方治理能力不可能提高，而地方治理实践也不可能真正成功。这就意味着，我们不能只从一个方面（例如制度的重构、政策的产出等）分析地方的治理模式，而应该同时分析治理实践中所发生的特定事件、治理过程以及治理文化三个层次的发展情况（J. Coaffee, P. Healey, 2003）。将希莉和柯菲的观点运用于分析我国教育改革实践得出，一个完善的分析教育改革实践的框架，不仅要关注现有制度安排中体现出来的权力以及这些权力对于教育改革的形塑力，而且还要关注动态改革过程中产生的生成性权力，也即不断学习新的改革模式和驾驭改革进程的权力。由此，提出可以从特定事件、改革过程、改革文化三个层次对各级各类教育改革实践进行分析，而这三个层次又可以区分为不同观察维度（见表1）。

表1　教育改革实践的分析层次和维度

层次	维度
特定事件	行动者 行动者的平台 行动者的互动
改革过程	改革过程中存在的关系网络和联盟 利益相关者的博弈过程 改革议题的筛选 具体改革实践
改革文化	改革模式的认可程度 文化价值的嵌入程度 政策话语和实践的正式与非正式结构

当然，并不是对这三个层次同时用力，而是抓住重点，这个重点就是"教育改革过程"环节。因为在教育改革过程中不仅会观察到一些特定的事件（一个大的事件是由无数个小事件组成的），而且也能够观察到教育改革过程所嵌入的深层次的治理文化。为此，可以把第二个层次的内容维度进行进一步细化（见表2）。

表2　教育改革过程的分析框架

改革过程的不同维度	具体指标
网络和联盟	地方政府与居民的联系 地方政府与主流社会的联系 地方政府与各阶层、各群体人们的关系
利益相关者的博弈	吸纳各种利益相关者成为决策委员会委员 不同利益相关者意见的表达
议题的筛选	关注居民日常生活 地方性 吸收来自于社会弱势群体的议题 议题体现出来的知识资源的范围和类型
具体改革实践	应该体现可进入性、多样化、便利性、透明化以及政府推进地方治理的诚意

上述分析框架其焦点在于研究教育改革过程中特定行动者的行动、

日常的行动流程以及这些行动对于改变改革权力的影响；同时研究者
也对制度背景与改革文化等宏观结构给予了足够的重视。无疑，类似
教育改革事件这样的层次肯定是个人主义（微观行动）的，而改革行
动发生的制度场景以及教育改革文化则是结构主义（宏观结构）的。
这样一来，分析框架就兼顾了结构主义和个人主义的特点。

　　上述的分析框架在本质上对于分析我国的教育改革具有很强的借
鉴意义。但是，中国的国情毕竟不同于英国等欧美国家，在使用这个
分析框架时，必须基于我国的实际情况对此框架进行些许修正（见表
3）。我们设计表3的前提是前文已述及的把我国教育改革实践过程看
成是一系列的事件流，并且在此基础上认为中国的教育改革事件，不
管是国家层面的教育改革事件（如改革开放初期的恢复高考制度、20
世纪90年代末开始的高校扩招），还是地方政府层面的教育改革（如
上海浦东搞的教育体制的"管、办、评"分离改革、浙江长兴推行的
"教育券"改革、江苏宿迁的"卖公办学校"等），都可以从微观的教
育改革事件、中观的教育改革过程以及宏观的教育改革文化背景三个
层次进行考量。这一分析框架包括以下几种含义。第一，与教育改革
有关的各行为主体都有自己的利益诉求，但行动者的利益不仅在于个
体主义方法论意义上的纯经济收益（也即教育利益相关者并不是纯粹
的"经济人"），还在于社会的、文化的、情感的和政治的利益诉求，
致使教育改革参与者是一个包含丰富利益诉求的综合体。第二，教育
改革利益相关者的利益诉求的行动嵌入在不断变化的制度场景中，并
为后者所形构。前文述及，教育改革就是教育利益结构的调整，一个
教育改革事件，涉及多方面的利益相关者，每一个利益相关者在改革
过程中争取自己的利益的时候，是受到自身和外在环境的多重约束的，
他们在与环境的互动中会对自己的行动进行不断地调整。第三，就教
育改革而言，其有很强的历史依赖性（近似于经济演变过程中的"路
径依赖"现象），比如我国1905年后推行的新式教育的教育教学方法
就没有完全摆脱传统教育的影响。实际上，一个国家或者一个地方的
教育制度一经建立即有它自己的运动逻辑并处于一个历史演化的过程

中，因而个体在教育制度演化中可能去进行自己利益最大化的计算，但其结果被外在于个体计算与控制的一系列结构性与制度性因素所塑造。最后，此框架还蕴含了对于教育改革的这样一个基本判断，即教育改革不单纯是静态的制定一套规则，或者开展一些互动，而是一个持续的互动过程。因此，通过这一分析框架，研究者可以根据嵌入在特定结构和特定文化中的具体的教育改革事件、教育改革事件的发展过程以及教育改革事件及其演变过程所附的经济、社会、文化等环境因素这样几个层面，来把握教育改革过程更真实和更丰富的细节。

表 3 　教育改革的分析框架

分析对象	分析层次	教育改革的分析维度	分析指标
教育改革实践	教育改革的事件	教育改革过程	
		教育改革行动者所处的制度场景	
		教育改革行动者的互动	
	教育改革的过程	教育改革利益共同体	利益联合体的数量、质量、有无形成网络
		教育改革利益相关者的参与	利益相关者的认定、筛选、吸纳、参与机制
		新的教育发展方式进入政策议题	新的教育发展方式以及它的好处
		具体的教育改革过程	教育改革有关的规则和程序
	教育改革过程的社会背景	教育改革方式被广泛认同	
		价值观念的渗透	

　　微观的事件是我们观察教育改革实践的突破口，通过这一突破口，我们可以观察到具体的教育改革行动者在其中扮演的角色及其采取的具体行动。但是，如果仅仅局限于具体的教育改革事件，则观察容易

落入"一叶遮目，不见森林"的窠臼，像盲人摸象似的很难形成对教育改革的整体图景；在更加完整更加连贯的教育改革过程中，通过利益相关者及其关系网络、利益相关者的参与和博弈、具体的改革议题的筛选等等要素的考察，则可以帮助我们形成比较整体的教育改革图景和意象，了解教育改革过程中容易被人忽略的细节；而引入宏观的改革文化、制度环境因素则有助于我们了解一些教育改革事件所深深嵌入的结构、价值因素及其作用机理。换言之，我们可以在利益、理性、制度等比较显性的因素以外，探视我们看不见的、需要仔细揣摩方能知晓的教育改革背后的价值因素。如此一来，我们就可以据此判断教育改革为什么会发生？为什么会在这个地方发生而不在另一个地方发生？为什么这些人支持教育改革而另一些人则反对教育改革？等等。

概言之，上述分析教育改革的框架不仅有利于我们理解中国教育改革实践的丰富性、复杂性和多样化。在利益主体日益多元且其教育权利意识日益觉醒的当今中国，广泛的民众参与已经成为政府管理包括教育事务在内的公共事务必须要考虑的要素。民众力量的觉醒对我国教育改革的意义非常重大：首先，广泛的、各种社会力量的参与促进了各级政府要尽力制定科学的教育发展政策，照顾大多数人的教育利益关切，采取有效地教育发展方式，提高了政府教育政策的公信力；其次，来自不同利益群体的意见和压力可以促进政府与民间非政府力量上下互动，在教育发展中通力合作，监督政府更加尽职尽责，形成更加有效的促进教育发展的制度规则，促使政府提高其教育治理能力，尤其是现在《国家中长期教育改革和发展规划纲要（2010—2020年）》要求各级政府努力开展教育改革的时候，这样就更有利于各级政府摆脱固有教育发展方式存在的路径锁定状态，使之寻求到新的教育发展手段，营造出效率更高而成本更低的教育制度环境。

参考文献

凯特·纳什,阿兰·斯科特. 2007. 布莱克维尔政治社会学指南[M]. 李雪,等,译. 杭州:浙江人民出版社.

马克·格兰诺维特. 2007. 镶嵌:社会网与经济行动[M]. 罗家德,译. 北京:社会科学文献出版社.

罗伯特·A. 达尔. 2011. 谁统治:一个美国城市的民主与权力[M]. 范春辉,张宇,译. 南京:江苏人民出版社.

史蒂文·卢克斯. 2008. 权力:一种激进的观点[M]. 彭斌,译. 南京:江苏人民出版社.

孙立平. 2001. 过程——事件分析与当代中国国家——农民关系的实践形态[M]. 厦门:鹭江出版社.

萧凤霞. 2001. 二十载华南研究之旅[M]. 厦门:鹭江出版社.

张静. 2000. 基层政权:乡村制度诸问题[M]. 杭州:浙江人民出版社.

庄西真. 2008. 权力的滞聚与流散——地方政府教育治理模式变革的实证研究[M]. 南京:南京师范大学出版社.

P. Bachrach, M. S. Baratz. 1962. The Two Faces of Power [J]. American Political Science Review, 56(4).

J. Coaffee, P. Healey. 2003. My Voice My Place: Tracking Transformations in Urban Government(1979—1999)[J]. Urban Studies,(10).

T. P. Dryberg 1997. The Circular Structure of Power[M]. London: Verso.

第四章 教育改革的研究视角：从旁观者知识学到参与者知识学[*]

如何审理教育知识改革过程中的诸种乱象？以什么样的知性立场来建构关于教育知识改革的学问理路？当下对教育改革过度专注于外部因素对改革的或"打压"或"鼓励"，这些当然重要，但我担心这样的视野本身可能掩盖一个同样重要的现象：改革自身是否有力量？什么样的力量？从何而来？……类似这样的提问关心的是改革本身及改革中的行动者如何培育和寻求力量，如何在一个复杂的、拥有制约力和诱惑力的环境里，酝酿、争取、获得变革教育的能力与可能。

一、"旁观者"与知识社会学的传统

长期以来，知识社会学者致力于在知识内容、知识结构以及知识的各种现实样态中寻找那个像上帝一样隐蔽却无处不在的社会，也正是在这里，知识社会学的核心得以彰显，即用社会决定论来构建知识的基础。套用美国知识社会学的代表人物罗伯特·默顿（R. K. Merton）的说法："知识社会学因这样一个明确的假设而生：甚至真理的被接受也可以通过社会获得说明，真理同它所赖以产生的历史中的社会密不可分。"（周晓虹，2002）[413]

但"社会"（society）这一概念，从一开始就是软弱无力的，原因是它乞援于"一体化"这样一种极其折中的妥协。这一术语的出现决

　＊ 本文原刊于《南京社会科学》2008 年第 3 期，现收入本书时略有改动。

非偶然：社会一词可追溯的最早词源为 socius——意指同伴，到 16 世纪中叶其普遍意涵才逐渐确立为"众人之集合和意见之一致"。但在休谟（D. Hume）的《道德原理探究》中，"社会"与"同伴"仍然是两个相通的词汇，休谟认为正是出于同伴间的相互冲突和利益争斗，才迫使人类建立公平的法则以及产生优雅的礼仪规范。因此，雷蒙·威廉斯（R. H. Williams）在考察了"社会"一词的词义变迁后认为，社会一词的出现正是用于强调"相互合作"、"对人类社会有益"、"一致、和谐"的正面意涵，这一点始终没变（威廉斯，2005）[446-452]。因此，曼海姆（K. Mannheim）在其知识社会学观点的具体论述中运用"社会总体性"这个概念代替"社会"，与其说是为了强调人在总体性中的复杂依赖性，不如说是为了更加直接地揭示和宣扬社会本身，认为社会本身是整体中的各种矛盾的一种平衡，然而矛盾也正是在这种平衡中消失了——尽管"社会"的过程恰好是这些矛盾构成的（阿多诺，1998a）[224-237]。

曼海姆洞悉了社会的实质，却没有在这里多作停留。但正是在这儿，知识社会学可能错过了一次将其问学理路发展得更为周延的机会。在已有的知识社会学者的智慧天平上，对于知识与社会之间关系的研究与论述可谓彻底、精到，无论是曼海姆关于意识形态的理论寻绎，还是后期登峰造极的科学社会学的经验研究，都充分形塑了知识社会学独特的"社会情结"，但也造成了知识社会学学问旅程上的深刻遗憾：我们很难在知识社会学的认知地图中窥见人的侧影！很显然，知识与社会的关系无法含括知识与人的关系，不过知识社会学对于前者的探讨始终保持着压倒性的优势，而关于人在知识形塑过程中的信念、意志、行动以及由此衍伸出的关系形态只能依附在社会的框架下被提及或加以关注。

但另一方面，我们不得不承认随着人类向现代社会的急速推进，个人和社会比任何时代都更加保有生机勃勃的姿态。人的自我正朝着解放状态和主体身份迈进，"人"在自我的催促下经历了一种不断"出走"的过程，从前现代的社会生活方式、社会关系状态、传统生存和生计中"溢出"，并作为主体而普遍"崛起"，日渐成为具有自主行动能力的真正的社会主体（杨敏，2005a）[13]。人在现代社会的解放并不意味着个人从此摆脱了社会的束缚，而是指个人对其自身处境更加清醒地认识，对其自我利益更加自觉地把握，以及对未来更有准备地预设和表达，并以某种方式将这种认识、把握、预设"注入"到行动过程，在公共性的社会生活中、在社会成员的行动关联中，产生实际的"效应"，使自我的理念、预设、利益变为现实。这样人就不仅仅是法理意义上的行动主体，而且也是现实中的真正具有实践能力的行动者（杨敏，2005b）[14]。面对在现代社会中逐渐成熟并强大起来的"人"们，知识社会学真能对此视而不见、跛足而行吗？事实上，正是因为在知识社会学的认知版图中缺少"人"这一向度的考虑，知识社会学遭受了全面的质疑与拷问，这甚至动摇了知识社会学作为学科本身的合法性根基。

（一）别处的生存

引发知识社会学正式登场的最直接导火索缘于上世纪初（1909）在德国的"社会政策学会"年会上，由德国社会学学会引导的关于社会科学的价值判断之争，即社会科学是否可以为社会生活提供依据和价值论断。支持者认为有必要将价值论断引入学术领域，但遭遇的诘难是：谁提供的依据和价值论断具有正当性和合法性？其时正值魏玛共和国时期，知识界受马克思主义影响，大量出现阶级斗争式的学术论争话语，动辄就要揭露学术论敌的阶级利益和政治阴谋。由此，知识社会学正式登场，以期以审慎的眼光和立场反省知识与价值之间的各种联姻，审理知识与价值论述中的利益诉求，由此理论、信念、知识本身演变成一个社会学的问题（刘小枫，1998a）[237]。但隶属于社会科学范畴的知识社会学本身何以能够"众人皆醉我独醒"呢？它研究问题的方法是否比芸芸众生更能够摆脱观念和理想的影响？摆脱热情和偏见的缠绕？它所建立的陈述、假设或理论是否最终摆脱了主观的信仰、思想和评价？它真能提供给世人更合适的思想工具和更令人满意的蓝图，以对付人类社会的难题？……显然这一连串问题都是让知识社会学者头痛不已的。

事实上，知识社会学既不能为自身何以能够充当这个诸神纷争世界唯一的清醒者提供正当的理由和基础，也无法指出一条更为适恰的道路来引领世人。它既丧失了因合法而强硬的现实批判力，又丧失了因理解而深刻的现实建构力（在这方面它恐怕无法与布迪厄的"反思性实践"相媲美）。这无疑从以下两方面反映了知识社会学极为尴尬的现实处境。

一方面，凭借知识社会学的批判意识，它本可以获得以批判理论著称的法兰克福学派的认同，但法兰克福学派的著名斗士阿多诺（T. W. Adorno）在评论知识社会学时显得很不以为然："知识社会学怀疑一切，但又什么也没有批评，它只是让那些感到受教条压抑的知识分子，无论这种教条是实在的，还是假设的，对一种似乎趋向于摆脱偏见和假设的气氛感到宽慰，同时也为他们得到了马克斯·韦伯的自觉的、独一无二的、大胆的理性的动人力量作为对他们自身的那种犹豫不决的自主意识的补偿而感到欣慰。"（阿多诺，1998b）[224-237] 如果这还不足以表明阿多诺的立场，那么在同一篇文章的结尾处，阿多诺的总结就显得更加直白和难听了："知识社会学为无家可归的知识分子安排了说教的场所，在那里，知识分子能够学到忘却自己的本领。"（阿多诺，1998c）[224-237] 知识社会学者向外看向一切，在这一点上，确如林格（F. K. Ringer）所言，它实质上涉及社会理论的全部重大问题，同时提出了反省知识形态的现代性这一重大课题（刘小枫，1998b）[200]。不可否认，知识社会学在将知识扩展到更广阔的位系中加以考察方面功不可没，但它唯独忘记了自己！它无法用看待和衡量别人的标准来看待和衡量自身，它在自己的视野中容不下自身。

另一方面，凭借知识社会学在知识与社会关系探讨中的独特视野和立场，知识社会学者本可以信心十足地将其问学思路坚持到底。但是作为知识社会学领军人物之一的曼海姆在其即将完成对意识形态与乌托邦的考察时却说："在意识形态的问题被彻底地提出来，并将其所有的含义都思考透彻的时代里，人们如何可能继续思想及生活？"（曼海姆，2000a）[301]他自己回答道："除了各种社会决定因素之外，或者我们在讨论各种社会决定因素时恰恰遗忘了一个不可消除的因素，那便是行动者，指出这一点，不是说要摒弃任何社会因素，而在于考虑必须以什么方式重新阐述知识的概念。"（曼海姆，2000b）[301]曼海姆无疑捏到了知识社会学的痛处：意识形态或是乌托邦这样的精神建构空间既存在危险同时也是人行动的动力之源，彻底的剥离与否定无疑将人逼向没有了希望的死胡同。为了解决这一问题，曼海姆投入到如何"重建时代的人与社会"（曼海姆，2002）这一思考中去，但他的立足点放在如何重新构建个体与社会的关系层面，希望通过克服个体与社会之间的对立和分离从而解决知识社会学只顾社会的问学困境，而没有去反思如何在知识社会学的问学理路中增加个体这一新的思考维度。显然，曼海姆只是敏感地提出了问题，却没能解决它。对于曼海姆的这一转向，人们给出的前后矛盾又颇为贴切的评价：一开始是"天真地、不合时宜地向相对主义投降"，后来却是"天真地、不合时宜地试图克服相对主义"（曼海姆，2002a）[7]。人们发现在将社会控制的阴霾层层剥开后，阴霾不仅没有随之散去，而且自身也可能无所依凭和无力期许，因为任何的依凭和期许都可能烙上意识形态与乌托邦的影子而受到拷问。

这种内外受质疑的状态，让知识社会学裹足不前，如果说知识社会学在当代的曲高和寡，是因其过于哲学化的形上思辨或过于史学化的烦琐求证，我以为多少有些自欺欺人，更为致命的恐怕是围绕知识社会学自身的上述困境：一方面，知识社会学者无法自处，另一方面，在知识社会学关照下的人们也不知如何自处。知识社会学在问学理路上的这一天然缺陷，曾被阿多诺一针见血地道出：知识社会学者是一群"看不到出路的自由主义者"，知识社会学研究是在做"浪漫主义的沉思与悲观"（阿多诺，1998d）[224-237]。但在笔者看来，导致知识社会学这一缺陷的最根本原因是其对自身位置的假设——它将自己放置在了"别处"，并希望借助"别处"与"此处"的距离感来增加看待问题的清醒，借助在别处的超脱感来增加审视问题的自由，借助在别处的不受限制来增加揭示问题的深刻。但这一不在此处的别处究竟在哪里呢？

跳出此处的可能性又在哪里呢？我想不仅是我无法回答，知识社会学的学者们恐怕也给不出令人满意的答案，而如果不给出答案，我们就很难想象上述的看似"清醒"、"自由"、"深刻"就不会演变成自我陶醉或伟大幻觉。

（二）漂浮的立场

不过，曼海姆显然是希望给出答案的人之一，为了能给知识社会学者找到安身立命之处，他着力描绘了一个"相对自由漂移的知识阶层"形象：他们"可以逃脱了特定职业和利益对眼界的局限"，从而"能免于与社会现实利益挂钩"；他们"能够从把眼罩强加给他的那些义务中撤退下来"，从而"对那些藏匿的问题和旧框框变得敏感"；他们"可以避免那些每日必须面对自己行动后果的人需要养成的实用主义习惯和获得职业实践范围中急需的观点"，从而"以更长远的观点或是在抽象的层次上考虑问题"；他们拥有某种"超越性冲动"，保持着"构成其才能的流动性和独立性"（曼海姆，2005a）[402-411]。概而言之，曼海姆对知识分子形象的界定抓住了两个关键特征："自由漂浮"和"非依附性"。

这一形象勾勒建立在曼海姆的"视角"理论基础上，在曼海姆看来，视角理论比意识形态理论更为高明之处在于，意识形态理论旨在揭示知识被社会有意识的扭曲之处，而视角理论意在揭示知识与社会因素的无意识的相关性。这也是曼海姆为什么不将意识形态的研究直接转化为知识社会学研究的原因，在曼海姆看来，知识社会学并不是竭力揭发被社会扭曲的知识，而是应对知识本身的社会条件作系统的研究，其中心问题是一个关于"真实知识"的社会学，而非关于"错误知识"的社会学，用他的话来说："意识形态的研究把揭露人类利益集团（尤其是那些政党）的多少有意识的欺骗和伪装作为己任，知识社会学并不怎么关心有意欺骗所造成的歪曲，而是关心客体在不同的社会背景下，以何种不同方式把自己呈现给主体。"（曼海姆，2000c）[270]正是从视角主义出发，曼海姆认为，处在具体社会位系中的人，其狭隘的位置赋予其局限的、片断化的、必然基于某种视角的认识，因此知识的"纯粹性"只有在转换不同视角的探讨中才会更加清晰。在各种视角的游走中，运用一视角来看另一视角，在不同视角的差异中，或者在与某一视角所处阶层的距离中揭示某种知识中视角的存在。

　　这样一种视角的游离和自由获取是构成这一漂浮立场的核心。但恐怕任谁都能看出来，这一观点带着一个知识人特有的浪漫和一厢情愿，很可以说是曼海姆自己的一个乌托邦构想。在充满了利益纷争和复杂权力关系的现代社会，曼海姆设想的超然于各种利益集团之上的"自由飘浮"的知识分子，在经验的意义上即使不是绝对没有也是十分罕见的。事实上，曼海姆也很清楚这一立场的现实困难："在这样一个高度制度化的社会中，局外人的生存将更加危险和艰难。"（曼海姆，2000d）[270]即便如此，曼海姆还是把希望寄托在他们身上："我们必须审视那个肩负着自由的智力过程的群体的生存机会，很可能我们所理解的这一过程是朝生夕死般的短命，并只限于几个短促的历史插曲中。"（曼海姆，2005a）[402-411]在明知存在困境的情况下依然把希望寄托于这一漂浮无根的群体身上，原因在于曼海姆更为信赖一种"旁观者"的知识学传统，这一传统把知识赋予那些缥缈崇高的位置：一方面知识仅属于高层的知识分子，包括从前的教士和哲学家到今天的知识人，似乎他们才有智能，似乎除了依赖他们就别无他途；另一方面，通过这一特殊群体的无根性、疏离性，最终的目标是超越意识形态褊狭，达至一种普遍的真理状态和关怀。这种对于普遍真理的追求，在后现代学者眼中无非是典型的现代性的宏大叙事，也正是这一点，曼海姆遭受到了利奥塔、福柯、布迪厄等具有后现代思想特征的学者的严厉批评。在利奥塔那里，话语就意味着斗争，意味着"言有所为"，它属于一种普遍的竞技；在福柯那里，没有不受权力影响的话语，也不可能用跳出了这一权力限制的话语来推行批判；而在布迪厄看来，知识分子本身就处于特定的知识场域与社会权力场域中，知识分子根本不是什么超越功利考虑的精神至上主义者。

　　如果撇开后现代学者站在不同学术立场的诘难，曼海姆这一立场设想在现实中也往往会带来两种扭曲的问学样态：一种是因其无所依附而过于轻浮，无可无不可，清学始祖顾炎武曾批评过知识的这种无根性（以虚辞相夸），以及知识对巨大的、明显的现实危机的掉头（置四海困穷而不言），这样的知识始于格致肚脐，终于轻佻自赏，即所谓的狂禅（顾炎武，1985）；一种是因其无所依附而过于自信，坚信自己"不偏不倚"，从而不顾后果、不担责任。刘小枫曾指出，当现代化进程中出现种种社会危机时，激愤的社会思想曾引导出种种激进的社会行动，沉湎于文人式的尖叫和反讽，或社会救世主式的批判和煽动（刘小枫，1998c）[237]。

由此看来，曼海姆关于"漂浮立场"的设定，无论是学理上还是在现实中都遭受着质疑问难，这引导我们看向"漂浮立场"的反面——一种"涉身"的立场，与漂浮无根、脱离断裂不同的是，"涉身性立场"需要考虑自身的价值偏好，或者将自身的现实处境考虑在问学方式与知识生产中，这种立场演绎出两种形式：一种是反对自己的价值偏好，从"他人去看"或者"以事物本身去看"，发展一种无立场的思维方式，这种思维方式可以从老子那里找到原型："以身观身、以家观家，以乡观乡，以邦观邦，以天下观天下"（赵汀阳，2003）[4]；一种是显明那个带有价值偏好的个体性的"我"，目前被理论界发展并运用的"身份理论"和"立场理论"便是这一观点的发展，身份与立场不再是讳莫如深，需要隐匿或回避，而是有意彰显和清醒认知，以抵制那种去立场化、去身份化、去价值化的知识论述。事实上，也正是从这些不同处境的差异立场出发，才能把握和理解当下社会的制度混乱与价值争论危机。以此反观"漂浮的立场"，这种有意疏远了知识生产与个体生存处境和价值偏好距离的立场，不仅不能企望其拥有以己度人式的理解，而只能是釜底抽薪式的批判；不仅不能企望其具备审慎的责任担当，而只能是纸上谈兵式的自由意识。

（三）绝望的话语

知识社会学在问学方式上的"忘我"言说和知识人设定上的"无根"状态，客观上造成了其学问后果的绝望、悲观与激进。知识就其生存性而言撇不开控制关系，即所有的知识都起源于人类社会，因而是社会的。这一点，尼采（F. W. Nietzsche）早已一针见血地指出过：知识的力量不在于真实的程度，而在于知识被人接受的程度，以及它作为生存条件的特性（尼采，2001）[113-114]。既然知识受社会控制是其在体性的特性，那么揭示知识的这种在体性控制就变得自作多情：一方面揭示得越深刻，知识自身生存的合法性就越受到质疑，知识的受控性与生存性是一体两面，剥离任何一方都无异于摧毁知识的存在合法性；另一方面我们也不可能以一种知识形式来为另一种知识形式的合法性进行辩护，因为这种"辩护"并不比"反辩护"具有更强的正当性和优位性，按照知识社会学的观点它们都必然反映某些社会群体的利益。这样一来，不管怎么看，人们几乎都看不到出路。

不仅如此，在掌握和熟知了一套由"再生产"、"抵制"、"意识形态"、"霸权"等关键词架构起来的思维理路与理论体系后，除了增加不少自寻烦恼的义愤外，甚至到后来连义愤也变得程式化、专业化，因此在愤愤不平的时候，义愤就发生了一种古怪的变化。早在 20 世纪 30 年代，曾有一位杂志编辑满腹狐疑地说："在《党派评论》是否有一台专门设置有'异化'这个单词键的打字机。现在，我正费心寻觅着一台专门设置'反霸权文化生产'之键的打字机。"　（派纳，2003a）[321]对知识之社会控制因素的深刻认知，反转过来成为某种陈词滥调式的套语、某种用于话语争斗的武器、某种及时的提醒与点拨、某种文化资本的主动寻求……知识社会学的揭露倾向走到这里，恐怕连知识社会学者们也只剩下苦笑的份了。

在知识社会学展开专门工作之前，韦伯（M. Weber）显然早已洞悉了人类的这种绝望状态，他用"理性牢笼"来形容：近现代社会以来，人们创造了一种使自身深陷其中的理性的"弗兰肯斯坦"，理性的创造本身变成了一条"通向奴役之路"，现代人自己把自己变成了机器上的"螺丝钉"，丧失了自由的可能性。韦伯借此旨在揭示人类的一种根本的、深层的困境与悖谬的生存感，一种深受"制约"而"无处可逃"的宿命。"没有人知道将来会是谁在这铁笼里生活；没人知道在这惊人的大发展的终点会不会又有全新的先知出现；没人知道会不会有一个老观念和旧理想的伟大再生。"（韦伯，1987）[64]人的本质受到巨大拷问：人，作为在平凡世界生活的真实的人，还能不能听到存有的真正的声音？陷入这样一种生存状态的人们所进行的知识实践还能给人带来希望吗？在这个充满控制的世界中我们如何面对我们的生存呢？无路可逃的人们又去哪里寻找安顿自己灵魂的家园？卷进现代性漩涡的人们真的没有了自由的可能？

韦伯进一步言明了知识社会学的立场：在这个没有先知的时代，任何人都没有资格充当先知，尤其是穿上了学术甲胄的先知。这种"无路可逃"与"无人拯救"一直使韦伯的现代性学说披上了一层悲观论色彩，一种冷眼旁观的超然姿态或立场。但是我们从韦伯两篇著名的演讲《以学术为业》和《以政治为业》的结尾处似乎可以揣摩出这位大师的另一番苦衷。无独有偶，韦伯在两篇演讲中以他少有的激情与个性，分别为学术与政治除魅。但在两篇演讲的最后，都回到了同一个地方：

> 单靠祈求和等待，只能一无所获，我们应当采取不同的行动。我们应当去做我们的工作，正确地对待无论是为人处世的还是天职方面的"当下要求"（韦伯，1998a）[49]。
>
> 一个人得确信，即使这个世界在他看来愚陋不堪，根本不值得他为之献身，他仍能无悔无怨；尽管面对这样的局面，他仍能够说："等着瞧吧！"只有做到了这一步，才能说他听到了政治的"召唤"（韦伯，1998b）[117]。

在韦伯对"当下要求"与"召唤"的呼吁中，我们似乎隐隐约约地触摸到了某种可能：一方面，社会在其内部产生和提供各种"当下要求"的位置，这种位置可由许多个体来充任，故带有匿名性，只是职业或工作而已；但另一方面，这种位置尽管带有一般性，但个体在取得的时候，却是基于一种"内在的召唤"，一种带有强烈个人色彩的资格。这也是韦伯将工作称为"天职"的意义所在，社会的结构和发展与个体的品质和冲动形成了某种和谐的联结。这样看来，韦伯并不纯然是一位"陷于绝望的自由主义者"，是一位只强调"头脑清明"，而没有哪怕一点作为一位理论大师重塑现实的企图与努力。事实上，韦伯非常清楚这种能够使自己"头脑清明"的社会科学本质，实质上也是理性化趋势的一个组成部分，甚至是强有力的部分，但对于个体生命而言，他显然不愿作茧自缚！这两篇充满激情的演讲也可看成是这一努力的注脚。难怪有学者在比较了曼海姆与韦伯对知识人的定位和阐述后认为，韦伯对现代知识分子的思考比曼海姆更具有献身性与实践性（田立年，2004)[50-58]。试图为曼海姆所构建的这一乌托邦设想寻找出路的还有哈贝马斯（J. Habermas）。在哈贝马斯看来，问题不在于把知识人的反思性距离变成一种价值绝缘的距离，而在于建立各种价值理性立场的交往秩序，促成批判社会的乌托邦转变为交往社会的乌托邦（刘小枫，1998d)[292]。

　　由此，知识社会学中的客观性和有效性问题，在当今的社会理论中，变成了价值共识是否可能或如何达成的问题。

　　如果我们在探讨知识与社会因素关联时加进上述的"献身性"、"实践性"与"交往性"因素，是否真能克服"无处可逃"又"无人拯救"这一人类在现代知识社会的绝望之境呢？如果在"知识与控制"的解释视角中增加"人之存在"的必然性、"人之生存"的现实性、"人之实践"的可能性、"人之交往"的共识性等维度，是否对于知识生产的社会学考察会更为周延呢？

二、"旁观"与"参与"：社会变迁中的视角选择

　　中国教育社会学的恢复重建始于 20 世纪 80 年代初，其复苏之时，正是新教育社会学的研究成果繁荣昌盛之期。以反思"教育知识的社会构成"为核心的新教育社会学，深受知识社会学学问理路与问学气质的影响，甚至可以说新教育社会学就是知识社会学研究志向在教育

知识领域的实践也毫不为过①。作为一门交叉学科，教育社会学在经历了对两个相邻学科的互融和借鉴、完成了初步的理论译介和知识架构的学科初创期后，非常顺利地实现了从"学科知识构架"向"具体研究"的过渡，新教育社会学所提供的理论与方法为我国教育社会学经验研究的具体展开提供了及时又丰富的营养。但正因为新教育社会学的整个思维路向乃至问学气质都脱胎于知识社会学，因此上述知识社会学的困惑同样困扰着教育社会学的发展。对于知识生产的一条为人熟知的解释框架——"知识与控制"，从原先作为一个高度政治性、反体制性的概念，变成了一个在体制内用烂掉的行话，一种不用绕不过去，用了也不见得比不用好多少的概念意识形态。

学理上的困惑还是其次，在教育社会学的具体研究热闹展开后，面对中国正在变革的教育现实，某种无力感也紧随而至：第一方面，教育社会学本应对社会转型裹挟下的教育变革提供具有整体性视野的理论和方法，生产能够把握教育大变局的话语能力，但是新教育社会学所秉持的釜底抽薪式的批判风格、质性微观的研究方法，加之受知识社会学对"普遍真理"的怀疑、对宏大叙事的颠覆思维和话语的影响，使得教育社会学在教育大变局面前无力提供宏观视野与宏大话语；第二方面，知识社会学的旁观者传统更多是针对已然成为事实的各种知识现象进行的研究和揭示，这种研究特质更适合于稳定社会，能够保持一种事后诸葛亮式的头脑清明。深受其影响的教育社会学因此也无力把握剧烈变革时期的教育现实，无法提出面对教育变革的具有解释力与想象力的概念和问题。这在一定程度上阻碍了教育社会学学科新的发展和突破，面对教育改革所带来的巨大的想象空间，教育社

① 让-卡泽纳弗在其所著的《知识社会学》（杨捷译）一书中试图指出，知识社会学确定了它的理论志向后，同时，广泛而众多的经验调查领域也向它敞开了大门，其中教育社会学便是重要的研究方向（苏国勋、刘小枫编《社会理论的知识学建构 Ⅲ》，上海三联书店、华东师范大学出版社2005年版，第447-461页）。新教育社会学的代表人物麦克尔·扬也表达过相同的看法，即教育社会学的一个重要核心是探索教育机构中知识的社会组织，只有如此，教育社会学将与知识社会学一样被认为具有合法的地位（参见麦克·F. D. 扬主编《知识与控制——教育社会学新探》，谢维和，朱旭东，译，华东师范大学出版社，2002年版）。

学很难提出振聋发聩的好问题，面对日新月异的教育现实，教育社会学也缺乏恰当的理论和技术手段加以研究①。因此，现实的研究情况竟是：在应该把握教育改革整体方向时，却专注于个人意见纷争；在本该严肃探讨教育转型的社会根源时却想当然地直接去批判市场经济的僭越与政治体制的控制；在社会转型与教育改革之外去研究教育知识的社会构成；在面对弱势群体的教育处境时却强调"冷眼旁观"、"价值中立"。这样的研究除了借用研究的名义遮蔽教育现实，麻痹人们的思想，恐怕不会提供更多新的知识。

在中国教育的转型和改革面前，教育社会学面临着学术旅程的严肃考验和可能跨越，面临着对已有教育社会学学科知识的调整和再建构。因此，教育社会学人同样面临着一次无法回避，甚至应该主动承担的思想和研究上的突围。这样的突围并非没有可能。学者派纳（W. Pinar）在反思和批判了新教育社会学的问学后果及倾向后指出：一个更可取、更好的目标，是不断地与自身无法摆脱的压迫性社会结构和权力关系保持持久的际遇（派纳，2003b）[281]。在派纳看来，参与的过程与方式可以使我们更为清楚地感受与把握自身与社会结构之间的密切关系，理解与解释身处其间的行动者与那些包围着他们的社会结构与改革变局的密切关系。因此，与"旁观"不同，"参与"是一个更富有实践性的视角，它至少在以下三个方面不同于"旁观者"的知识学分析和建构。

一是"研究立场"不同，不再是站在教育改革运动之外的旁观者，而是教育改革运动的积极参与者，通过介入改革实践，通过面对面地直接接触改革现实，教育社会学者们才能形成关于改革行动者本身的真切知识。有些实践中的关系、行动并非轻易可见，它们每时每刻都在发生改变，"参与者"知识学的任务便是使这些实践、行动的关系浮

---

① 清华大学沈原教授在谈到社会学使命时，深刻剖析了中国社会学的学科发展面对社会转型时的悖论与错位，深受启发（参见沈原著《"强干预"与"弱干预"：社会学干预方法的两条途径》，《社会学研究》，2006 年第 5 期）。

出水面，便是为这些不断变化的实践把脉，从而给出针对改革的理解性的解释、前瞻性的眼光和建构性的知识。这种理解性、前瞻性、建构性与被称为激进、批判、泛政治化的新教育社会学传统是完全不同的。

二是"问题意识"不同，拥有知识社会学传统的新教育社会学的问题意识建立在对那些"可以被当作知识的东西是什么？"的追问上，这一追问把教育知识看作是一种定型了的规范化秩序，从而在教育知识中寻找并探讨某些支配性的规范为什么和如何能够一直存在下去，以及研究它们与某些职业群体的利益或活动之间各种可能的联系及其性质（M. 扬，2002）[7]。"参与者"知识学首先假设法定知识还远未定型，它在被作为不同力量的载体而寻求并建构，它的问题意识是"知识可以被用来当作什么？"在这过程中，谁也不是支配者，谁也不是主宰者，但谁也不置身事外，他们你推我搡，打倒对方，被对方打倒，但仍然连在一起。

三是对研究的定位不同，旁观者的研究理路是知识论的，而参与者知识学则重视实践，或者说知识与策略（战略）的合一。事实上，中国的学问理路一向是看重实践的，后来虽然深受西方马克思学说的影响，但事实上马克思本人也是思想者中最强调实践的：处处要想使其所说变为深刻的学理，同时又意图要把他的学理变为有力的策略（或是社会革命运动的战略）。"参与者"知识学相信：生产一种人文知识就是策划一种生活，研究也不例外。从知识论的思想体系变成实践论的思想体系，不仅仅是做一个头脑清明的学者，更是力图将这种清明变成各种理性筹划和问题解决。

当然，或许参与就不会带来足够的清明，或许事实上就很难分清哪些部分是对较为普遍有效的理论体系做出的贡献，哪些部分是他们在特定历史时期的行动中自己的理想和个性表现。但参与一定意味着更多的责任承担，唯如此，才不至于出现新教育社会学常遭人怀疑的下场："那些认同新教育社会学的人们是否就是历史上仅有的一个既想要破坏现存的教育体制，又想不受到指责的群体。"（M. 扬，2003）[48]

三、行动参与：作为一个分析框架的提出

（一）行动者意义的凸显

曼海姆在提供知识社会学出路时曾反复强调：我们需要思考"知识与生存"之间的关系而非"知识与社会"之间的关系："是什么知性的和生命的因素使文化科学中的特定问题可能出现？这些因素又在多大程度上保证了该问题的解决？我们把与环境无关的知识作为出发点，并把这种受环境限制的知识当作将要的和不重要的东西，我们是否前进了一步？"（曼海姆，2002b）[3] 从这一似问非问的论述中我们可以看出曼海姆的犹豫，曼海姆没有进一步就这一思路进行阐述或研究是一大遗憾。南京大学贺晓星教授坚持认为：如果仅仅是在社会制约的层次上谈教育知识的社会特性及其问题，就会像后来许多的教育社会学者那样，把曼海姆的知识社会学思想平庸地延伸解读为社会如何制约学校知识，或者最多是学校知识如何作用于社会。而曼海姆知识社会学思想的发展可能性决不仅限于此，一如曼海姆所强调的那样，知识社会学作为理论，它试图分析知识与生存之间的关系，"生存"一词虽然与"社会"紧密相连，但它决不能被"社会"所完全涵盖①。事实上这也是强调社会结构的理论思路常遭诟病的地方：结构主义始终具有还原论色彩，主张将行为的种各占复杂性统统归并为一套单一、普遍的原则和关系中，但人类行动的细节根本上不能被还原，主体非但拒绝躺下就死，还从事着未被理论所料及的行为（沃特斯，2000a）[138]。在这里有许多实践的可能与偶然，有生存的必要与策略，有个人或群体的利害关系与矛盾冲突。

这种生存的特性是与行动者紧密关联的，尤其在面对社会转型和教育变革的当下，我并不倾向于做一个四平八稳的折中派。正如社会

---

① 南京大学社会学院贺晓星教授在南京师范大学教育社会学沙龙中的发言。

学者沃特斯（M. Waters）所言：绝大多数称得上有些价值的社会学理论，所探讨的都只是社会现实两个层面当中的一个，尽管说也有些理论努力想要对两个层面都进行探讨。第一个层面是社会行动与互动的层面；第二个层面则是社会结构或系统的层面（沃特斯，2000b）[370]。但社会学家会时而突出"结构"，时而突出"行动"，在社会学者沈原教授看来，并非纯粹的理论偏好使然，一般来说，在社会框架稳定的时期，社会学家努力发掘的多是"结构"对"行动"的支配和制约作用，而在这样两种情况下，社会学会强调行动的作用：一是社会框架稳定，但频频出现社会运动时；二是社会转型期，人们力求改变基本的社会结构，制度安排不可能像在稳定时期那样规范人们的行为，提供基本的社会生活秩序，于是行动的意义和作用得到彰显（沈原，2006）。社会转型过程使得结构力量式微、行动意义崛起，它能够从教育改革实践及其现实处境出发，突出"行动者"的意义。

所谓"行动者"，在这里主要指社会行动者，一是能够考虑到他人的存在。以行动理论著称的韦伯认为："只有在行动的主观意义能够说明其他人的行为并因而指向其原因的意义上，行动才是'社会的'"；"社会行动就是进行行动的人……通过将主观意义赋予行动，考虑到了他人的行动，并根据这一点来决定行动过程的方向……"（韦伯，1997）[54-55]二是不否认结构与秩序的约束，或是相反，能从结构与秩序中获得力量。事实上凸显行动者的意义并非是受个人主义理论和立场的诱惑，针对行动者及其行动的研究，也并不试图否认社会结构与文化的重要性，这种观察视角只是要求，对那些已然成为"决定因素"的真正意义进行某种方法论上的质疑。社会行动必须拥有共同参与的规范框架和结构平台才成为可能，这就像演员或潜在的演员早已有之，但是没有舞台，只有当演员和舞台一起出现，戏剧才能上演。三是作为社会行动者他是在参与改革过程中建构或体认其作为改革行动者角色的。参与改革的行动会受各种社会因素的作用，社会因素之"散"需要"聚"在行动者身上才能使知识的生产实践成为可能，社会因素之无所附着也需要行动者的"社会化"与"现实化"，才能使其在知识实践中盘根错节地展开，而一旦这些因素聚到行动者身上就会以更为整合、更加个性化的方式发挥其作用力。

总体而言，行动理论的主要特征包括：一是将人类看作具有理解力和创造力的主体，最重要的是他们控制着影响其社会生活的条件；二是人类赋予行为以意义，而社会学的重要任务之一就是去洞察和理解这种意义；三是人类行动是由动机推动的，即个体为了实现目标，在内心长时间筹划着行动，根据这种筹划的方式，意义被赋予了行动；四是行动理论还通常从特定个体或个体类型的角度上看问题，强调对直接的、日常的社会经验给出描述和说明，而不是在理论上阐述持续的、大规模的结构安排。行动者力量的发挥源于不同行动者的分化：行动者的类型是性质各异的，行动者利益有不同的取向，行动者的行动意义预设是多元化的，行动者的行动方式是多种多样的。行动者及其行动的类别化、分化、多元化、多样化进一步促进了对社会行动关联和共同参与的需要，这种关联和共同参与完全更新了社会行动的实质与内涵。但问题在于：这些多元并立的、利益不同的行动者，何以能够具有行动上的关联性，特别是何以能构成公共性的、共同参与的行动过程？

哈贝马斯曾试图对公共的行动领域勾画出四种行动模型以便调节这个行动过程。第一种是目的论的模型：处在物质世界中的行动者受到成功取向的动机促动，根据短期的宗旨或目标在各种行动方案之间进行选择。第二种是规范的调节模型：行动者受到一个社会群体的成员所共享的价值和规范的指导——应该做什么和不应该做什么的概念促动着行动者的动机。第三种是拟剧论模型：行动者向其他行动者中的听众表达主观意识的内容，以此彰显自身的存在。第四种是沟通模型：行动者被理解成在实践问题面前加入与其他行动者的关系，也就是说行动者致力于达成对其行动情境和行动计划的理解，以便借助共识协调他们的行动（哈贝马斯，1994）[107-133]。

但是哈贝马斯所勾画的基于理性的"行动模型"和韦伯所提出的"社会行动"的理想类型更多适用于公共空间，而非共用空间。事实上，对于改革参与者的考察需要从三个维度去考虑：权力、利益与理想，其在行动上的复杂性和弹性就源于这三个因素变动不居的组合以及牵扯不清的相互纠缠。你不能仅仅从"经济"理性的观点来理解，因为每一个参与者可能都明白他自身的行为展开需要凭借其他参与者的必要行动，同时又要确保其自身在改革中的不可取代地位。因此一方面，参与者通过为他自己创造可供选择的解决方案以及可供选择的合作伙伴，增加他者的可取代性；另一方面，限制他者的选择能力和自由余地，减少他自己的可替代性，使他自身的被替代变得更困难（费埃德伯格，2005a）[118]。这里的问题已经不仅仅是参与者个体，而是涉及了参与者与参与者之间的博弈关系和交往关系，正是因为这些关系共同构筑了一个有待探讨的共用空间。

（二）共用的行动空间

从空间维度看，改革需要调动所有各种各样利益相关的行动者，在改革的共用空间中，似乎有着尖锐矛盾的社会群体、利益集团，诸如所谓官方与民间、中心与边缘、权力机构和社会抗衡力量，在某种新的组合与重构过程中，形成了一种奇异的相互借重与"和谐"共生现象，显现着这一共用空间奇特而不无残酷的特征：冲突或和谐，恶语相向或握手言和，争夺或共享，都因其利益动因而分外真实、直接而变动不居。在实践类似改革共识与教育使命的意义上，其并无多少分歧存在，分歧与对立在于实践这一使命的路径和方式。在这一共用空间中，你无法用所谓的理性与非理性做出区分，这个"就在那儿"的世界，它浑然一体、连绵不断、纠缠不清又支离破碎，它被竞争所分割、为混乱所纠缠、因异质而关联，因此改革的秩序与结构系统就显得更富于活力和弹性，但同时也更具有矛盾性和冲突性。如果不将行动者放回到这一领域中，人们就无法对他们的参与行为进行分析和理解。

从时间维度看，改革行动大部分阶段处在一种悬而未决的状态，其中不乏风险，共用空间事实上也被这种不确定性充塞着。但对于参与者而言，这种悬而未决的未知数与不确定状态并非只有消极的一面，恰恰相反它往往蕴蓄了生成和转机，参与者们不再是一种消极地面对，而是将其视为重要的资源充分地把握、开发和利用，他们相信对这一过程的发掘能够成就和拥有未来。在行动方面，通过对自我行动能力的检视、对自我行动方式的积极否定和修正、对改革阶段性现象的分析和判断、对现行社会环境和体制的反思和重新界定，不断地意义化自身的行动，也同时丰富所参与的改革空间。吉登斯（A. Giddens）曾戏言，我们生活在"生成政治"的时代，无论是普通人的生活或是社会的宏观议程，"生成政治学"成为个人行动者的生存要诀，也为集体或各类组织提供了基本理念和运作技术（杨敏，2005c）[68]。当然，这一生成过程不仅包含生成、创造，同时也呈现反思和自我否定。因此，在这一共用空间中，行动的过程越来越显示出知识与智力的特征，甚至说这样的行动带有政治学的特质也毫不过分。

从意义维度看，这一共用空间首先应被理解为多样化力量关系的作用场，在这个力量场中，来自不同群体的力量得以施展，不仅有主流力量还有抵制力量，甚至还有无法辨析的混沌力量，因此我们需要超越"或主流或抵制"的二元认识论，对这一共用空间的力量关系不是试图削弱它，而是试图拓展其内涵。其次这一共用空间也可以理解为是一个充满了诸多变数、偶然性甚至悖谬性的实践空间。这一实践的共用空间在生机勃勃的同时可能也危机重重，在拥有共识的同时可能也充满矛盾，它包含着复杂的合谋关系、多重的利益驱动、充满裂隙的主流意识形态运作。

（三）参与行动的逻辑：相容与排斥

改革行动是一次有着众多人员参与的集体行动，但行动者的行为永远不可能被简化为统一性的行动，他们的行为是一种个人"加工"的产物，他们既从统一的集体行动中获取资源与认同，也从局部互动和交换所出现的策略性机遇中获取资源或创造资源。猜测集体行动参与者的动机是困难的，因集体行动的动机是混杂的，其中许多动机可能是非理性的。其典型的混合情况如下。

第一种情况属于"个体主义型"：这类参与者深谋远虑，预计从参与行动中可以得到自己想要的东西，而且一定是实质性的、具体可见的，而从不参与中得到的要小得多。因此，在一个又一个阶段的权衡中，他们估算和谋划着参与行动会给自己带来的回报以决定下一步行动的方向与可能。

第二种情况属于"集体主义型"：这些参与者之所以投入改革这一集体行动，是因为其从参与过程就能获得快乐。他们可能乐于享受集体行动中交往和友爱的乐趣，或者可能将之看作一种个人寻求发展的途径，问题的关键之处在于参与过程本身，而不是参与的结果。

第三种情况属于"功利主义型"：这有点像个体主义型，功利主义参与者是理性的最大化者，在他们那里一切行为都是理性计算后的行为，当然这种理性计算不一定完全是将自身的利益最大化，也可能寻求其所属小群体或所属集体利益的最大化。

第四种情况属于"理想主义型"：这些参与者更多意义上是牺牲者，他们规划着理想的集体处境和理想的未来，然后可以不计后果地照此行动。

第五种情况属于"随波逐流型"：这些人看着其他人在做什么，也跟随着做什么，对于他们来说没有动机就是动机，他们参与进改革行动是因为看到改革行动好像合情合理，加上大多数人都在做，所以自己没有理由不去参与。

第六种情况属于"被逼无奈型"：这可能是最没有动机的一类，他们出于现实的考虑，可能心里未必认同改革的理念但还是会无奈地参与进改革行动①。

在改革行动尚处于初始决策阶段时，集体行动的过程可能是由几

---

① 此分类框架受益于乔·埃尔斯特(参见马尔科姆·沃特斯著《现代社会学理论》，杨善华，李康，译，华夏出版社 2000 年版，第88-89 页)，引用时根据本论文的具体内容作了必要的修改。

个集体主义者或理想主义者发起的，通过使功利主义者意识到共同利益的替代可能性，继而展开动员，可能触发他们积极的响应。这个阶段集体行动主要遭遇的问题是如何"把蛋糕做大"，可谓"众人拾柴火焰高"。在这一过程中总是希望"做蛋糕"的人越多越好，集体行动的规模越大越好，所以总是欢迎具有共同价值或利益追求的行为主体加入其中，因此在"做蛋糕"阶段集体行动的逻辑是相容性的，被动员起来的参与者在追求的大方向上是相互包容的，即所谓的"一损俱损，一荣俱荣"。

　　不过，随着集体行动的推进或初具规模，这个阶段所遇到的问题不再主要是"做大蛋糕"的问题，而是如何"瓜分蛋糕"的问题，或者也可以说分蛋糕的问题事实上一直决定着部分参与者的行动动力，尤其是个体主义者和功利主义者，因此在改革参与者的内部，在利益主体追求各自利益时却是相互排斥的。因此在"分蛋糕"阶段集体行动的逻辑是排斥性的，希望分利者越少越好，分利集团越小越好（奥尔森，2004a）。这种排斥性行为衍生出了两种策略：一种是进攻性策略，每个参与者都力图减少其他参与者的自由余地和自主性，从而使其行为具有较大的可预测性；另一种是防御性策略，每个参与者都在力图系统地保护自己的自主领域和自由余地，而且如果可能的话，扩大自己的自主领域和自由余地，以减少自己行为的确定性（费埃德伯格，2005b）[118]。显然，排斥行为将会进一步助长其更为积极的行动，唤起个体主义者和功利主义者对回报的争取甚至争斗。

　　以研究集体行动著称的奥尔森指出：人们普遍认为，有着共同追求的个人组成的集体行动通常总是试图增进那些共同的利益，这一想当然的假设是错误的（奥尔森，2004b）[1]。在奥尔森看来，除非集体行动的参与人数较少，或者除非存在强制或其他某些特殊手段以使个人按照他们的共同利益行事，否则有理性的、寻求自我利益的个人不会采取行动以实现他们共同的或集体的利益（奥尔森，2004c）[2]。当一些行动者分享同一个意图或目的时，由于其参与动机的混杂性与多样性，个人的或没有组织的行动，常常要么根本无力增进共同利益，要么不能充分增进共同利益,或者干脆无意增进共同利益。这就使得改革行动事实上既非个体行动,也非集体行动,而只是一种参与行动,它遵循并滋生着普遍主义与特殊主义,塑造着公共空间与特殊空间、把玩着普遍规则与局部规则。

参考文献

阿多诺.1998.知识社会学及其意识[G]//上海社会科学院.法兰克福学派论著选辑(上卷).北京:商务印书馆.

埃哈尔·费埃德伯格.2005.权力与规则——组织行动的动力[M].张月,等,译.上海:上海人民出版社.

顾炎武.1985.日知录[M].上海:上海古籍出版社.

哈贝马斯.1994.交往行动理论——行动的合理性和社会合理化(第一卷)[M].重庆:重庆出版社.

卡尔·曼海姆.2000.意识形态与乌托邦[M].黎鸣,等,译.北京:商务印书馆.

卡尔·曼海姆.2002.重建时代的人与社会:现代社会结构的研究[M].张旅平,译.北京:生活·读书·新知三联书店.

卡尔·曼海姆.2002.卡尔·曼海姆精粹[M].徐彬,译.南京:南京大学出版社.

卡尔·曼海姆.2005.知识阶层:它过去和现在的角色[G]//苏国勋,刘小枫.社会理论的知识学建构(Ⅲ).上海:上海三联书店.

雷蒙·威廉斯.2005.关键词——文化与社会的词汇[M].刘建基,译.北京:生活·读书·新知三联书店.

刘小枫.1998.现代性社会理论绪论[M].上海:上海三联书店.

马克斯·韦伯.1987.新教伦理与资本主义精神[M].于晓,等,译.北京:商务印书馆.

马克斯·韦伯.1998.学术与政治[M].冯克利,译.北京:生活·读书·新知三联书店.

马克斯·韦伯.1997.经济与社会(上)[M].林荣远,译.北京:商务印书馆.

马尔科姆·沃特斯. 2000. 现代社会学理论[M]. 杨善华,李康,译. 北京:华夏出版社.

麦克·F. D. 扬. 2002. 知识与控制[M]. 谢维和,等,译. 上海:华东师范大学出版社.

麦克·F. D. 扬. 2003. 未来的课程[M]. 谢维和,等,译. 上海:华东师范大学出版社.

曼瑟尔·奥尔森. 2004. 集体行动的逻辑[M]. 陈郁,等,译. 上海:上海三联书店.

尼采. 2001. 快乐的知识[M]. 北京:中央编译出版社.

沈原. 2006. "强干预"与"弱干预":社会学干预方法的两条途径[J]. 社会学研究(5).

田立年. 2004. 知识分子社会学[G]//陶东风. 知识分子与社会转型. 开封:河南大学出版社.

威廉 F. 派纳,等. 2003. 理解课程(上)[M]. 张华,等,译. 北京:教育科学出版社.

杨敏. 2005. 社会行动的意义效应——社会转型加速期现代性特征研究[M]. 北京:中国人民大学出版社.

赵汀阳. 2003. 没有世界观的世界[M]. 北京:中国人民大学出版社.

周晓虹. 2002. 西方社会学历史与体系(第一卷)[M]. 上海:上海人民出版社.

第二编

中国教育改革：场域与逻辑

第五章　教育改革中的政策调整[*]

　　新中国的教育已走过 60 余年的历程。60 年来，党和政府不断推动教育的改革和发展，开辟了中国特色社会主义教育发展道路，建成了世界最大规模的教育体系，保障了亿万民众受教育的权利，提高了全民族素质，实现了从人口大国向人力资源大国的转变，取得了举世瞩目的成就。回顾过去，这些成就的取得，靠的是改革。展望未来，"教育要发展，根本靠改革"（中共中央国务院，2010）。然而，我国教育事业的改革和发展历程并非一帆风顺，而是历经波折，甚至不乏倒退，这就需要从实践中总结既有重大教育改革的基本经验。进入新世纪以来，我国进入改革发展的关键时期和社会变革的空前阶段，"经济体制深刻变革、社会结构深刻变动、利益格局深刻调整、思想观念深刻变化"（中共中央国务院，2006）；而教育理念的彻底变革是当前政治体制改革的"关键"（邓晓芒，2010a），教育体制改革日益成为中国深度经济发展的一个"瓶颈"（郑永年，2011）[226]，这就需要从理论上回答未来教育改革的战略走向。

---

　　[*] 本文原刊于《北京大学教育评论》2012 年第 4 期，现收入本书时略有改动。

一、教育改革的转型：从作为政治－经济改革到作为社会－文化改革

（一）教育改革的传统模式及其反思

以中共十一届三中全会为界，可将新中国 60 年来的教育大致分为前后两个 30 年。基于新中国成立初期对旧中国改造的时代背景以及随后"以阶级斗争为纲"指导思想的确立，前 30 年间的重大教育改革势必多由政治统领和挂帅；1978 年十一届三中全会做出把党和国家工作重心转移到以经济建设为中心以来，特别是 1992 年确立社会主义市场经济改革目标以来，后 30 年间的重大教育改革则势必主要以经济为主导和取向。与此同时，60 年间更不乏基于政治、经济双重需要和逻辑的教育改革。60 年来既有的重大教育改革，可统称为作为政治－经济改革的教育改革。

教育改革作为政治改革的典例有三，发生在前 30 年。其一是"教育改造"。新中国成立后，开展了一场对包括教育在内的各项事业的政治性改造，确立了新民主主义的文化教育政策，即民族的、科学的、大众的文化教育，强调人民政府的文化教育工作应以提高人民文化水平，培养国家建设人才，肃清封建的、买办的、法西斯主义的思想，发展为人民服务的思想为主要任务（中央教育科学研究所，1984a）[3]。这种改造具有鲜明的政治色彩，如各地政府和军管会接收、接办原国民党统治区的公立学校、外资津贴学校和私立学校；建立各级教育行政机构，并在各级各类学校里建立共产党、青年团、教育工会、学生会、少先队组织；贯彻"团结、教育、改造"的知识分子政策，政治性地重塑了教师角色，建立新型人民教师队伍；坚持教育向工农开门，确保工农干部和工农群众及其子女受教育的权利，等等。至 1956 年教育的社会主义改造完成，初步建立起社会主义教育制度，完成了"从半殖民地、半封建的教育向新民主主义教育进而向社会主义教育的转

变"（方晓东，李玉非，2009a）。经此政治性的改造，旧时代的知识分子，"他们中间的绝大部分已经成为国家工作人员，已经为社会主义服务，已经是工人阶级的一部分"（中央教育科学研究所，1984b）[153]。

其二是"教育大跃进"。1958—1960 年的"教育大跃进"，是由于党的指导思想出现了"左"倾错误而导致的教育发展的失误。"教育大跃进"有国内国际两个政治社会背景。在国内，中国第一个五年计划的实行使工农业生产大幅度提高，国民干劲高涨。在国际，1957 年 11 月社会主义大家庭在莫斯科会议召开会议，苏联刚刚发射的第一颗人造卫星促使社会主义国家形成"社会主义正在上升、资本主义正在衰退"的共识。赫鲁晓夫提出要用 15 年时间赶超过美国，毛泽东表示中国要用 15 年时间赶超过美国的小弟弟英国。次年 3 月，毛泽东提出了"鼓足干劲，力争上游，多快好省地建设社会主义"的基本思想，并作为总路线于 5 月在党的八大二次会议上正式通过。1958 年"教育革命"开始后，中共中央、国务院指示："大力发展中等教育和高等教育，凡是有条件的和自愿的，都可以接受高等教育。"（何东昌，1998）[860-861] 由此开始了教育的跃进式增长，推行了包括"勤工俭学、半工半读"和"扩招、扩招、再扩招"等在内的教育改革措施，三年净增高校一千所，几乎每天平均成立一所大学，不少省份提出一个地区甚至一个县建一所大学。

其三是"文革"中的"教育革命"。经总结教育大跃进的教训，贯彻"调整、巩固、充实、提高"的八字方针和三年调整，教育事业才又重新走上正轨。但好景不长，1966 年"文化大革命"爆发，教育作为阶级斗争的工具和革命的试验田，再次经历作为政治改革而被革命的命运。教育领域作为"文化大革命"的首发地和重灾区，教育思想被搞乱；中国共产党长期以来坚持的正确的知识分子政策和干部政策受到严重践踏，广大教师、干部不仅受到政治上和身体上的摧残，而且由于长期不能从事正常的教育教学活动和接受培训提高，导致自身的教育教学水平下降；教育机构和教育工作一度瘫痪，学校教学秩序遭到全面破坏，学生学习时断时续，无政府主义思潮和"读书无用论"思想一度泛滥，对青少年的思想道德品行造成负面影响；学校基本建设停滞，大量校舍被侵占，教学仪器设备和图书资料损毁极为严重，使教育事业发展受到严重的破坏，在许多方面出现大幅度的倒退，少为国家培养了数以百万计高中级专门人才，也降低了整个民族的科学文化素质（方晓东，李玉非，2009b）。

教育改革作为经济改革的典例亦有三，发生在后30年。其一是1993年的《中国教育改革和发展纲要》（简称《纲要》）。十一届三中全会做出把党和国家工作中心转移到经济建设上来的决策，教育工作的重点也从为阶级斗争服务转变到为社会主义现代化建设服务的轨道上来。1992年，中共十四大确立社会主义市场经济体制的经济改革目标，《纲要》随之提出"初步建立起与社会主义市场经济体制和政治体制、科技体制改革相适应的教育新体制"。《纲要》提出了教育改革发展的蓝图和思路，教育改革从由政治挂帅转向了以经济主导，教育改革作为政治改革的弊端和作为经济改革的问题也在此消彼长。建立与市场经济相适应的教育体制需要市场导向的教育改革，而"市场导向的教育改革是一把双刃剑"，它能激活教育体制，也会扩大差距、加剧分层，并磨损教育公益性、滋生教育腐败（劳凯声，2005）。某种意义上讲，《纲要》为日后教育改革迈向事实上的、无以问责的市场化、产业化、"大跃进"关闭了红灯。

其二是开始于1999年的高校扩招政策（简称"99扩招"）。此扩招当然不乏"高等教育大众化"理论作支撑。1999年《中共中央国务院关于深化教育改革 全面推进素质教育的决定》提出，"扩大高中阶段教育和高等教育的规模，通过多种形式积极发展高等教育，到2010年，我国同龄人口的高等教育入学率要从现在的百分之九提高到百分之十五左右"，这也是高等教育大众化的国际通行最低标准。1999年当年，高校招生增长速度达到史无前例的47.4%，1999—2004年，6年间的平均增幅高达24.8%。但是，此次高校扩招是典型的把教育用于经济改革的例子，扩大内需以拉动经济增长才是扩招最终的核心的政策目标，这项政策问题最先由经济学家讨论和提出，"决策过程迅速而急迫"（4 个月左右），决策者主要是政府官员和经济学家，而"具有法定教育决策职能和责任的国家教育主管部门只是高校扩招政策的具体执行者"，其政策代价则是降低教育教学质量、专业方向不合理及毕业生就业压力等问题（刘复兴，2003）[215-225]。

其三是"教育产业化"。尽管迟至 2005 年"教育产业化"才成为"人人喊打的过街老鼠"而被叫停，但把教育作为产业操持的经济学思维自改革开放以来就存在并日益走强：1984 年，国家统计局把教育划分在第三产业的第三个层次；1992 年，《中共中央国务院关于加快第三产业的决定》明确把教育事业归属于"第三产业"，1999 年，第三次全国教育工作会议提出要"切实把教育作为先导性、全局性、基础性的知识产业和关键的基础设施摆在优先发展的战略地位"。这些都被援来用作"教育产业化"理论，至少是教育产业化实践的思想导向和政策依凭。事实上，无论实际动机还是发展路径，"99 扩招"亦是其时"教育产业化"思潮的产物，有很强的经济主义属性，可以佐证的是，与高校扩招并行的，却是国家财政性教育经费占 GDP 的比例一直徘徊在 2.5% 上下（杨东平，2011）。这种国家不增加经费投入而大规模发展教育的模式，包括公办大学大规模举债、兴建"大学城"、举办高收费的"独立学院"，连同基础教育阶段的"天价幼儿园"、"名校办民校"等，都是我国特定历史阶段把教育改革作为经济（产业化）改革的产物。

教育改革作为政治-经济改革的典例有二，分别发生在前后 30 年。其一是 1952 年中央政府大规模调整了全国高等学校的院系设置（简称"52 调整"）。此调整是把民国时代的现代高等院校系统改造成"苏联模式"高等教育体系。经全盘调整，全国许多高等学校被分拆，大力发展独立建制的工科院校，相继新设钢铁、地质、航空、矿业、水利等专门学院和专业，工科、农林、师范、医药院校的数量从此前的 108 所大幅度增加到 149 所，而高校数量由 1952 年之前的 211 所下降到 1953 年后的 183 所，综合性院校则明显减少。这次教育改革的一个动因是经济重工业化的需求，教育的重心被放在与经济建设直接相关的高等教育，尤其是工程和科学技术教育上，致力一种培养"专家"的教育体制，教育与经济紧密相连，按产业部门、行业来甚至按产品设立学院、系科和专业，确定招生和学生分配。显然，这是一种培养"专家"的教育体制。另一个动因则是政治整齐化。经此调整和改造，高校从此失去自主权，特别是教学自主权，社会学、政治学等人文社科类专业被停止和取消，私立教育退出历史舞台，一大批社会学学者或转行民族学，或遁入图书馆做资料员。

其二是 1985 年出台的《中共中央关于教育体制改革的决定》（简称《决定》）。此《决定》是一项与此前一年出台的《中共中央关于经济体制改革的决定》"配套"的教育改革，旨在配合党的十二届三中全会关于经济体制改革的决定，解决"多出人才、出好人才"的紧迫问题。它确立了对后来我国城乡教育发展产生重要影响的教育制度——"分级办学"，并授权"地方可以征收教育费附加"。《决定》明确提出，把发展基础教育的责任交给地方，有步骤地实行九年制义务教育。后来基本上采用"县办高中、乡办初中、村办小学"的实际做法。"分级办学"作为此次教育体制改革一项实行城乡教育分割的制度，连同"地方可以征收教育费附加"的政策授权，将本应主要由国家负担的义务教育的政治-经济责任和义务，转嫁给了人民特别是农民。据柳斌回忆，1986 年《义务教育法》颁布后，因在"钱"上遇到羁绊，只能依靠"人民教育人民办"这种方式，把义务教育的过半费用推给农民和企业承担，以致我国"20 年来的义务教育是以加重农民负担为代价取得成就"的（南方周末，2006）。其结果是不仅加重了农村和农民的负担，而且造成了农村教育的滞后和城乡教育差距的延续与扩大（张玉林，2003）。

（二）教育改革转型的可行性与必要性

把教育改革作为政治-经济改革，往往便会要么把教育沦为政治的工具，要么把教育用于经济的筹码抑或受二者钳夹，负面效果所在多有。作为政治改革的教育改革，在新中国成立初期因着社会主义改造而势所必然，并在"文革"期间达到了登峰造极的地步；作为经济改革的教育改革，在过去的 20 多年里随着我国市场化经济改革浪潮而持续走强。教育改革需要转型！转型的主题便是：从作为政治-经济改革走向的教育改革作为社会-文化改革。

当前和未来时期，科学发展观、和谐社会和文化强国等治国理念的推行，为教育改革的转型提供了宏观背景和未来方向。科学发展观是逐步形成的，历经改革开放初期的"粗放型发展观"、20 世纪 80 年代中期的"集约型发展观"和 90 年代中期的"可持续发展观"，2003 年中共十六届三中全会提出"科学发展观"，2004 年中共十六届四中全会提出构建社会主义和谐社会和社会建设两大理论贡献，2007 年党的十七大通过《中国共产党章程（修正案）》，把社会建设列入中国特色社会主义建设事业总体布局，从而由 1940 年毛泽东在《新民主主义论》中提出的经济建设、政治建设、文化建设三位一体，扩展为包括社会建设在内的四大建设、四位一体。2011 年，中共十七届六中全会做出了"深化文化体制改革 推动社会主义文化大发展大繁荣若干重大问题"的决定，"文化发展"提上重要日程。由此，中国的改革进入新的阶段，这就是从经济建设为主的那个阶段进入到一个经济建设还是中心，但要把社会建设放在重点、放在突出位置的这么一个阶段（陆学艺，2012a）[51]。也就是从过去二三十年以"经济改革"为中心，转移到了未来二三十年以"社会改革"为中心的阶段（郑永年，2011a）[15-22]。

当前我国教育主要矛盾的转变，则对教育改革的转型带来了时代要求和现实可能。经过 30 多年的改革，我国的计划经济正在乃至已经转型为市场经济，但教育仍是计划经济的最后一个"堡垒"，教育改革滞后于其他领域的改革。随着中国社会已经进入"以人为本"的新阶段，中国教育正面临一个历史性的转折点：从满足基本需求到追求好的理想的教育，处于一场大变革的前夜；我国已具备深入教育改革的条件，主要表现为人民群众要求改革教育的强大压力，以及当前教育的主要矛盾——由资源不足和供求关系的问题转变为先进的社会发展观与落后的教育理念的矛盾、人民群众日益增长的需求与落后的教育体制的矛盾（杨东平，2010a）[5-8]。随着国家财政性教育经费支出占 GDP4% 目标的再三承诺与有望到位，教育投入"分配不公"问题将胜过"总量不足"问题很快扑面而来（田磊，2012a）；教育改革面临着"既患寡又患不均"的双重矛盾①。这就需要我们顺应时代潮流，把作为政治－经济改革的教育改革，转型为作为社会－文化改革的教育改革。

二、重大政策主题的调整：从偏重一端到动态平衡

可喜的是，21世纪初尤其是中共十六大之后，中国改革已经进入了以社会改革为主体的改革阶段，社会改革的目标是和谐社会，核心在于社会制度建设（包括社会保障、医疗卫生、教育、环保等方面），关键是要处理好发展和稳定的平衡（郑永年，2011b）[17,137,143]，统筹经济和社会的协调发展（陆学艺，2012b）[78-82]。相应地，教育改革的转型，需要教改决策稳健执中，在集权与放权、公平与效率、数量与质量等几对重大主题上，克服偏重一端的倾向，把握动态平衡。

（一）作为改革重点的教育体制：在集权与放权之间

体制问题十分重要。教育改革领域的国际权威迈克尔·富兰（Michael Fullan）在撰写《变革的力量》三部曲时，注意力就集中在"体制"本身（富兰，2004a）[1]。20世纪80年代，中共中央相继颁布了关于经济体制改革、科技体制改革和教育体制改革等三个决定。进入新世纪，《国家中长期教育改革和发展规划纲要（2010—2020年）》（简称《教育规划纲要》）也明确提出，要以体制改革为重点，并用了近三分之一的篇幅论述体制改革。教育体制是教育机构和教育规范这两个要素的结合体；教育体制改革的内涵是教育机构和教育规范即教育制度的改革（核心是教育机构职责权限制度的改革），外延是各级各类学校教育体制和各级各类教育管理体制改革（孙绵涛，2010）。一句话，

---

① 佚名.（2012-03-08）[2012-03-12]. 教育经费：既患寡又患不均 [EB/OL]. http://data. 163. com/12/0308/22/7S3V233G00014MTN. html.

教育体制改革的要领就是在教育管理、办学、教育投入和教育责任等方面，保持着集权和放权之间的动态平衡，二不可偏重一端；"集权和分权都行不通"，"集权失之过分控制，分权错在走向无序"（富兰，2004b）[48]。

新中国成立初期，我国实行高度集中统一的教育管理体制，故有"穷国办教育"、"穷国包教育"的困境。随着社会主义改造的基本完成，1958年，中共中央、国务院颁布《关于教育事业管理权力下放问题的规定》，实行地方分权为主的教育管理体制。后因权力过度下放导致教育工作混乱和质量下降，遂又推行"统一领导、分级管理"的体制。"文革"期间，则由工宣队、军宣队、贫宣队及后来的"革命委员会"承担着学校的领导和管理工作，结果造成学校工作无法正常开展。改革开放以后，特别是《决定》，实行"地方负责、统一管理"的体制，重点是简政放权和分级办学制度：政府"放权"，扩大学校的办学自主权；中央"放权"，把发展基础教育的责任交给地方。《决定》带来的是"县办高中、乡办初中、村办小学"的实际做法，后经2001年《国务院关于基础教育课程改革与发展的决定》、2002年国务院《关于完善农村义务教育管理体制的通知》及2003年国务院《关于进一步加强农村教育工作的决定》等政策文件，又确立了"以县为主"的教育体制，2006年修订的《义务教育法》虽提出"省级政府统筹"，但总体上还是以区、县政府负担为主。

这种体制有先天的缺陷和不合理之处：它不符合财权和事权相对称的原则，反而是从中央到地方财政权和事权倒挂，收入大部分被逐级拿走，因而县级政府无力承担教育财政重压，不利于兴办社会保障等其他社会事业，无法缩小城乡教育差距，也没有实现"三个确保"（保工资、保运转、保安全）这一最低目标，只得号召人民集资办学，正是通过亿万国民的教育投入，让中国实现了所谓的"穷国办大教育"（转型期中国重大教育政策案例研究课题组，2005a）[404-421]。由此，我国教育体制尤其是教育财政制度呈现出居民负担过重、政府间教育经费分担重心偏低、经费分配制度民主化程度不高、问责制度责任主体不明等偏颇（袁连生，2012）。为此，《教育规划纲要》提出落实和扩大学校办学自主权、加强省级政府教育统筹、健全权责明确的教育管理体制等有针对性和纠偏性的体制改革举措。这有利于"作为社会改革的教育改革"的实行。

（二）作为社会公平基石的教育公平：在平等与效率之间

回顾历史，也可发现我国教育政策导向在平等和效率之间偏摆的历程。新中国成立初期的 17 年（1949—1966 年），首要任务是社会主义改造。作为施政方针的《中国人民政治协商会议共同纲领》规定："中华人民共和国的文化教育为新民主主义的，即民族的、科学的、大众的文化教育。"这一教育政策并非对全体社会成员一视同仁，政策目标群体是国家的领导阶级即工农群众，不包括全部的国民，也不是一般意义上的人民；而且，社会各阶级或阶层，如干部、工人、知识分子、农民等之间存在着较大的利益差别（钱俊瑞，1950）。"文革"期间，在"以阶级斗争为纲"的"左"倾思想指导下，教育政策体现出一种"阶级平等"和"政治至上"的价值导向，家庭出身或阶级成分成为影响社会成员接受教育的重要标准，政治上"可靠"或出身工、农、军、革命干部家庭的子女优先接受教育；而"剥削阶级"和"右派分子"子弟接受教育尤其是高等教育的机会受到严重限制乃至被剥夺。总之，新中国改革开放前的 30 年，与"人民"（主要是工农）相对立的"反动派"包括了"五类分子"：地主分子、富农分子、反革命分子和坏分子（此即大部分文献中所惯称的"四类分子"）以及 1957—1979 年的 22 年中的"右派分子"。作为人民民主专政的对象，这五类分子尤其前四类分子，"是一个从 1949 年到 1984 年在中国政治生活中生存了 35 年的特殊社会阶层，构成了改革开放前的中国社会的底层"（李若建，2006），其子女受教育的机会公平和权利受到限制。

《决定》提出，在整个教育体制改革的过程中，必须牢牢记住改革的根本目的是提高民族素质，多出人才、出好人才。要造就数以亿计的工业、农业、商业等各行各业有文化、懂技术、业务熟练的劳动者；

要造就数以千万计的具有现代科学技术和经营管理知识，具有开拓能力的厂长、经理、工程师、农艺师、经济师、会计师、统计师和其他经济、技术工作人员；还要造就数以千万计的能够适应现代科学文化发展和新技术革命要求的教育工作者、科学工作者、医务工作者、理论工作者、文化工作者、新闻和编辑出版工作者、法律工作者、外事工作者、军事工作者和各方面党政工作者。从此至 20 世纪 90 年代，基于这种对教育效率的追求，"效率优先、兼顾公平"的教育政策得以推行。强劲的"效率优先"表现为重点学校优先发展、高等教育优先发展、区域教育优先发展及城市教育优先发展；微弱的"兼顾公平"则表现为法律面前人人平等的国民教育和分数目前人人平等的招生制度（刘世清，2010）[189-207]。

　　基于"效率优先"和"工程"效用的逻辑，我国的教育财政先后存在"短缺性偏好"（因经费短缺在初等、中等、高等三级教育中所实施的倾斜投入政策）和"制度性偏好"（因教育制度的影响而表现出教育财政投入的倾向性排序）的偏颇，追求短期效用最大化，大力支持强势组织的教育发展，"教育财政中立程度较差"（柯佑祥，2010），大量教育财政"锦上添花"式地投入了高等院校，挤压了本该属于基础教育的投入，填补基础教育的财政漏洞才是"雪中送炭"（刘瑜，2009）[155]；而且高等院校又被分为三六九等，其最重要的区别就是国家财政投入的多寡，差距往往以百倍计，部属院校、地方院校、民办高校被分别形同"亲儿子、干儿子和野儿子"（田磊，2012b）。由此，造成持续拉大的教育之城乡差距、地区差距、阶层差距、类别差距等严峻现实（转型期中国重大教育政策案例研究课题组，2005b）[7-44]。为此，《教育规划纲要》明确把促进公平作为国家基本教育政策和主要工作方针，强调教育公平的关键是机会公平，主要责任在政府。这昭示着我国教育尤其是基础教育变革的政策导向从"教育效率优先、兼顾教育公平"到"更加关注教育公平"的转变，力图在效率和平等之间保持动态平衡，实现教育公平。这其实正是"作为社会改革的教育改革"的题中之应有义。

（三）作为核心任务的教育发展：在数量与质量之间

数量与质量是教育改革和发展中的一对永恒主题、核心任务和基本矛盾。毋庸置疑，教育规模扩大与数量增长是教育改革的核心任务，是教育发展的重要基础。1949 年以来，没有"世界最大规模"之教育体系的建立，没有对"亿万人民群众"受教育权的保障，没有教育投入的"大幅增长"，没有义务教育的"普及"和有高等教育的"大众化"，没有"全民族"素质的极大提高，就没有从人口大国向人力资源大国的转变，也将不会实现从人力资源大国向人力资源强国的迈进。

义务教育是教育工作的重中之重。尽管我国在 1986 年就根据《决定》精神而颁行了《中华人民共和国义务教育法》（简称《义务教育法》），但限于财力，只得通过"人民教育人民办"的方式，把义务教育的国家政治－经济责任转移给民众。直至 2006 年《义务教育法》修订以及"两免一补"（对农村义务教育阶段贫困家庭学生"免杂费、免书本费、逐步补助寄宿生生活费"）等辅助政策出台以来，才实施了真正免费的义务教育，到 2007 年年底我国九年义务教育普及率达到 99%。但农村特别是落后地区义务教育的普及只是"初步的"、"低水平、不均衡、不巩固的"，其中还有"水分"，"相当脆弱"（李慧莲，2012）。限于国力，目前我国义务教育的重点仍是巩固九年义务教育和"两基攻坚计划"（实现西部地区基本普及九年义务教育、基本扫除青壮年文盲），国家支持有些地方根据自身财力等状况所做出的普及高中阶段教育的做法。这与北美、欧洲主要发达国家多年来义务教育平均 8—12 年的水平尚有差距，从一组数据可见一斑：2000 年，中美两国总体平均受教育年限相差 7.29 年，农村人和女性受教育年限分别相差 8.19 年和 7.98 年；2009 年，我国人均受教育年限达 8 年（超过世界平均水平），但与美国 10 年前的数据相比还差 5.7 年；而 2005—2009 两年，中国和美国各级教育毛入学率的差距更大，分别为学前（－38.6%，－29.1%）、小学（5%，3%）、高中（－45%，－18.1%）、大学（－49%，－45.8%）（张天雪，2012a）。由此来看，我国基础教育的普及和发展任重而道远，特别是在数量的增长方面（义务教育普及年限、人均受教育年限、农村和落后地区义务教育普及和巩固情况等），还有很大差距和提升空间。

于是，围绕是否要效法发达国家而普及 12 年义务教育，以及是向后延伸普及高中教育还是向前提早普及学前教育的问题，出现了争议。赞同者认为，实行 12 年义务教育可以缓解乃至消除教育不公，整体提高农村和城市低收入家庭孩子的素质；普及 12 年义务教育，把高中和中职教育作为孩子们进入社会前的"预备班"，不仅可以极大地提高国民素质，而且可以正面促进教育改革，使高考不再成为初中级教育的唯一指挥棒，从而有效促进教育现代化，对国家发展和社会公平将意义重大；质疑者反问，我国现阶段教育亟待解决的问题是比教育数量更迫切的教育质量问题，如果质量问题没有解决反而更加严重，那么推行 12 年义务教育又有何意义呢？（贾晓凡，2012）居中者辩说，"数量和质量之间本来就是辩证统一、相互依存的。质量的提高需要数量作保障，没有数量的质量是空质量；相反，数量的维持和增长也需要质量做支持，没有质量的数量也不可能长久"；因此，为了巩固"普九"成果，我们在追求数量发展的同时，必须关照教育质量的提升，实现农村义务教育"由数量关注走向质量关注"战略转型（邬志辉，王海英，2008）。从这一意义上来说，《教育规划纲要》的确提出了一个质量与数量兼顾并重的预期目标，即"实现更高水平的普及教育"：到 2020 年基本普及学前教育（普及一年、基本普及两年、有条件的地区普及三年），巩固提高九年义务教育水平（基本实现区域内均衡发展），普及高中阶段教育（毛入学率达到 90%）。毕竟，中国存在着悬殊的社会和贫富差距，我们不能无视这种差距；并且，"我们与其更优先地关注这种差距的大小，不如更优先地关注贫困的底线，关注这种底线到底有多低"（何怀宏，2011）[3]。国家可以支持一些地区锦上添花，普及 12 年义务教育、提倡"优质均衡教育"，但国家更应该乃至首先要对落后地区和底层社会进行雪中送炭，确保生存底线，完善和巩固"普九"任务。

数量增长与质量控制（提高）也是 1949 年以来我国高等教育的一对基本矛盾关系和主题变奏曲。60 年来，我国高等教育就是在数量增长与质量控制（提高）的两极中探索前进的：1950—1952 年恢复、超常规增长；1953—1957 年整顿、控制；1958—1960 年跃进式增长；"文革"期间正规高等教育大幅压缩、厉行空前绝后的质量控制与改造，同时非正规高等教育超常发展；1977—1982 年迅速恢复、逐步发展；1983—1985 年持续高增长、质量控制有所放松；1986—1990 年两度整顿、波动发展；1991—1998 年以加强质量控制、提高办学效益为中心，同时保持较快数量增长；1999 年至 21 世纪初叶正经历着 1949年以来速度最快、规模最大的发展时期（李剑萍，2008）。其中，正规高等教育有四波明显的跃进式增长：1952 年院系调整与扩招双管齐下，存在盲目冒进、不讲质量的严重倾向；1958 年"教育大跃进"提出 15年之内普及高等教育的指示，结果 3 年净增高校 1000 所，几乎每天平均成立 1 所大学；1983—1985 年经历所谓"每三天成立一所大学"的高速增长；1999 年扩招以来，至 2001 年普通高校本专科招生 3 年间平均增幅为 33.5%，1999—2004 年 6 年间平均增幅高达 24.8%，6 年扩了超过 5 倍，连带地，中国也在 2008 年超过美国成为世界上最大的博士学位授予国家。而"文革"期间"五七大学"、"七二一大学"等另类高等教育的增长更是数量惊人，仅"七二一大学"在 1976 年办学高潮时就达 33374 所，在校生 148.5 万人（中国教育年鉴编辑部，1984）[594]。

60 年来，中国高等教育数量增长与质量控制的动因虽不乏"为了教育本身"，但更多的是诸如政治、经济的需要和逻辑，也就是更多的是把高等教育改革（从数量和质量着手）作为"政治改革"、"经济改革"，抑或是"政治-经济改革"。比如，"文革"期间非正规大学的激增就是根据"教育要革命，要无产阶级政治挂帅"（"七二一指示"）一类的指示来进行的；"99 扩招"则是由经济主导的教育改革，"52 调整"和扩招则是由政治、经济双重取向的教育改革。也正因为如此，高等教育改革，特别是高等教育（包括研究生教育）的数量和规模发展所受到的批评比基础教育有过之而无不及。其中有一种很致命且又很有代表性的批评是，目前中国研究生教育质量下降，原因是招生规模太大，因此要至少砍去全国一半高校的博士点、压缩研究生数量（刘道玉，2009）。对此我们说，教改决策需要稳健执中，在数量与质量这对重大主题上克服偏重一端，把握动态平衡；关于教育改革的研究和发言，也需要理性而中庸，克服极端和偏颇，谨言和慎行同样需要。

诚然，从宏观上看，一个社会的无论哪个层面的教育，一旦开始从精英选拔向更多人扩张，无论社会和个人（教师和学生双方）做出何等努力，学生的"平均教育质量"都一定趋于下降，这是个"铁律"（苏力，2010a）。但从教育改革转型——从"作为政治－经济改革的教育改革"走向"作为社会－文化改革的教育改革"——的角度来看，我们不应该执着于"数量增长、平均质量下降"这一评判标准。更有意义的标准，应是"社会效用"，无论对教师、学校，还是国家，应当是也从来都是其培养的少数"顶尖人才"的水平，"我们不是根据宰予而是根据颜回、曾参来评判孔子的"（苏力，2010b）。奥运会上，我们更看中金牌而不是奖牌甚或无牌。由此观之，正如有学者指出，整个社会选拔培养的"优秀人才绝对数量的增加"就是近年来教育规模扩大的受益之一；何况，20 年前中国的研究生毕业后大多比较出色，但这在多大程度上是教育培养的结果令人怀疑，恐怕要归功于那些学生的潜质和意愿，加上改革开放之初社会急需人才，使得他们迅速成为生力军、开拓者乃至领军者（苏力，2010c）。所以，在所谓大学生、研究生质量上，我们似乎没有过硬的理由动辄哀叹"今不如昔"、"世风日下"，一如我们不能随意藐视"80 后"、"90 后"一样。朱老总和毛主席也是"80 后"、"90 后"，19 世纪的而已。

进一步来说，"作为社会改革的教育改革"还启示我们，即便高等教育数量和规模扩张带来了这样那样的问题，但也不能、更无法"一砍了之"，中国高等教育（包括研究生教育）的规模发展自是有着厚实的社会基础、不小的社会需求和一定的社会合理性。而今的事实是，社会上有许多人已经或者正在把教育高等教育视为一种类似"社会福利"、要求把国家和社会向所有公民普遍提供的东西，因此社会对研究生教育有一种逐渐增长的"消费需求"，不能说教育就真的不应该有而且真没有满足这种社会需求的"社会功能"（苏力，2010d）。2500 年前孔子就主张"既庶矣，富之；既富矣，教之"（论语·子路）。如今，中国的经济规模在 2010 年第二季度超过日本而居世界第二，而且已经有很多人预言再过一二十年可超过美国而居世界第一。难道我们不正是通过"庶矣"而"富之"而"教之"才实现了从人口大国到人力资源大国的转变，才有可能再实现向人力资源强国的跃迁？

除"质量下降"外，反对教育数量和规模扩张者的另一个主要理由就是，大学和研究生招生和教育"有教无类"乃至"泥沙俱下"，造成教育资源浪费。但"从教育的实际情况来看，有时浪费是必须的，是效率的保证，并在这个意义上是有效率的"（苏力，2010e）。"作为文化改革的教育改革"这一视野，就更能理解教育数量的增长是质量提升的基础乃至保障。在教育的文化生态里，同样需要大鱼和虾米并存，并且要有大量的小虾小蟹才能生长出足够大的大鱼；人受精时两亿精子也绝非"浪费"，而是孕育一粒生命特别是健康生命的基础和必需。在教育的文化生态里，没有"数以亿计的高素质劳动者"、"数以千万计的专门人才"的培养，就难有"一大批拔尖创新人才"的造就。当然，这里并非主张只重数量而轻质量，也并非不赞同基础教育从基本普及到优质均衡、高等教育从大众化到质量工程的改革思路和举措，而只是针对相反的偏颇——以质量排斥数量——有针对性的强调而已。而这其实也是"作为社会－文化改革的教育改革"观所必须着力澄清的。

三、主要改革关系的处理：从模糊不清到辨正理顺

教育改革的转型，除了需要教改决策在集权与放权、公平与效率、数量与质量等几对重大改革主题上把握动态平衡以外，还需要辨正理

顺几组主要的改革关系，这就涉及改革目的的改革和发展的关系、涉及改革手段的改革和革命的关系、涉及改革合力的政策（文本）和实施的关系。

（一）改革和发展的互助互促

这组关系涉及教育改革的目的。改革和发展当前和未来时期我国教育的基本主题和重大任务，是《教育规划纲要》的题眼所在。但对改革和发展的关系尚有待澄清、理顺。改革开放以来，由于我们身处一个改革的年代和改革的国度，在潜意识里似乎已把改革等同了发展；也由于对改革的热衷、信仰乃至神化，甚至确信改革一定带来发展。但事实并不尽然。教育改革可能带来教育的发展与完善，也可能导致教育的退步与恶化，还可能有意外的效果。譬如，"52 调整"就是1949 年第一次令高等院校元气大伤的改革，大学因此失去自主权，中西的通识教育都被扬弃，只生产"听话、出活"的工匠，再无独立的思想可言，以后出现顺应政治斗争需要，科学泰斗公开发表文章肯定"亩产万斤"，原子物理学家发表文章论证大气中核试验的放射微尘于生物无害，也就不足为奇了（资中筠，2011a）[14]。再譬如，《决定》则直接造就了此后 20 年转移政治−经济义务的"义务教育"，并与重点学校制度一道使教育公平问题积重难返。至于"文革"期间的"教育革命"，就更不忍足证了，毋宁说那是"限制教育"、"不教育"，甚至是"打击和摧残教育"（邓晓芒，2010b）。为此，我们必须清醒地认识到，教育改革未必带来教育发展，只有为了教育发展、促进教育发展的教育改革才是需要的教育改革、正确的教育改革；为了改革而进行的改革，或者以改革的名义所进行的"折腾"，必须予以抵制和克服。一句话，必须坚持促进发展的改革和以发展引领改革，唯其如此才能"改而良"，"革而新"。毕竟，改革的目的是为了发展。

与此同时，我们还必须清醒地认识到，改革和发展各具功能，发展不能代替改革。从前文总结的教育改革和发展的历史经验中可以看出，20 世纪 80 年代的教育改革，尤其是《决定》，突出了教育休制改革和制度建设的重要性；而 90 年代以来，特别是《纲要》和 "99 扩招" 以来，我国教育在数量和规模上的发展成绩，总体而言明显超过了在体制改革方面的成效。但带来的问题也是有目共睹的，与经济领域和社会其他领域相比，教育领域因改革滞后而被诟病为 "最后的计划堡垒"（盛洪，2010）和 "最隐蔽的死角"（邓晓芒，2003a），尤其是教育体制改革越来越成为中国深度经济发展的一个瓶颈。在这个意义上，也仅仅在这个意义上，不妨说，《决定》对教育的基本评价 "今天仍然适用"，其所提出的以体制改革为中心的改革任务和扩大办学自主权的改革目标 "是我们需要继续完成的"（杨东平，2010b）[4]。只有通过深化教育改革，才能克服、解决和预防教育发展中的失衡问题、不公平问题、不科学问题，才能实现教育的均衡发展、公平发展、科学发展。

综合以上两方面可以说，以发展引领教育改革、以改革促进教育公平、科学发展，如此才能实现改革和发展的互助互促。由此观之，作为政治改革的教育改革比如 "教育革命"，就是未能处理好 "发展引领改革" 这一关系，造成教育的退步与灾难。作为经济改革的教育改革比如 "99 扩招"，实际上就是 "重发展轻改革"，乃至以发展代替改革，教育尤其是高等在数量、规模、速度上出现了 "跨越式发展"，但也带来了质量堪忧、体制僵滞和市场化发展等问题。处理好改革和发展的关系，就是为了走出 "作为政治改革的教育改革" 和 "作为经济改革的教育改革"，走向 "作为社会改革的教育改革"，以教育的公平与科学发展奠定和谐社会的基石。

（二）改革和革命的区分区用

这组关系涉及改革的方式。近现代以来的中国，饱经革命洗礼，背负救亡图存和民族复兴的重大使命，亦深受进化论、线性发展史观和阶级斗争等思想的濡染，于是人们往往崇尚激进改革乃至革命，热衷在砸碎旧世界的基础上建立所谓 "新世界"。由此，我们的教育改革，往往施以 "革命" 的手段，推行一刀切，强调 "跨越式" 发展

（很多时候实为"大跃进"），充满乌托邦色彩。这实际上把改革混同于了革命。譬如，新中国成立之初，为实现"共同纲领"中新民主主义教育之目标，即将"封建的、买办的、法西斯主义的"教育改造为"民族的、科学的、大众的"教育，掀起了"思想改造运动"和"教育改造"，其直接触发点就是为了整肃教育界欧美派的知识分子，以确立无产阶级思想和党委在学校中的领导地位。经此改造，"政统"与"道统"得以合一，多少硕学大儒为威武所屈，放弃"自由之思想，独立之人格"，"颂圣文化"一枝独秀，发展到空前规模（资中筠，2011b）[3-23]。这种"作为政治改革的教育改革"使得中国教育又回复到古代占统治地位的儒家教育思想，即"主要是为统治者服务的政治教育"，"骨子里是一种政治实用主义教育"（邓晓芒，2003b）；它相较于 20 世纪初蔡元培首倡的"超越政治之教育"，不啻为历史的倒退。又譬如，伴随着《纲要》和"99 扩招"，我国教育改革特别是高等教育改革出现了"一窝蜂"和"一刀切"的态势，大学教育产业化、毫无理性的大学升级、假大空的并校风被视为"三大明显败笔"（郑永年，2011）[223-225,231,240-243]。这种作为"经济改革的教育改革"造成大学升级非理性冒进，学校变学院、学院升大学，中等师范学校几乎绝迹、高等专科学校难以寻觅，代之以到处林立的"大学"。为此，教育改革要慎用革命与极端手段，避免一刀切，注重对优秀文化传统的接续和传承与对进步教育理念的敬重和吸收，在此基础上进行革新与发展。此乃"改革"的含义之一。

"改革"的含义之二是"革除恶习恶行"，相当于"革命"。我们说教育改革要慎用革命手段，这并不等于说不能用革命手段。相反，"取其精华、去其糟粕"以及"去粗存精"，说的就是要革除糟粕。实事求是地看，无论是对于我们的传统还是国外的文化，都还有不少东西需要以"革命"的方式加以改革。就我们的传统而言，如今正盛的学校（特别是高等学校）官僚化、"衙门化"现象，人们往往追溯到教育体制，即官本位体制。但正如有学者指出，这种教育体制的病根其实是传统文化中一个极为重要的心理模式即"忠孝立国"，我们今天教育的真正病根出在我们几千年来一直未能根除的教育理念上，这就是以忠孝立国为鹄的官方教育理念，"中国的官本位本身就是教育性质的官本位"，是"特种的'官（君）师合一'的官本位"，这也是为什么今天教育领域的改革比其他领域都更为艰巨的原因（邓晓芒，2010c）。对此病根，倒需要我们有革命的勇气和信心，加以攻坚克难。就国外的文化而论，"二战"后美、苏两个超级大国的军备竞赛加剧了科学和科学教育对人文和人文教育的凌驾和僭越，两国在教育制度上都奉行实用主义的科层化原则；不幸的是，我国的教育体制正是在这样的国际大环境下建立起来的，它吸收了（以前是苏联，现在是转向美国）这种"教育实用主义"的最低层次的东西，并把其中还葆有的科学精神砍掉并丢弃了，以致现在终于发现我们是如此缺乏"创新精神"（邓晓芒，2000），培养不出"大师"。无疑，那些"教育实用主义"的最低层次的东西，是需要用革命的方式加以去除的。

最值得反思的，则是既无"改革"，更无"革命"之实质而只有改革之形式的"教育改革"了。无论是"作为政治改革的教育改革"，还是"作为经济改革的教育改革"抑或是"作为政治-经济改革的教育改革"，都内隐着一种使教育工具化、实用化的逻辑，均为教育"用作"其他，与"以人为本"多有龃龉。"教育救国"、"科教兴国"、"教育强国"诸论，大抵不脱实用功利的眼界，"我们的教育至今没有什么根本性突破，唯一不同的是把实用功利的眼光从政治扩大到了技术的层面"，"以致我们今天的大学教育基本上就是技术加政治的教育"（邓晓芒，2003c）。这才需要有"文化强国"和"育人为本"之说予以跟进和补救。总之，区别区用改革和革命，就是为了走出"作为政治改革的教育改革"和"作为经济改革的教育改革"，走向"作为文化改革的教育改革"，坚持以人为本、育人为本、保有文化视野和文化自觉，去粗存精、去伪存真。这样，才能处理好教育改革中的古今问题和中西问题，传承中国优秀文化传统并吸收国外先进文化，勇于革除其中的糟粕并有所创新和精进。

（三）政策和实施的并重并举

这组关系涉及改革的合力。教育改革在政策文本上的确受到了重视，尤其是改革开放以来，执政党的历届全国代表大会都强调且越来越强调教育的重要性：从十二大首次将教育确定为经济发展的三大战略重点之一（"一定要牢牢抓住农业、能源和交通、教育和科学这几个根本环节，把它们作为经济发展的战略重点"）、十三大强调"必须坚持把发展教育事业放在突出的战略位置"，到十四大明确提出"必须把教育摆在优先发展的战略地位"、十五大再次强调"要切实把教育摆在优先发展的战略地位"，再到十六大重申"必须把教育摆在优先发展的战略地位"，直到十七大关于"优先发展教育、建设人力资源强国"的战略部署。应该说，历届党的代表大会对教育战略地位的"阐述"，认识越来越深刻、表述越来越全面、要求越来越迫切。特别是，党的十七大明确把教育列为以改善民生为重点的社会建设之首（"努力使全体人民学有所教、劳有所得、病有所医、老有所养、住有所居，推动建设和谐社会"）。教育的重要性和战略地位不仅在五年一届的党代会上隆重强调，也在历年的《政府工作报告》中有"格式化的"专章论述。从 1956 年《政府工作报告》将教育列入文化教育领域中至改革开放以后，特别是 2000 年以后，我国《政府工作报告》都会给出专门段落对教育问题进行"政府意志的表达"（张天雪，2012b）。

不仅如此，对于教育战略地位的强调还上升为法律和国家意志，屡屡出现在教育政策法规、国家领导人讲话及中央决策文件之中。1995 年颁布的《中华人民共和国教育法》，根据《决定》和《纲要》的精神，进一步明确提出了"三个增长"的法条："各级人民政府教育财政拨款的增长应当高于财政经常性收入的增长，并使按在校学生人数平均的教育费用逐步增长，保证教师工资和学生人均公用经费逐步增长。"2007 年，国家主席胡锦涛在全国优秀教师代表座谈会上的讲话中又提出了"三个优先"的思想，要求"以更大的决心、更多的财力支持教育事业，经济社会发展规划要优先安排教育发展，财政资金要优先保障教育投入，公共资源要优先满足教育和人力资源开发需要"。更突出的一个例子要数财政性教育经费支出占"4%"这个20年来一直未兑现的"多次承诺"了：《纲要》提出到2000年实现财政性教育经费占国民生产总值（GNP）的比例达到4%的目标；2006年《中华人民共和国国民经济和社会发展第十一个五年（2006—2010年）规划纲要》和《中共中央关于构建社会主义和谐社会若干重大问题的决定》先后相同承诺："保证财政性教育经费的增长幅度明显高于财政经常性收入的增长幅度，逐步使财政性教育经费占国内生产总值（GDP）的比例达到4%"；2010年《教育规划纲要》再次重申财政资金要优先投入教育的承诺，明确规定要在2012年实现4%目标；2011年和2012年全国"两会"，温家宝总理在《政府工作报告》中又两次重申了这一承诺。

但是，中央文件和政策法条并不等于教育改革和发展政策的落实。自党的十二大至十七大，教育的战略地位被逐步重视和屡屡强调，这本身就说明教育的战略地位在实践中还没有得到应有落实，所以需要一再论述，也说明教育事实上还没有得到优先发展，所以需要反复宣讲。上文中的"三个优先"、"三个增长"和"多次承诺"均未得到及时、完全落实，乃至根本未能兑现。虽然1995年就立法要求"三个增长"，但据相关统计，每年都有一些省份没有做到教育经费"三个增长"中的第一个增长，即便在立法十多年后的2005—2008年，还分别有若干个省份没有做到预算内教育拨款（不含城市教育费附加）增长速度高于财政经常性收入增长速度，分别有若干个省份预算内教育经费支出占财政总支出的比例下降了（郝克明，杨银付，2010）。至于"4%目标"，自提出至今20年来一直未能兑现，并且历年经费还在此目标以下波折起伏。为此，国务院"动了真格"，决心在2012年也即本届中央政府任期的最后一年实现这一目标，以免再次"言而无信"，国家教育体制改革领导小组为此还专门成立了"落实4%工作办公室"，掀起了轰轰烈烈的"4%运动"（田磊，2012c）。

教育优先发展战略何以迟迟难落实？作为其象征的4%目标也并非高不可达，甚至低于2000年时的国际平均水平，何以屡屡不能兑现？

概括起来不外以下几类原因。一是"无心落实"和"价值贫困"。如今，从中央政府到地方政府，大多财政充盈，以至每到年底各部门往往要集中突击一下才能把钱花出去，"只要中央政府真正下了决心，完成 4% 的目标看起来并不困难"；而在我国现行政府治理结构下，各级党政官员也没有落实教育优先发展战略地位的真正意愿，许多政府官员更热衷于政治形象工程和经济 GDP 增长，"教育的贫困首先是价值的贫困"（田磊，2012d）。二是"无法可依"。比如，首次提出 4% 目标的《纲要》，本身就缺少严密的法律约束力和相关明确规定，因而难以实现 4% 的目标，为此有学者建议尽快制定《义务教育投入法》（转型期中国重大教育政策案例研究课题组，2005c）[7-44]。类似的，还有学者倡议建立"家庭教育法"、"学前教育法"、"普通高中教育法"、"终身教育法"[1] 等教育法规，完善"职业教育法"、"民办教育法"、"高等教育法"[2] 等现行法规。三是"有法不依"和"违法不究"。不少教育政策法规的责任主体不明，通常只笼统提到"国家"或"各级人民政府"，这种责任主体缺位的法律显然是无法执行的，"事实上每一年从中央政府到各级地方政府，教育法规定的各项增长指标落实不了的情况比比皆是"，"但从未有哪一级政府或政府官员承担过责任，受到过处罚"（田磊，2012e）。综合来看，行政命令和法律约束往往"双重失效"的原因在于目前中国并没有一个完善的政策体制和可行的政策运行机制，尤其是没有做到政策文本与政策实施的并重并举，没有教育改革政策与相关政策的配套配合，因而造成一轮又一轮的教育改革，尽管提出过许多美好的理想和郑重的承诺，却一再流于空谈，严峻地

---

① 熊少严. 2010. 关于家庭教育立法问题的若干思考[J]. 教育学术月刊(4)；庞丽娟. 2010. 加快推进《学前教育法》立法进程[J]. 教育研究(4)；檀慧玲. 2011. 论我国普通高中教育立法的必要性及立法原则[J]. 教育理论与实践(19)；梁明伟. 2009. 我国终身教育立法研究的回顾和展望[J]. 河北大学成人教育学院学报(3).

② 周洪宇. 2010. 职业教育法修订重颁刻不容缓[J]. 教育与职业(10)；程方平. 2011.《职业教育法》需在十个方面重点完善[J]. 职业技术教育(21)；陆泂. 2011. 民办教育发展的政策制约与调整[J]. 教育发展研究(22)；鲍嵘. 2011.《高等教育法》学生事务条款的修订与完善[J]. 教育发展研究(7).

考验着政府的信用和法律的尊严。

强调政策和实施的并重并举，就是为了改变重静态的政策文本轻动态的政策实施、重教育改革内部的政策轻配套政策这种情况，形成教育改革的合力，落实教育优先发展战略；从而由"作为政治－经济改革的教育改革"走向"作为社会－文化改革的教育改革"，淡化教育改革的政治－经济逻辑，增强教育改革和发展的社会责任和文化使命。政策和实施的并重并举，将有助于为"作为社会－文化改革的教育改革"形成"政策支持系统"。这一支持系统意味着，教育改革和发展的政策支持不仅需要教育内部的政策（简称"教育政策"）的支持，更需要教育外部的其他社会政策（简称"社会政策"）支持；教育改革和发展的"政策支持"要做到"上下衔接、左右协调、内外配套"，如此才能形成教育改革和发展的"政策支持系统"。所谓"上下衔接"，是指在纵向上教育改革和发展的相关政策要上下一体而成为一个系统，各级政策各司其职，且下位政策不得与上位政策相抵触。所谓"左右协调"，是指在横向上教育改革和发展的相关政策要左右均衡而保证教育政策的公共性、社会性和公平性，各类政策协调运行，不可在不同类型、不同地区、不同层次、不同人群的教育之间发生重大偏差。所谓"内外配套"，是指在教育的内部政策（教育政策）和外部政策（社会政策）相互匹配而形成教育改革和发展的"社会政策支持系统"，内外政策配套运行，发挥公共政策对教育改革和发展的辐射与支持作用。政策和实施并重并举，才能形成改革合力，推进改革攻坚，落实发展蓝图。

参考文献

邓晓芒. 2000. 教育的理念[J]. 高等教育研究(4).

邓晓芒. 2003. 教育的艺术原理[J]. 湖北大学学报(哲社版)(2).

邓晓芒. 2010. 当代中国教育的病根[J]. 社会科学论坛(7).

方晓东，李玉非. 2009. 新中国教育60年：回顾与反思[J]. 人民教育(17).

郝克明,杨银付.2010.改革开放以来我国教育改革发展的若干启示[J].教育研究(3).

何东昌.1998.中华人民共和国重要教育文献[M].海口:海南出版社.

何怀宏.2011.中国的忧伤[M].北京:法律出版社.

贾晓凡.(2009-04-04)[2012-07-28].义务教育,数量与质量孰轻孰重?[EB/OL].http://news.sina.com.cn/o/2009-04-04/000315415903s.shtml.

佚名.(2013-03-08)[2012-03-12].教育经费:既患寡又患不均[EB/OL].http://data.163.com/12/0308/22/7S3V233G00014MTN.html.

柯佑祥.2010.教育财政偏好及其规范[J].教育研究(3).

劳凯声.2005.教育市场的可能性及其限度[J].北京师范大学学报(社科版)(1).

李若建.2006.从赎罪到替罪:"四类分子"阶层初探[J].开放时代(5).

李慧莲.(2005-01-19)[2012-07-28].农村义务教育的现实困境:辍学率反弹拉响警报[EB/OL].http://finance.sina.com.cn/g/20050118/00441300441.shtml.

李剑萍.2008.百年来中国高等教育的数量增长与质量控制[J].临沂师范学院学报(5).

刘复兴.2003.教育政策的价值分析[M].北京:教育科学出版社.

刘世清.2010.教育政策伦理[M].上海:上海教育出版社.

刘瑜.2009.民主的细节[M].上海:上海三联书店.

刘道玉.2009-02-26.彻底整顿高等教育十意见书[N].南方周末.

陆学艺.2012.社会建设论[M].北京:社会科学文献出版社.

迈克尔·富兰.2004.变革的力量[M].三部曲.北京:教育科学出版社.

钱俊瑞.1950.当前教育建设的方针[J].人民教育(1),(2),(8-11).

盛洪.2010-05-20.还权于民:彻底打破教育领域的计划堡垒[N].南方周末.

苏力.2010.数量与质量——中国研究生教育的问题与回应[J].北京大学学报(哲社版)(1).

孙绵涛.2010.教育体制改革与教育机制创新关系探析[J].教育

研究(7).

田磊.2012.教育投入:总量不足与分配不公[J].南风窗(4).

邬志辉,王海英.2008.农村义务教育的战略转型:由数量关注走向质量关注[J].教育理论与实践(1).

杨东平.2010.2020:中国教育改革方略[M].北京:人民出版社.

杨东平.2011.关于高等教育的"中国模式"[J].江苏高教(1).

本报记者.2006-10-12.义务教育,这20年为何这么难?——对话全国人大常委会委员、国家原教委副主任柳斌[N].南方周末.

袁连生.2012.中国教育财政体制的特征与评价[J].新华文摘(3).

张玉林.2003.分级办学制度下的教育资源分配与城乡教育差距——关于教育机会均等问题的政治经济学探讨[J].中国农村观察(1).

张天雪.2012.中美中央政府年度报告之教育发展理路分析[J].教育科学研究(6).

中国教育年鉴编辑部.中国教育年鉴(1949—1981)[M].北京:中国大百科全书出版社,1984.

中央教育科学研究所.1984.中华人民共和国教育大事记:1949—1982[M].北京:教育科学出版社.

郑永年.2011.中国改革三步走[M].北京:东方出版社.

郑永年.2011.保卫社会[M].杭州:浙江人民出版社.

资中筠.2011.启蒙与中国社会转型[M].北京:社会科学出版社.

转型期中国重大教育政策案例研究课题组.2005.缩小差距:中国教育政策的重大命题[M].北京:人民教育出版社.

第六章　教育改革中的关系嵌入[*]

一、引言

改革开放以来，我国多数教育改革的进行是以新的教育政策的制定、执行为基础的。也就是说，出台一项新的教育政策往往是教育改革的起点。教育政策是教育理念和教育实践之间的桥梁，一个比较好的教育改革理念，都要变成一种教育政策，才能付诸实践，才能产生影响。正如毛泽东同志早就说过："如果有了正确的理论，只是把它空谈一阵，束之高阁，并不实行，那么，这种理论再好也是没有意义的。"（毛泽东，1991）[292] 放眼当今世界，制定教育政策并落实教育政策已经成为各个国家管理本国教育的重要手段。总体来看，教育政策过程有三个关键性环节：教育政策的制定过程、教育政策的执行过程以及政策后果如何，其中，如何有效执行教育政策是实现公平、有效教育效果的关键一环。教育政策执行是教育政策行为者（制定者、执行主体和执行客体）为了实现既定的政策目标所采取的行动。在教育日益普及和其重要性不断彰显的当今社会，教育政策的好坏以及执行情况，关乎成千上万家庭和数以亿计个人的福祉。实践证明，如果教育政策制定不能吸收来自基层的关切、教育政策执行只能依靠政府行政官员由上而下通过行政权力来推动，那么提高教育政策的执行效果甚至改善教育治理的绩效就难奏其功。尤其是在教育分权（中央政府向

---

　　* 本文原刊于《教育研究》2009 年第 5 期，现收入本书时略有改动。

地方政府分权、地方政府向教育行政部门分权、教育行政部门向学校分权、政府向社会分权）和参与管理渐成主流的背景下，随着多中心治理和政策网络研究等超越政府垄断的社会治理架构的兴起，迫切要求将教育政策执行的研究视野拓展到其所安顿的社会结构领域，并对此做出合理的理解和诠释（庄西真，2008）[16]。

有研究者分析20世纪80年代中期以来我国教育政策数量变化情况，发现中国教育政策本身具有某种不稳定性和非连续性（谢维和，陈超，2006）。分析其原因，一是中国正处在急剧变化的时期，新的教育问题层出不穷，需要出台一些政策给予解决；更重要的是好多政策执行不到位或走样，实际效果与当初制定政策时的期望大相径庭，甚至南辕北辙，需要不断地出台类似的政策以推动教育的发展。这都与教育政策执行有关，美国政策学家艾利森（G. Allison）甚至断言，"在实现政策目标的过程中，方案确定的功能只占10%，而其余的90%取决于有效的执行"（丁煌，1991）。政策执行的重要性由此可见一斑。从理论研究的领域来看，在我国教育政策执行的重要性虽然已日渐为人所知，但政策执行中的困难，却还没有一种比较令人满意的解释。通过分析研究教育政策执行研究的文献隐约可以看出，从最初的"自上而下"政策研究途径到后来的"自下而上"研究途径，再到最近所谓的"综合途径"，教育政策执行研究的焦点已逐渐从过去研究高高在上的政策制定的权威中心，过渡到研究政策执行过程中的基层主体及其互动行为，政策执行研究从关注官僚体制内的纵向控制转向基层社会政策执行结构内的水平互动。从"自下而上"的政策执行研究成果中可以发现，随着关注焦点从中心过渡到边缘、从精英转移到民众，各级政府垄断驾驭政策执行的局面已开始打破，日益分化且影响不断增强的社会团体、基层民众在教育政策执行中的作用越加显明。特别是随着近些年政策网络、政策社群等研究的兴起以及政策执行的社会网络结构在政策学研究中的广泛运用。事实上，即使是在较为微观层次上使用的英美政策分析传统中，决策网络也代表了政策领域的分权与多中心的趋向。流风所及，教育政策研究者也开始在教育政策执行的分析当中，关注社会脉络因素以及行动者在社会网络中所拥有的资源对教育政策制定及其执行问题的影响。概括起来看，大致有以下两个原因。

第一，这与教育政策科学及相关领域内研究取向的变化有关。自20世纪中后期西方福利国家危机以来，有关政府失灵的讨论就充斥于政治哲学、政府管理及相关领域。作为应对政府管理危机的举措，非政府机构、基层公民组织等社会部门在教育治理中的地位得到了前所未有的重视，分权、多中心、市场化、民营化等概念频繁出现于各国政府的教育改革报告中。作为政府教育治理基本手段的教育政策学科，自然无法独立于这股潮流之外，非但如此，教育政策的研究已经被裹挟到这股研究潮流之中。理论指导实践，在教育政策工具包中，政府可使用的手段也就不仅限于强制性规制等途径，大量的非强制性的工具（比如市场化、购买服务）已经被运用于教育政策实践中。

第二，这与教育政策执行自身的属性相关。教育政策制定和教育政策执行虽属于教育政策过程的不同阶段，但是二者有不同的路径和关键领域（见图1）。一般而言，教育政策制定遵循从社会诉求到政府

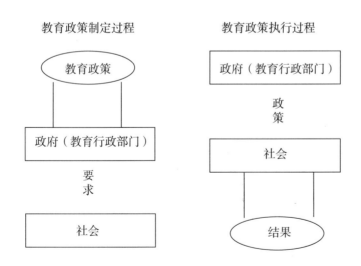

图1　教育政策制定过程和教育政策执行过程之比较

决策的基本路径（所谓问计于民和收集民意），通俗地讲就是"从群众中来"，它的关键领域在政府决策系统，社会诉求能否最终成为一项教育政策，还取决于各种力量在政府决策过程内互动（博弈）的结果。而教育政策执行遵循从政府到社会的基本路径，它是把政府有关的意图、目标和方案贯彻于基层社会的过程，通俗地讲就是"到群众中去"，它的关键领域不在政府（严格意义上讲不在上层政府）却是在基层政府和社会。它的成功取决于社会能否接受、同意、顺应政府的意图和方案。就此而言，虽然教育政策制定反映的是社会的要求，但它却是一个政府建构（政府把自己的意志渗透入教育政策）的过程；同样，教育政策执行虽然是贯彻政府意志的过程，但实际上却是一个社会建构（社会力量影响政策执行结果）的过程。如果以此角度来反思教育政策执行的研究转向，研究的焦点自然不应只集中在政府教育行政部门及其官员对教育政策执行的主导作用，也应关注教育政策是如何成功地"嵌入"社会结构之中，又是如何被社会力量所扭曲（没有贬义）的等这些问题之上。

二、"嵌入"的含义

"嵌入"就字义而言，指一个事物内生于或根植于他事物的一种现象，是这一个事物与其他事物的联系以及联系的密切程度。卡尔·波兰尼（K. Polanyi）、哈里森·怀特（C. W. Harrison），以及怀特的学生马克·格兰诺维特这三位学者对制度社会学嵌入理论的提出居功至伟。嵌入性理论的提出是为了丰富人们对制度变迁的理解，当其时，研究制度的经济学者们大多将其研究兴趣与热情倾注到讨论制度的构成和起源、制度的变迁与创新及需求与供给，不大注意或者根本没想到（学科局限）制度也是在特定社会结构和环境中产生的，其变迁也罢、演化也罢，不可能不受社会结构因素的影响，嵌入理论恰恰是在这个方面为制度研究做出了重要的贡献。

波兰尼在其《作为制度过程的经济》一文指出："经济过程的制度

化与一个社会的联合与稳定的过程紧密相联。这个过程会产生一种结构，这种结构具有一种由社会定义的功能……由此产生相应的价值观、激励机制和政治形态。在这样一种相互关联的过程中，人类的经济活动被制度化……也正是基于此，人类经济嵌入并缠结于经济与非经济的制度之中。将非经济的制度包容在内是极其重要的。对经济结构和运行而言，宗教和政府可能像货币制度或减轻劳动强度的工具与机器的效力一样重要。"（轩明飞，2008）[324]在这本书里，波兰尼提到了人们的经济行为对非经济的结构与制度的依赖。换种说法就是，人们选择这些而不选择另外一些经济行为与模式，从根本上来看，往往是受他们所赖以生存的那个社会的社会结构和社会生活方式影响的结果。波兰尼的研究结论，说明了社会的复杂性以及各种社会因素之间的相互依赖性。由此可推知，就经济而谈经济，必然不会明晰实际的经济运行现象，也无法理解现实中经济的运行怎么会经常偏离于经济理论家提出的经济运行的"理想型"。需要警惕的是，如果说从纯粹抽象的行为动机出发研究经济的做法，导致了研究视野过于狭窄，无法去管窥全豹，进而获得对经济现象的准确理解的话，把社会结构性因素对经济行为的影响加以绝对化，而不从具体的情境出发有选择的考虑各种联系又不免失之于机械、呆板，研究成果也就失去了生动的意义，前者大概就是所谓的"社会化不足"，后者可能就是"社会化过度"。社会化不足问题主要存在于新古典经济学研究范式中，经济学总是假设市场中的人是理性化的人（经济人），是通过不断算计追求个体利益最大化的人，这使得个体完全原子化而孤立无助。在这一点上，经济学要向社会学学习。

　　受上述观点启发，格兰诺维特认为，经济行为总是社会性的，它不可能仅仅用个人动机来解释；社会制度也不可能以某种必然的形式自动地产生，而只能通过"社会建构"的方式形成。也就是说，在格兰诺维特看来，现代经济领域中纯粹的理性"经济人"的行为是不存在的，经济行为总是嵌入在特定的社会关系结构之中，受到社会结构的影响和制约。比如时下的全民炒股现象，很多人投入股票市场是受周围亲朋好友的蛊惑，而非基于自己的理性算计。社会经济规则的演化，也并非是受某种绝对力量的支配，而是嵌入于更为广阔的社会脉络之中。"行动者既不是像独立的原子一样运行在社会脉络之外，也不会奴隶般地依附于他/她所属的社会类别赋予他/她的角色。他们具有目的性的行动企图实际上是嵌在真实的、正在运作的社会关系系统之中的。"（朱国宏，1999）[110]行动者既非独立于文化、政治及历史的脉络之外去追求个人的目标，也非完全受社会规范的支配而全无能动性，好多决策都是在社会网络内通过具体的人际互动做出的，比如找工作（格兰诺维特，2008）。如果说"嵌入"概念在波兰尼那里被用来解释经济领域离不开其他的社会领域，那么在格兰诺维特这里，"嵌入"概念已被用来描述和解释社会环境中人类的行为特征。总之，在格兰诺维特那里，有效率的经济交易和互动往往产生在间接或直接的相识者或熟人之间，嵌入性的概念所强调的是信任，而非信息（格兰诺维特，2007）。"嵌入"概念的提出并被运用到解释经济社会行为，成功地使经济学与社会学产生对接，并为理解经济现象和经济行为提供了全新的视角，使对经济现象和经济行为的解释更加全面、透彻。

　　如果说对经济现象和经济行为的理解，需要把其放到一定的社会结构中，那么对于教育政策行为而言，是否会有所不同呢？正如上述，近几年政策系统概念、政策网络以及社会资本、社会网络等概念在教育政策研究中的出现，说明社会因素对教育政策过程的影响和作用，已经受到了研究者的关注。教育政策所涉及的人数众多且这些人背景复杂、利益诉求包罗万象，如果对影响教育政策的复杂因素缺少考虑，必然会导致与鲜活的社会现实相脱节，这无异于"闭门造车"，这一点有对 30 年教育政策的分析为证（张秀兰，2008）[14-23]。而如果把"嵌入"概念引入教育政策研究领域，无异于打开一扇理解丰富多彩的教育政策实践的大门，使教育政策研究者能够看到，在特定的社会结构背景下，行动主体如何围绕教育政策，在具体的情境中展开多种多样的交流互动。因为任何组织的正常运转、规则发挥作用，都嵌入在更大的制度、结构甚至文化因素之中，教育政策的制定和执行自然不能例外。

　　当然，在教育政策执行的研究中引入"嵌入"概念，还有两个尚待解决的问题。第一个问题是"嵌入"概念的操作性问题。在新经济社会学中，"嵌入"的概念主要是指社会关系网络对个体经济行动的约束与形塑，它被当作一个与经济学原子化个人图式相对立的概念，用来描述个人与其所处的社会环境之间不可分割的联系。那么，如何理解这种行动主体与其环境之间的联系呢？一般而言，可以采取两种不同的研究策略。一种是"可分析策略"，在这种策略下，当我们说"A嵌入于B"时，是将A和B作为两个相对独立的系统看待，并认为嵌入的机制是可分析的。另一种是"不可分析策略"，在这种策略下，当我们说"A嵌入于B"时，恰恰是反对将A和B看作两个相对独立系统的观点，强调面对的是不可分解的一体化事物，从而嵌入机制是不可分析的（刘世定，1999）。第二个问题涉及嵌入社会结构的层次或范围问题。因为人们对行动主体的"环境"这个概念理解很难有完全一致的、确定的所指，因此导致对主体行为嵌入社会结构的层次或范围有不同的理解。格兰诺维特把嵌入区分为"关系性嵌入"和"结构性嵌入"两种类型。前者是指行为主体嵌入于周边人际关系之中，在这种嵌入关系中，对规则的期望、对相互赞同的渴求、互惠性交换等是行动者所面对的主要社会因素。后者是指行动者嵌入于更为广阔的社会结构网络中，在这种嵌入关系中，影响行动者的是制度、文化和传统等社会背景性因素。也就是说，嵌入涉及两个不同的层次，一个是以人际交往网络为特征的就近的微观层次，一个是以社会制度文化背景为特征的远处的宏观层次，这两个层次的因素由远及近的会对行动者的动机、行为产生影响和形塑。正是在此种情况下，有研究者认为存在所谓的"双重嵌入"问题，也即行动主体的行为既嵌入微观的人际关系结构中，也嵌入宏观的社会制度结构中。

三、"嵌入"概念在教育政策研究中的应用

在教育政策研究中应用"嵌入"概念时，"可分析策略"和"双重嵌入"是比较可行的分析路径，这就等于承认在教育政策执行过程

中存在着两个既区分得开又联系密切的、处于嵌入关系中的系统，而且这种嵌入主要表现在行为主体（行为主体既可以是个体的人，也可以是一个组织或一个群体）互动的社会网络中，但也把更为广阔的政治、文化背景考虑在内。从这里引申开去，任何教育政策的执行不能脱离于其所处的社会结构和制度环境，它存在于由政治、经济、文化及历史等多重因素所组成的社会场域之中并受其影响。利益相关者围绕制定什么样的教育政策所做出的决策以及行动，受到其所嵌入的社会结构及关系的影响，他/她并非是按照政策方案所设想的理想特征（如对教育行政部门官员的中立假定或对个体的"经济人"假定）去行动。换言之，并不存在理想化的教育政策执行，教育政策的执行受其所嵌入的社会结构脉络的影响和建构。那种认为教育政策能够自动地、不折不扣得到完美实施的观念，实际上是在把社会当作一个"真空"，是一种乌托邦式的幻想。那么，社会结构又是如何影响和建构教育政策的呢？政策执行又是如何嵌入在社会结构脉络之中的呢？

对于执行教育政策而言，必须区分教育政策目标与教育政策工具两个概念。教育政策目标是教育政策所欲达到的目标或状态，任何教育政策目标的实现都依赖于一定的政策工具。与教育政策目标不同，教育政策工具是实现政策目标的手段，例如，治理日益严重的"择校"问题，政策目标是保持义务教育的公平和秩序，政策工具可以是立法禁止、罚款处罚、校长撤职以及教师轮换等多种手段。教育政策执行的过程就是一种把各种政策工具应用到具体的政策案例中的过程。所以，在某种程度上可以这样说，当教育政策目标确定下来以后，选择的政策工具是否适当，对政策执行的最终效果具有决定性的影响，正所谓"工欲善其事，必先利其器"。这样说来，某一项教育政策被成功执行，就存在着选择最佳的政策工具的问题。通常情况下，最佳教育政策工具的选择要与具体的教育政策环境相匹配，它要符合特定的教育问题、社会环境与政策目标群体的特征，也就是说教育政策工具要与其所处的社会结构脉络相匹配。

在日益分化的社会中，不同群体有不同的教育利益诉求。对具体的教育政策执行而言，与行为主体最直接相关的环境就是所谓的政策共同体，一个教育政策共同体就是处于具体政策领域中，与某项教育政策有关的行为者集合体。教育政策共同体就是整个社会结构系统中一个具体的教育政策人际网络，与教育政策相关的各色人等围绕着教育问题或政策项目形成一种相对持久的互动和沟通模式，人们通过这些模式进行某些言语、行为、经验、价值、伦理及信念的交流和行为的互动。"这些行为者的决策和行为是植根于社会关系以及政策共同体的背景之中的。这些社会关系转过来又在行为者的行为以及最终的政策工具选择中发挥着作用。"（海伍德，2006a）[241]那么，这种社会结构网络又是如何影响利益相关者选择及其运用教育政策工具的呢？就政策工具的实质而言，它是为了影响某些行为领域而有意设计的制度规则的不同组合，这些制度规则通过维持或破坏某种既存的社会关系结构，从而影响现有的政策共同体内的互动模式。当一种教育政策工具倾向于维系或支持教育利益相关者之间既存的积极的社会关系时，这样的教育政策工具会得到政策共同体的支持。当一种教育政策工具可能危及这种既存的社会关系时，这样的教育政策工具通常会受到相关者的抵制。因此，要理解教育政策工具如何嵌入政策共同体的关系结构，必须首先要理解不同类型的教育政策工具与教育政策共同体内社会关系结构之间存在何种联系。

说到教育政策执行，实际上可采取的政策工具很多，这些政策工具分布在一个以完全自愿（提供）和完全强制（提供）为两端的轴上，完全自愿的政策工具几乎是不存在的，完全强制的工具则没有留给私人任何回旋余地，大多数的政策都位于这两者之间，如管制、提供信息、劝诫等（豪利特，等，2006）[144]。为了分析的简便，可以把教育政策工具分成两种基本类型。一种是强制性的政策工具，这种政策工具的使用，教育政策执行必须依赖于科层制的治理结构，政策制定（或推行者）通过运用自己的权威，强制性推动政策落实；另一种是非强制性的政策工具，这种政策工具的使用，教育政策执行必须借助分权式的治理结构，行动者（包括政策执行主体和政策执行客体）具有自主行动的能力和权利，通过行动者的自主行动教育政策被执行，达到政令畅通的效果。与此对应，可以把在实际的社会结构脉络中，通过频繁互动接成不同关系模式的教育政策共同体中的成员，区分为两种不同的结构形式：一种是尊卑有别、长幼有序的等级制的关系结构，在这种关系结构中，共同体成员间的关系是差序的和不对等的，权力向上集中，存在着强制性的自上而下的指挥链条结构，一方（特别是等级结构中的下级）认可另一方（等级结构中的上级）有更大的权力；另一种是多元自主性的关系结构，在这种关系结构中，权力是分散的，各教育利益相关者的地位是平等的，不存在明确（明显）的等级关系，每一方都具有一定的自主性，可以自主选择和决策执行或者不执行既定教育政策。当教育政策工具所要求的教育治理结构嵌入特定的政策共同体的社会关系结构时，会出现特定政策执行工具要求的治理结构与政策共同体社会关系结构是否一致、是否同构的问题。根据以上四种形式，可以在政策工具和嵌入性结构间组合出如表中所示的四种不同类型的嵌入性的教育政策执行模式。

教育政策执行的类型表

		教育政策工具	
		强制	非强制
嵌入性结构	单一等级制关系结构	（Ⅰ）命令—服从型（同构）	（Ⅱ）放任—剥夺型（非同构）
	多元自主性关系结构	（Ⅲ）政策—对策型（非同构）	（Ⅳ）自主—合作型（同构）

四、教育政策执行类型

把"嵌入"概念引入对教育政策执行的分析，关键的问题就是弄明白政策工具是如何嵌入政策共同体结构的，又是如何通过"嵌入"来影响教育政策执行的。嵌入的不同形式代表了政策共同体对政策工具的影响有所不同，或是支持或是抵制，最终导致教育政策能否得到有效的落实。现实中有许多教育政策其政策目标得到了普遍认可，可就是由于缺乏政策工具与政策共同体结构之间的适配性，而得不到很好的执行，严重的陷于政策失败的境地。而那些得到成功执行的教育政策，除了在政策目标上取得各色人等的广泛共识外，与选择到了一个恰切的政策工具有很大关系。由于并不是每次都能选择令人满意的政策工具，因此，在实际的教育政策执行过程中，政策工具嵌入政策共同体关系结构的形式和深度会有所不同，或者同构，或者非同构，或者深入，或者浮于表面，这就导致了具体的教育政策执行具有不同的面相。在这些以不同面相出现的教育政策执行中，教育政策相关的行为主体围绕教育政策的互动就表现出不同的特征（详见类型表所示）。

（Ⅰ）命令—服从型和（Ⅲ）政策—对策型。强制型政策工具依赖的教育管理结构（教育行政体制），通常意味着一种权力统治关系，因而这种教育管理完全是权力意志（上级权力意志）的贯彻。简单地说，权力意味着不对等的关系，常常表现为一种政治不平等的"主奴辩证法"式的权力意志关系。权力要维持权力的持续的运作，必须要有一定的基础，除了拥有最强大的暴力能力之外，还要有让命令得到服从的机会。因为按照卢梭的说法，"即使最强者也决不会强得足以永远做主人，除非他把自己的强力转化为权利，把服从转化为义务"（海伍德，2006b）[241]。只有当教育决策权力得到另一方广泛认可进而被心甘情愿地接受时，当权者才不致被推翻，避免走向穷途末路。这就是马克斯·韦伯所强调的，"任何统治都企图唤起并维持对它的'合法性'信仰"（韦伯，1997）[239]。"合法性"给教育行政权力关系披上正当性的外衣，基于这种正当性，统治者的权力被承认和服从。权力的合法性与特定社会的历史、政治、传统等因素紧密勾连，也就是说，成功的强制型教育管理模式（其表征是教育政策往往被要求"不折不扣"地执行）并非是自为之物，它常常由与其同构的社会结构所塑造。换言之，这种命令式的教育管理体制需要一种服从型的社会关系结构才能够长期存在，在这种关系结构中，权力被认可和接受，从来不会受到质疑。如果失去服从型关系结构的支撑，这种政策执行常常会受到抵制，教育政策在实践中会被扭曲甚至是受到抗拒。

对于教育政策的执行而言，当强制型的教育管理结构嵌入服从型的关系结构时（如类型表中Ⅰ所代表的嵌入形式），政策工具被强化了，等级式的社会关系结构也被强制型的教育行政管理结构所强化，呈现出双向积极建构的局面。具有这种特征的教育政策执行常常发生在紧急情况下的特殊场景，如在化解某种教育危机的时候。在其他的情况下，如在现代民主政治深入发展和公民权利高度觉醒的国家，教育政策共同体中服从型的关系结构常常很难持续存在，再好的教育政策也难以被百分百地执行。因此，当强制型的教育管理结构（计划体制）嵌入一种与其非同构的多元自主性社会关系结构（如公民社会）时（如类型表中Ⅲ所代表的嵌入形式），这种教育政策工具就很难受到认同。政策共同体中的行动者们会采用各种对策，抵制这种强制性的治理结构，最终会使教育政策难以落实，或者即使落实也离既定目标相去甚远。

（Ⅱ）放任—剥夺型和（Ⅳ）自主—合作型。非强制的教育行政管理结构下面，教育政策的执行依赖于行动者的自主（甚至自觉）行动，它不需要甚至排斥权威的指挥。这种教育管理体制基于这样一种观念，即行动者具有相应的行为能力且对自己的行为是负责任的，因此行为主体的自主行动，会使社会达到理想的状态，即每个行为主体都会因为自己的行动而感到满足（彼得斯，2001）[27-28]。因此，非强制性的教育行政管理架构，被认为是教育政策执行的最佳选择。这种理念自20世纪80年代以来，迅速在全球范围内得到传播。随着这种观念的传播，其主导的政府教育治理（不是管理）模式的改革方案也在不同国家迅速扩散，"政府管理以正式官僚制和传统公共行政模式为特征的时代正在迅速的消逝"（休斯，2007）。但是，这种建立在新古典经济学理论基础之上的治理理念，具有上文所及明显的"社会化不足"的缺点。以嵌入的观点考量，采取任何一种特定的教育治理模式都必须考虑到与之相适应的社会结构背景（教育治理模式具有社会结构依赖性）。非强制性教育政策工具的推行，必须要有与之相适应的多元而又平等的公民社会（不是专制社会）社会关系结构的支持。在这种社会结构中，没有一个强大的权威中心对其行为产生制约或支配，行动者具有高度的自主性和平等的社会地位，由他们独立承担其自主行为所产生的后果，正所谓"好与不好都是我自主选择地结果"，要的就是这份自由。当非强制性的教育管理架构嵌入这样一种与其同构的社会关系结构时（如类型表中Ⅳ所代表的嵌入形式），两者之间才能出现同构和相互强化的趋势，使教育政策方案得到有效的落实，实现预期的教育政策目标。

然而，与非强制的教育管理结构同构的社会关系结构，并不是在任何教育领域或任何时间都会存在，而在有些问题领域（甚至在大多数情况下），非同构的社会关系结构占据主流。这时，如果采用非强制性的政策工具（如类型表中Ⅱ所代表的嵌入形式），由于嵌入在社会脉络中的关系结构实际上是不对等的，有些行为主体拥有较为强势的地位，拥有更多的权力，他们往往会利用这些优势，侵害、剥夺其他较为弱势的行为主体的教育利益，最终使教育政策朝向有利于他们的方面执行，背离了公平与正义的原则，使这些教育政策在执行过程中引发很多意想不到的社会问题，比如特长生高考加分本来是为了因材施教，选拔不同的人才，可实际上成了特权阶层以此捞取好处的手段。在这种情况下，要运用非强制性的教育治理结构时，必须采取另外的措施，改变教育政策参与各方权利不对等的关系结构，也就是通过制定另外的政策，改变非强制性治理结构所嵌入的与之非同构的社会关系结构，使之相互同构或一致，这样方可保证教育政策执行不再出现丧失公平的现象。

质言之，教育政策的执行，通常有赖于特定的政策工具，在选择不同的教育政策工具时，要考虑到这些工具所嵌入的社会结构脉络，可能对教育政策工具所依赖的教育行政管理架构产生的影响和制约作用。从嵌入性的视角看，具有良善意图的教育政策，要取得令人满意的执行效果，不仅需要考虑制定合适的政策目标，还要考虑这些政策工具依存的行政管理结构（官僚体制），与现实政策共同体关系结构之间的适配性。当教育政策执行所依托的教育管理体制与教育政策共同体嵌入的社会脉络之间存在一致或同构的关系时，比如扁平化的教育行政管理结构遇到社会力量发育良好的公民社会结构时，教育政策的执行往往易于取得成功；反之，教育政策的执行就容易受到很多的干扰和阻碍，使政策执行走样，教育政策难以落实。因此，在选择教育政策执行工具时，应充分考虑教育政策所涉及的领域及其教育政策共同体的关系结构，采取相应的教育管理模式。同时，还需要强调的是，这种政策共同体的关系结构，又嵌入在更为广阔的社会背景之中，它本身也可能受教育政策及社会大环境的影响而发生变化。

参考文献

安德鲁·海伍德. 2006. 政治学[M]. 第二版. 北京:中国人民大学出版社.

丁煌. 1991. 政策执行[J]. 中国行政管理(11).

格兰诺维特. 2008. 找工作[M]. 张文宏,等,译. 上海:格致出版社.

盖伊·彼得斯. 2001. 政府未来的治理模式[M]. 吴爱明,等,译. 北京:中国人民大学出版社.

刘世定. 1999. 嵌入性与关系合同[J]. 社会学研究(4).

马克斯·韦伯. 1997. 经济与社会(上)[M]. 林荣远,译. 北京:商务印书馆.

马克·格兰诺维特. 2007. 镶嵌:社会网和经济行动[M]. 罗家德,译. 北京:社会科学文献出版社.

毛泽东. 1991. 毛泽东选集第1卷[M]. 第2版. 北京:人民出版社.

迈克尔·豪利特,M. 米拉什. 2006. 公共政策研究:政策循环与政策子系统[M]. 北京:生活·读书·新知三联书店.

欧文·休斯. 2007. 公共管理导论[M]. 第三版. 张成福,译. 北京:中国人民大学出版社.

谢维和,陈超. 2006. 中国教育改革发展的政策走向分析[J]. 清华大学教育研究(3).

轩明飞. 2008. 村(居)改制:城市化背景下的制度变迁——以济南市前

屯改制为个案[M].北京:社会科学文献出版社.

张秀兰.2008.中国教育发展与政策30年[M].北京:社会科学文献出版社.

朱国宏.1999.经济社会学[M].上海:复旦大学出版社.

庄西真.2008.权力的滞聚和流散:地方政府教育治理模式变革的研究[M].南京:南京师范大学出版社.

第七章　教育改革的阶层生态[*]

作为教育改革的背景存在的"社会"，显然已经不适宜仅在背景的层面上去理解其力量和意义，社会的格局与生态左右着教育改革的方向和进程，对于社会格局与教育改革之间相互关系的理解成为透视和把脉教育改革的必经之途。梳理当下教育改革的社会脉络与纹理有多个视角，但社会阶层格局是不能绕开的一个。当前社会阶层分化趋势明显，不同阶层的教育利益格局已经形成，不同或同一阶层之间在教育利益面前的联合与冲突变得更为显在和日常化。由当前阶层格局所带来的教育改革中的一些前所未有的、颇具时代性的特征正在显现，这些特征正在影响甚至围困教育改革的方向、立场、成效和进一步的推进。

一、社会阶层围困教育改革的现实格局

（一）社会阶层分化对教育改革的多元需求

尽管许多学者对中国社会阶层的分化趋势提出了不同的观点[①]，但是对中国社会阶层的日趋分化这一事实本身几乎达成了共识。随着社会阶层的分化，阶层之间的差距拉大，需求也变得多元，出现不同的

---

[*]　本文原刊于《湖南师大教育科学学报》2011 年第 2 期，现收入本书时略有改动。

[①]　中国社会学者已有多人对目前中国的社会阶层分化作出自己的概括，如孙立平提出的"断裂社会"的观点（2003）、陆学艺等人提出的"中产化现代社会"观点（2002）、李强和李培林等提出的"碎片化趋势"（2004），李路路提出的"结构化"观点（2003）。

教育需求在所难免，任何一种改革安排如果不考虑人们的需求，就会失去基本的动力和基础。在教育领域主要表现为排他性教育需求和差异性教育需求的不断增长。

排他性教育需求的增长，有赖于教育在社会阶层地位巩固与流动中的重要作用。社会上层将教育的符号作为保持社会身份的象征，他们需要通过教育巩固其身份和地位；社会中层将教育作为重要的向上流动的渠道，他们需要通过下一代的教育完成阶层的跃迁；社会下层则更无须赘言，没有哪个阶层会像他们一样给教育负载如此大的希望。因此教育成为各个阶层争夺的领地，各个阶层千方百计让自己的下代在教育中胜出，将其他人排斥在通过教育上升的通道之外。这种排他性的教育需求带来了过度化的教育市场，不管分属哪个阶层，在教育的重视与投入上都不会有丝毫含糊，对教育的需求几乎没有底线。不管自己孩子是否合适，反正让自己的孩子接受更多内容、更高质量、更长时限、更优师资的教育成为每一个阶层的需求，近几年课外补习班的疯狂、奥英奥语奥数的疯狂足可见一斑。

差异化教育需求，有赖于不同阶层对教育的不同认识和定位。不管是针对校内还是校外，不同阶层对教育质量、教育取向、教育价值等等的认识并不相同，社会上层已经从"教育—文凭—职业"的关联中解放出来，对教育有着更高的追求，比如不满于学校教育的标准化转而去追求个性化的教育，也有不满于学校教育对分数等结果的过分强调转而追求注重过程的教育等；社会下层显然还没有能力将"教育—文凭—职业"的关联消解，因此更多情况下是被动接受现有的教育安排，同时更强调教育的有用性和职业化；作为社会中层，对教育的态度则较为暧昧，一方面他们需要把教育作为阶层流动的重要渠道，另一方面深感现有教育与自己所期待的教育之间存有较大差距，但尚无足够的能力超脱于"教育—文凭—职业"的关联，因此尽自己所有的资源和条件追求更高教学质量的教育成为他们最迫切的需求。

如果说排他性教育需求更体现于教育的形式层面，那么差异化教育需求则直指教育的内涵层面。形式上的排他与内涵上的多元需求对教育改革而言都构成了不小的挑战。针对排他性教育需求所形成的教育市场是否形成了足够的规范和引导能力？规范和监督的主体是否明确？如何处理公共教育与市场化教育之间的关系？等等。至少从目前教育市场的混乱与盲目看，不仅是对公共教育体系的一种讽刺，也是对教育改革是否迈出市场化改革方向的一种刺激与挑战。针对差异化教育需求所形成的多样化教育价值定位，教育改革能否提供多样化的教育机会保障不同家庭的教育选择权利？如果更深究一些，这种差异化需求不仅涉及教育机会，更关涉教育内容、教育目的、教育评价甚至整个现有教育价值体系的改变，牵涉从观念到教育制度、招生制度等多层面全方位的变化，其挑战既具广度又不乏深刻性。

（二）社会阶层固化与教育改革的立场选择

如果教育改革选择以多头进进的方式，即谁也不得罪的姿态，直面不同阶层对教育的多元需求，在社会阶层日益定型化甚至固化的今天[1]，这无疑又会触及当前社会最敏感的神经——如何保证教育的公平性？

社会阶层概念所反映的本就是生活机遇的差异，生活机遇指的是在一个既定社会里，个人分享由社会创造的经济的或文化的机会（韦伯，1997）[333-339]。处于高位的人有较多的能力分享这一机会，而处于低位的人则只有较少或没有能力分享这些机会。阶层格局一旦固化，这种差异格局就会直接演变成各种资源获取能力的差异，对教育机会和资源的获取也不例外。我们知道，教育对社会阶层结构发挥双重功能。一是再生产原有阶层结构。自从法国社会学家布迪厄一语道破"教育就是阶级再生产的机制"后，教育作为纯粹传授知识的漂亮外衣被剥离，而作为社会不平等再生产并使之合法化的重要机制的面目越来越

---

① 中国的社会学者孙立平教授指出社会阶层结构定型化的标志，主要表现在三个问题上，即一是阶层之间边界的出现，二是阶层内部认同的形成，三是阶层之间流动的减少和常规化。"观察目前我的社会生活，这三个趋势已经开始在不同程度地出现。"（参见孙立平. 失衡——断裂社会的动作逻辑[M]. 2004. 北京：社会科学文献出版社.）

被人们认识。二是为阶层结构的变动和微调提供渠道。教育对于社会地位获得的重要性及其意义，曾经在功能主义的理论中得到特殊强调，被认为是社会分层结构趋于开放的基本动力，市场转型理论依照同样的逻辑，论证了教育在社会地位获得中的重要性在上升，对于社会分层模式重组具有重要意义（李路路，2003）。就我国的情况而言，依靠体制改革或结构变迁而引起的阶层流动已经基本结束，教育成为当前及可预见的未来能够实现社会流动的主要渠道（孙立平，2004）[94]。那么，教育究竟发挥上述哪种功能？这取决于社会中的其他条件与要素。

　　这里最关键的社会条件和要素就是国家的立场，作为教育改革的推动与倡导主体，实际也体现为教育改革的立场。如果国家选择站在中下社会阶层一边，那么教育将更侧重于发挥第二种功能，增加中下阶层向上流动的机会和可能，从而增加社会的活力与公平，相反则进一步固化甚至加大社会阶层差距。在追求公平与满足不同阶层不同教育需求之间，教育改革的任何立场选择都会伤及某部分人的利益：选择前者意味着要打破已有的利益格局，让教育中的优势获利阶层利益相对受损，这会增加教育改革的阻力，但对弱势阶层而言无异于雪中送炭；选择后者原本是对教育的更高追求，但在阶层固化的语境中意味着让本来就处于教育弱势的阶层在争取教育利益的过程中更趋于弱势，这无疑是对国家和政府责任的一种逃避和推诿，对强势阶层而言也无非是锦上添花。因此究竟选择何种立场取决于国家现阶段的价值排序，它不仅考验着国家和政府在教育面前的能力和追求，也考验着一个国家和政府的责任和良心。

（三）社会阶层政治对教育改革的合法性考验

　　如果说上述社会阶层分化与固化对教育的围困是社会发展的必然，几乎任何一个出现分层的社会均会遭遇上述问题，那么社会阶层政治则更具有地方性和文化性。阶层分化带来了阶层利益的分化，阶层内部对自身利益的认同与主动寻求变得日益自觉，阶层之间对相互利益的比较和计算也变得常态化，教育改革所要面对的正是这种阶层利益的清晰、分化与计较，在各阶层对教育利益的交换和博弈中，教育改革遭受了前所未有的合法性考验。

对于拥有强势资本的阶层来说，教育改革所遭遇的合法性考验主要来自该阶层对教育利益的寻求手段。为了寻求并满足自身对教育的利益诉求，该阶层群体利用各种方式和手段占有优质教育资源，甚至不惜破坏教育的公正秩序。一方面通过已有的资本力量，或者与相关利益群体的资本交换，扩张自身的教育利益空间。众所周知，中上阶层不但在利益增量上远远快于下层和底层，而且在利益增益的渠道上远多于后者，在阶层的利益分化背后，还有具体的群体交换作为运作机制，既有阶层内部的群体交换，又有跨阶层群体之间的交换，构成了教育差距难以缩小的结构性障碍（王春光，2007）。另一方面该阶层有能力通过影响教育改革的进程将教育利益据为己有。我国社会学者孙立平教授曾言："改革在初期更具强烈的理想与热情的色彩，而现在的改革则更多地具有利益博弈的内涵。""改革该对谁有利还是对谁有利，该对谁不利还是对谁不利，一种扭曲改革的机制正在形成。"（孙立平，2004）[86-87]教育改革中的强势阶层通过利益博弈在影响改革的进程，无论改革措施的立场是什么，在最后的利益结果上几乎没有太大的差别，20世纪90年代后期启动的教育产业化、扩招、并校等，均成为服务于强势阶层利益和偏好的牺牲品。教育改革的目标与强势阶层的手段之间存在着扭曲，这种扭曲使得教育改革始终在"改革究竟对谁有利"的质疑声中展开，教育改革想要大步向前且步履轻松变得不太可能。

对于没有任何可交换资本的弱势阶层而言，教育改革所遭遇的合法性考验来自于强势阶层对弱势阶层的教育利益排斥结果。从"起点处的教育机会"到"过程中的教育质量"再到"终点的教育结果和职业获得"，在强势阶层的全面挤兑中，留给弱势阶层的教育利益空间越来越小，本来指望通过教育改变已有阶层地位的文化目标与作为制度化手段的教育之间已经完全失衡，教育不仅没有帮助其完成地位身份的改变，反而成为其主要的经济和精神负担。对于中下层群体来说，教育由希望变成了谎言，对教育的全力投入变成了一个笑话。而这个谎言与笑话的形成过程正好伴随着中国社会最全面最热烈的教育改革过程，即便教育改革的初衷绝不是让教育成为一个笑话，但两者在时间上的巧合使教育改革的合法性危机几乎到了难以化解的地步，也使得继续进行教育改革的迫切性和紧要性到了刻不容缓的关头。两者之间的张力构成了目前教育改革颇为尴尬的局面：教育改革的动力不是以大众共同认同的改革目标和理念为基础，而是以大众对原有改革下的教育现实的不满和质疑为基础。这些不满与质疑的群体是社会中相对弱势的阶层，这样的动力基础与群众基础，将使得教育改革"到底走向何方？"以及"能走多远？"成为伴随改革始终的问题。

二、社会阶层围困教育改革的可能路径

教育领域所面临的一个重大转变是教育中的"温饱"问题解决了，即"人人有学上"已经成为现实。"在考虑温饱问题的时候，人们主要是出于生存的需求，当温饱问题解决后，人们需要考虑如何'牛逼'的问题了"（郑也夫，2007）[14-15]。教育也同样面临人们需求的改变，这也就容易解释为什么在当前社会，比起"有学上"与"没学上"的矛盾，"好学校"与"差学校"的差异所激化的人际、群体乃至社会的矛盾更为深刻；而在过去当人们为"有没有学上"的基本生存需求而努力时，对"好学校"与"差学校"的追求几乎是置若罔闻或是顺其自然的心态。

人们对教育的需求从"温饱"转向"牛逼"，本是顺理成章的事，但此时社会环境已今非昔比，正如上述分析中提到阶层结构已分化，不同阶层群体想要站在同一起跑线上追求"牛逼"已不太可能，而"牛逼"本身就关乎人们的能耐和面子，因此弱势阶层在教育面前的不公平感体认空前强烈，要求教育公平的呼声日益高涨。我们需要清楚：社会强势阶层是通过哪些路径将教育改革围困在公平的怪圈中无法自拔的？只有清晰了这些路径我们才有可能找到突围的路。

（一）通过"单位"加固教育的结构壁垒

我们发现对教育利益的单位拥有和单位保护，以及单位参与下的对教育利益的争取、交换和博弈依然根深蒂固。一方面，一些拥有优质教育资源或能对优质教育资源分配"说了算"的单位，其对单位成员的利益保护或照顾所形成的屏障是其他群体所望尘莫及的，比如教育系统内部的人员，从幼儿园一直到大学及各级教育行政部门对教育利益的享有权力。另一方面，一些握有强大政治资本、经济资本的单位可以通过单位间的利益互换而获得优质教育机会、比如政府部门（根据不同的地位等级）、大型央企（根据资助的资金设备多少）、银行、医院等（根据其提供各种便利的可能）而获得多少不等的优质教育机会配额。

中国社会严格意义上还是一个单位社会，虽然"单位"在社会转型过程中其包办职能开始逐步消解，但是由"单位"所形成的结构壁垒依然存在。所谓结构壁垒是指由社会机构、制度安排对特定群体所造成的限制、封锁与排斥。尤其是随着"单位"内部成员的同质化程度的提高，强势阶层成员通常集中在一些"好单位"，这些单位又反过来在各方面强化其强势地位和身份。通过单位关联强势阶层与教育利益的巧妙之处在于，单位是一种制度，这样的链接不再以个人的名义而是集体的名义，作为一种制度化的存在，其更匿名、更稳定、更常规化。只要单位存在，单位之间的相互依赖存在，这种链接关系就不会中断。

（二）通过"关系"渗透教育场域

相比于"单位"这种制度化的方式，"关系文化"对于教育公平秩序的干扰更为根本和深远。关系资本是衡量中国社会阶层群体的一个重要指标，它意味着行动者在行动中获取和使用嵌入在社会关系网络中的资源（林南，2005）[24]。显然处于不同阶层的行动者，他所能动用的资源，不管是质量还是数量都是存在差异的。假设家庭拥有再强的经济能力，但是教育的大门不会特别为他敞开，那么社会中关于教育寻租的各种矛盾就会减少。但现实是两者之间不仅建立了联系，而且这种联系正在不断被加强。这种联系将学校教育与不同阶层的各种资本关联起来，使得有强硬社会关系的人得到机会，无关系的人束手无策。这也印证了时下流行的"不是愿不愿意出钱的问题，而是看你关系硬不硬的问题"。教育变味成了家长之间社会关系的较量。

中国拥有历史悠久的关系文化、人情文化的社会土壤，"说句话"或是"递个条"在中国社会具有特定的分量，当行动者希望提高目的性行动成功的可能性时，他们多数会动用关系资本。加上社会转型过程出现的体制缺位所带来的灵活空间，使得关系网络在教育领域的运作过程中变得异常活跃。关系资本由"上不了台面"的潜规则操作变成了"明码标价"的显性考量，由退而求其次的"无奈之举"变成了"关系先行"的有力保障或必行之路。在这背后，隐藏着具有不同关系背景阶层的大量寻利行为，小到孩子座位的安排、班干部位置的获得，大到孩子班级教师的配置、加分资格的获得等，可以说关系资本对教育场域的渗透已经既广泛又深刻。

（三）通过"家庭"加大先赋性地位的作用

随着体制改革后政府对教育的权力下放，政府对教育的垄断角色开始退场，给予教育领域更多的自由和空间，由原来自上而下的教育机会配给转变成以家庭为单位的教育机会寻求。由此，家庭取代国家在教育机会的分配上发挥越来越重要的角色。一方面表现为直接干预教育机会的获得，即在教育机会寻求、选择、获得的过程中发挥越来越直接和重要的作用。另一方面改变教育机会获得的规则，随着阶层分化加剧、居住社区贫富的分割明显，学校分布格局与居住区分布相互配套，暗合了教育机会分配的规则由"选拔"到"就近"的过度，原本为了追求公平而实施的"就近入学"改革将进一步强化家庭居住区等先赋性因素的作用。

通常而言人们倾向于接受因能力差异导致的教育机会分配差别，

而无法接受因先赋性差异导致的教育机会分配差别。因此不管是直接干预还是改变规则都显得过于赤裸裸，家庭更为潜隐的作用发生在教育的过程之中。一方面家庭对教育的态度和认识、创造的环境和条件等都铺陈在教育过程的各个细节，随着漫长的教育的展开而发挥作用，这正是布迪厄所要指出的，看似公正合理的教育过程事实上完成了对家庭资本的转换①；另一方面，随着市场机制的引入，由市场空间所创造的教育获得模式对家庭经济能力的依赖越发明显，处于不同阶层的家庭，由于经济能力的差异，在市场空间中获得的教育成就差异进一步加大。通过校内校外教育空间的转化，先赋性的因素被掩盖，转而让孩子以能力或学业的优势在教育竞争中胜出。

（四）通过"精英"完成庇护性流动

优质教育资源如果为某一部门或某一群体所垄断，那么该部门及相关群体精英就可以把握获取优质教育资源的机会，而人口的大多数则与机会无缘。这一垄断部门和群体可以通过制定或改变教育机会的选择标准、分配标准、推荐标准、加分标准、划片标准等来或显性或隐性的操作教育机会。垄断程度越高，那么操作的自主性就越强、操作的封闭性就越高、操作的规范性就越差、操作所受的监督就越少，这是垄断带来的必然后果。对教育而言，优质教育资源一旦被高度垄断，教育即便可以促进社会流动，也不再是公开的"竞争性流动"，甚至都不是遮遮掩掩的"赞助性流动"，而只能是赤裸裸的"庇护性流动"。

所谓"庇护性流动"，是指对教育机会具有操作能力的群体或部门精英在制定标准、规则和履行程序时始终朝向或围绕对其子代有利的方向进行。一方面这种庇护性流动视其子代是否将面临上学压力而定，因此随着精英们子代的上学情况变化，教育改革的政策也会随之发生改变，使得地方性教育改革的标准、规则、程序具有鲜明的人为性、多变性和随意性。另一方面，如果教育改革的规则与程序不利于精英

---

① P. 布迪厄,J.-C. 帕斯隆. 2002. 再生产[M]. 邢克超,译. 北京:商务出版社.

们的子代，作为精英可以完全超越自己参与制定的规则而另谋出路，换句话说，精英们自身可以不受规则制约。这使得教育改革的诸多文件、规则、程序等更多形式的意义。

三、教育改革的张力：“突围”的有限与底线

现有社会阶层生态围困下的教育所遭遇的最突出问题便是教育公平秩序的合理化。教育改革的理念与行动至少表明，人们朝向更好更合理的教育秩序的追求没有改变，但是通过改革从根本上合理化教育公平秩序变得越发困难。虽然经济发展或现代化过程并不必然带来阶层差异的扩大，但是就目前中国的整个社会生态与分层趋势看，这一扩大步伐似乎有脱轨的危险。在这样的阶层分化格局与趋势面前，教育改革必然处处充满张力：往返于不同阶层之间的各种坚持与扭曲、规范与安抚、妥协与补偿，将成为改革行动的常态。

改革教育公平秩序在这样的张力中必然遭遇限度的问题。事实上，针对上述教育改革被围困的路径，不管是“单位制度”还是“家庭资本”、“关系文化”还是“精英群体”，都已超越了教育自身的领域，不能仅限于教育范畴来解决，它涉及社会文化和结构的全方位调整，教育被期望作为缩小或改变阶层不平等的重要功能看来要大打折扣。“中国的经验表明通过政策干预抑制较高阶层的教育诉求，以实现教育分层最小化，不是一种最佳的政策选择，相反西方发达经济社会长期福利政策对于降低教育分层的作用，却具有一定的社会成效”（郝大海，2007a）。有研究者在分析了教育与阶层的关系后指出：仅仅在教育领域通过实行“补偿原则”向中下阶层倾斜教育资源是远远不够的，也无法根本改变中下阶层在较高教育阶段的不利状况，教育平等化的根本出路在于，不断完善全社会的社会保障制度，全面缩小社会阶层的生活差异（郝大海，2007b）。教育公平的出路在教育之外，这多少有些让人觉得无奈和无力，这意味着围绕教育内部的公平化改革不是零敲碎打就是隔靴搔痒，教育公平秩序改革的有限性可见一斑。

　　虽然改革有其限度，但并不意味着真的无关痛痒，也不意味着毫无底线。改革的底线之一是改革过程中国家与政府能够超越社会各阶层的利益之上，以相对客观中立的姿态合理化教育秩序。在哲学的探讨中，国家总是被寄希望于成为最后的和绝对的调节力量，国家体现着独一无二的公共意志（鲍桑葵，1996）[228-229]，因为需要依靠某种力量来平衡不同阶层的利益关系，国家的关怀被设想为是全局性的，国家成为最后的仲裁者；底线之二是改革是否最有利于社会中的最不利阶层或群体，在现有阶层格局无法打破的条件下，罗尔斯（J. B. Rawls）的正义论之补偿原则看来是退而求其次的最好选择，也是最现实可行的选择，当资本与权力之光能够普照这些中下层群体时，哪怕是只有微弱的一点光亮，也足以让其感觉温暖。在上述两个前提下，改革即便是取得有限地进步也是值得称道的进步。

参考文献

　　鲍桑葵. 1996. 关于国家的哲学理论［M］. 北京：商务印书馆.

　　郝大海. 2007. 中国城市教育分层研究（1949—2003）［J］. 中国社会科学(6).

　　李路路. 2003. 制度转型与阶层化机制的变迁——从"间接再生产"到"间接与直接再生产"并存［J］. 社会学研究(5).

　　林南. 2005. 社会资本——关于社会结构与行动的理论［M］. 上海：上海人民出版社.

　　马克斯·韦伯. 1997. 经济与社会(上卷)［M］. 北京：商务印书馆.

　　孙立平. 2004. 失衡——断裂社会的动作逻辑［M］. 北京：社会科学文献出版社.

　　孙立平. 2004. 转型与断裂——改革以来中国社会结构的变迁［M］. 北京：清华大学出版社.

　　王春光. 2007. 快速转型时期的利益分化与社会矛盾［J］. 江苏社会科学(2).

　　郑也夫. 2007. 后物欲时代的来临［M］. 上海：上海人民出版社.

第八章　教育改革的公共领域[*]

　　"公共领域"的概念是哈贝马斯（J. Habermas）对欧洲的历史抽象，是一个与政治合法性有关的概念。作为一个特定的历史范畴，公共领域首先可理解为一个由私人集合而成的公众的领域（哈贝马斯，2004）[32]，是指一种不受政府干预的社会成员自由批判、商讨公共事务、参与政治活动的公共交往场所。它既担当着形成拯救"资本主义合法性危机"的重要角色，又在不同的时期进行着结构转型，其基本特征是公共舆论。在理论的传播和概念的旅行过程中，公共领域的内涵不断地发生着变化，但公共领域最关键的特征，即独立于政治建构之外的公共交往和公众舆论，以及对于政治权力的坚定批判没有改变。依据哈贝马斯对公共领域的判断，在本文中，教育改革的公共领域是指一个国家的教育决策机构和社会公众之间的公共空间，它是一个讲坛，一个在这里民众可以就他们的有关教育的公共事务进行协商、辩论、批判，进而对教育的决策产生影响的场所。这个场所区别于国家和政府的代表机构，它起着沟通作用，同时，也是生产和传播对教育改革相关决策进行质疑的话语的场所。对当下的教育改革来说，公共领域既是一个经验的理想类型，又是一个诉诸于现实批判的乌托邦解放模式（许纪霖，2003）。本文试图立足哈贝马斯公共领域的沟通与批判的双重取向，考量当下的教育改革实践，追问建构起为教育改革服务的公共领域的困境、可能与出路。

---

　　[*]　本文原刊于《教育理论与实践》2008 年第 6 期，现收入本书时略有改动。

一、教育改革公共领域：困境

在哈贝马斯看来，公共领域的生成条件有四个方面：国家与社会的分离、传播媒介、具备批判精神和独立意识的知识分子以及社会公众。结合我国当下的社会生活和教育改革状况，这四个条件还处于严重的发育不良状态。公共领域的社会基础还处于一种发育不良的状态，主要表现出以下几个方面的发展困境。

（一）国家与社会：分离中的一体化

国家与社会的关系在中国历史的不同阶段存在着不同的关系形式，封建社会是典型的家国同构，社会生活、文化生活、教育领域多次发生类似"焚书坑儒"、"文字狱"之类的对民间舆论的打压事件；1949年后，我国实行的是国家社会化、社会国家化的一体化政策。改革开放后，我国的总体性社会格局有所变化，国家与社会实行了有条件的分离。与传统的国家-社会关系相比，当下的社会无疑在许多方面已经具有了自治的力量，相对强大起来。然而，尽管如此，公共领域的社会基础——公民社会还只是初具雏形，公民社会的基本要素，即各种社会组织、中介力量、第三部门等，由于历史、现实、法律等方面的原因，也呈现出规模小、分散化的特点，而且大多与政府都有着某种关联，真正意义上的非政府组织实际上并不存在。

（二）传媒媒介：意识形态下的舆论监督

在当下的中国，大众传媒与新闻出版事业更多是由国家主导的，公共领域呈现出很强的国家主导特性。从早期来看，传媒体制为公有制性质，采取计划经济的运作方式，直到上个世纪80年代才开始了改革，逐渐将传媒业推向市场。然而，在走向市场，实现产业化、集团化的过程中，传媒业始终强调"四个不变"，即报纸、广播、电视作为党和人民喉舌的性质不能变、党管媒体不能变、党管干部不能变、正确的舆论导向不能变。这"四个不变"实际上在某种程度上限制了新闻传媒的自主性，限制了对国家教育改革的各种政策措施的批判力与监督力。

教育改革的公共领域强调的是对教育改革措施的合法性批判，而当所有的新闻媒介都掌握在国家手中，都采用党管媒体的运行模式时，社会的批判力量就会无处释放。1949 年后，政府对传媒功能的定位就是进行意识形态宣传，相对忽视了传媒的舆论监督功能、服务功能等其他方面的作用。自 20 世纪 90 年代后期以来，大众媒体开始初步发挥舆论、监督的功能。如《焦点访谈》、《南方周末》、《天涯社区》等对教育部门的腐败、失职行为的报导，对一些政府机构侵犯教师权利的丑恶行为进行的曝光等。有人说，当下的媒体监督正逐渐进入"问责"和"维权"时代。然而，这种"四个不变"下的媒介是很难担当起对所属意识形态的批判与监督功能的，"问责"和"维权"的公共空间还相对有限。

（三）知识分子：独立中的依附

家国同构的中国传统使国家包揽了社会生活中的一切，国家成了一切的来源，传统的知识分子多以士大夫阶层为主，他们在物质上和精神上依附于统治者，缺乏自己独立的人格。改革开放后，经济的迅速发展造就了大量的中间阶层的出现，为知识分子的队伍提供了大量的后备军。然而，这些在改革开放的经济大潮中成长起来的知识人，他们在体制内获得了良好的生存，即便他们不在体制内生存，也与体制内的方方面面有着千丝万缕的联系。在直面一些教育事件与改革冲突时，他们无疑会以自己的利益为取向，在义务教育均衡化改革中突显出来的安徽师大子弟班就是明证（朱红军，2006）。在自身的利益受到威胁时，他们会不顾社会的公义与公正悍然捍卫自己的利益。

人是自利的，知识分子的双重性尤其明显。中国公共领域主体构成应该会经历一个从士大夫、精英知识分子，再到普通民众的发展过程。就目前而言，精英知识分子还抱持着一种精英立场，底层情结、道德激情与批判意识还相对较弱。

（四）公众：政策消费下的失语

对教育改革的公共领域而言，其主体应该是具有沟通技巧、抵制能力和批判潜能的受教育的公众。这些是私人进入公共领域成为社会公众的准入条件。从我国公民目前的受教育水平来看，有能力参与教育改革讨论与交流的人越来越多，而且教育改革与每个人的成长息息相关，国家提出的每一项改革政策本身都会影响到千家万户的利益。当人们的受教育水平还没有达到一定程度时，其参与讨论、维护自身利益的能力与意识是相对较低的，他们更多成为改革代价的承受者，他们的反抗往往要付出很大的代价。在长期的不出声或无法出声后，社会公众往往会形成一种习得性无奈，以一种政策、文化的消费者自嘲和自居，对教育改革的相关决策进行讨论与争辩的可能性与意识性被压抑下来，社会公众越来越被社会诱导成失语的大众。

二、教育改革的"类公共领域"①：可能

对照哈贝马斯提出的公共领域的内涵、形成的条件，当下的中国显然还不具备。如果有，也至多是在某些领域、某些社会空间出现一些"类公共领域"的特征，因此，与其去套用纯粹意义上的公共领域，不如遵循哈贝马斯所倡导的公共领域的精神品质——公共沟通、公共批判与公共舆论，立足中国社会生活和教育改革的实践，追问在中国的当下时空条件下建构教育改革"类公共领域"的可能性。这里从教育改革的内外两个方面分别探讨这种可能性。

（一）教育改革的强大负面公众舆论

从教育改革的内部来看，公众的参与可能与参与意识是一个逐渐

---

① 这是在吴康宁老师的教育社会学沙龙中吴老师提出的一个概念，特此致谢！

扩大化的过程，原来，公众对教育改革多是三缄其口，即使危及到自己的切身利益也只能默默承受，顶多发发牢骚，还没有学会运用媒介的力量来为自己争取表达空间。但随着改革开放的纵深发展和传媒业的进一步开放，公众参与公共讨论的意识与途径都相对增多起来。在当下中国公共舆论的视界中，教育可以算是热点中的热点了。从教育体制改革到义务教育均衡发展，从素质教育到课程改革，从高等教育大众化到幼儿园变企业，教育改革中的任何一点都会引发旷日持久的热闹争论，形成波及面很广的社会舆论。具体来说，在教育领域，关于改革的公共舆论主要表现为以下几个方面：社会不满感、不公平、不公正感以及教育公共性的缺失。

1. 公众的教育不满感

当下的中国社会，老百姓对教育现状是极其不满的，2005 年的两项调查表明①，在利益受损方面，高达 50.7% 的人选择了教育体制改革；然后依次是医疗体制改革（44.4%）、国有企业改革（37%）和社会保障体系改革（30.1%）。在满意度方面，77.8% 的公众对教育的总体情况很不满意或不太满意。公众最不满意的是教育公平状况，分别是城乡教育差距（第 1 位）、地区差距（第 2 位）、教育腐败（第 3 位）、通过交纳赞助费择校费进入"优质学校"（第 5 位）、进城务工子女的受教育条件和环境（第 6 位）、学校差距（第 9 位）。社会公众对教育不满意，迫切希望教育进行改革，促进教育的公共性、公益性和公平性。同时，教育内部的教育工作者他们自身对教育也不满意，也迫切希望改革。改革成了人们化解危机，祛除心理紧张、社会紧张的筹码。

2. 公众的教育不公平感

民众的教育不公平感表现在很多方面，主要表现为我国教育政策的两种区别对待：一是区别对待城乡、地区和阶层，实行城市偏向、

---

① 2005 年 11 月，国务院发展研究中心《转型期中国社会公平问题研究》课题组、21 世纪教育发展研究院与搜狐网进行的"2005 中国教育满意度调查"公布的调查结果。

东部偏向、精英偏向的教育政策；二是区别对待国有与民办，重国轻民，从而导致公立学校与民办学校之间巨大的资源差异。

"城市偏向"作为义务教育改革初期的教育政策，首先是一种社会生活的政策导向，其次才是一种教育政策导向，它是国家权力在特定社会背景下的有意选择。我们常说，一个公正的社会不能是在剥夺弱者的基础上使强者更强，而应使强者扶助弱者从而使弱者变强。地区偏向与阶层偏向实际上城市偏向国家政策的衍生物。

在新中国成立初期，我国的教育是清一色的国家所有，民间力量和民间资本很难进入教育领域。改革开放后，国家开始鼓励发展民办教育。然而，尽管在民办教育的法律法规及政策体系中，我国政府一再强调民办教育的重要地位和作用，同时在法律上也明确了民办教育与公办教育具有平等的地位。但在具体的实施过程中，各级地方政府及教育行政部门对民办教育的重视程度仍存在着很大差异。如对民办学校教师的社会保障、资金投入导向等问题，政府没有给予足够的重视。1997 年颁布实施的《社会力量办学条例》，"规范"的意味远大于扶持。2003 年和 2004 年，备受期盼的《中华人民共和国民办教育促进法》及其《中华人民共和国民办教育实施条例》相继出台，但它没有达到预期的"促进"效果。重要原因之一，是它把公办学校举办民办学校（俗称的"假民办"）合法化，形成对民办学校完全不公平的竞争。

3. 公众对教育公共性缺失的批判

卢梭在《社会契约论》中反复强调，凡是涉及老百姓自身利益的问题，需要经过老百姓同意。在教育改革的过程中，改革的意图不能仅仅出于少数决策者，必须接受群众的监督，得到最广泛的认同与社会公意。因为任何一种以更广泛、更知情和更主动的参与为目标的改革，均依赖于某种健全的公共交往，它可以发挥某种敏感过滤器（安全阀）的功能（哈贝马斯，1999）。

教育的公共性是教育之为教育的根本属性，然而，当下的社会舆论却显然在佐证：普通劳动者在改革中处于边缘化的位置，在改革过程中是"作为他者而存在"，他们只是成为教育后果的承担者，而不是教育改革的利益分享者。

（二）教育改革"类公共领域"的出现

除了教育改革内部的公共舆论外，社会公共生活也为教育改革的公共领域建构提供了一些可能，这里从历史与现实的两个维度进行阐述。

1. 历史上的"类公共领域"

在中国的历史上，公共领域的思想有过不同程度的萌芽，从孟子的民本主义、士大夫的清议传统到黄宗羲的"学校"，再到维新派以《时务报》为阵地的思想运动，中国历史的不同阶段曾有不同性质、不同形式的公共领域思想，黄宗羲可以说是中国历史上提出公共领域思想的第一人。在黄宗羲之前，历代的中国士大夫们通过太学、书院、会馆等各种公共交往的方式互相联络，有所组织，力图在皇朝的体制内外，建立自己的舆论中心，如谏官和御史的设置。然而，无论是谏官还是御史，都是官僚体系的一部分，受到皇权控制，本身是不独立的。只有黄宗羲所设想的"学校"①，是独立于皇权和官僚的公众舆论机构，成为制约皇权的公众舆论空间。到了黄宗羲这里，公众舆论的设想已不再像以前那样缥缈悬空，而是落实了具体的社会建制。

许纪霖认为，真正意义上的近代中国公共领域出现在甲午海战失败到戊戌变法后的上海。受到马关条约的刺激，士大夫通过报纸、学堂、学会开始大规模的议论时政，参与变革，形成了公共交往和公众舆论的基本空间。1896 年《时务报》的创办，更是标志着"一个规模虽然偏小，但已经具有批判功能的公共领域"的正式形成。

---

① 黄宗羲所设想的"学校"，其领袖与成员的产生，不是由朝廷选派产生，而是由士大夫通过自身的公议推举和更换。"学校"是民间的，但又对权力中心拥有制度性制约，每月初皇帝必须率领文武百官到"学校"，像弟子一般坐在下面，听取"学校"的学长讲学。黄宗羲对"学校"的重新定位，使之成为制约皇权的公众舆论空间。

2. 现实中的"类公共领域"

与西方的自由化政治体制不同，中国教育改革的公共领域不可能完全实现哈贝马斯所说的批判与监督功能，在中国的政治制度下，教育改革公共领域的首要功能不是批判，而在于沟通，寻求一种合法的途径使老百姓的、基层的声音能被决策者听见并采纳。"批判的公共领域"是把自己放在与国家的对立与冲突的基础上，以国家与社会的分离为前提的。在中国的政治生活中，完全与政治权力对着干是不可能，也是不智慧的行为。在中国的社会语境与政治生活中，社会公众需要依托一些机构来反映民意，反映老百姓的利益与声音，使老百姓的利益能有一个合适的表达途径。查尔斯·泰勒（T. Charles）在谈到公共领域问题时也指出，民主过程不一定就是与当权者做针锋相对的激烈的对抗，它可以是建立在沟通基础上的协商与妥协（泰勒，2005）[200-202]。当权者与公民两方面都应有发言的权利与倾听的义务。

对各级各类的教育改革而言，具有"类公共领域"的机构首当其冲的应是大学。这是一个传播思想、生产智慧和激发批判意识的地方，大学中的知识分子有责任有义务对教育改革中呈现出来的诸种现象进行辩论，为政府决策机构提供必要的理论参考和技术支持。我国目前很多大学和科研院所确实也在承担着这样的职责，扮演着社会良心者的角色，机智地在市场这只"看不见的手"与政府这只"看得见的手"操纵之中，保持某种意义上的平衡与独立。

其次，各种教育研究会、协会也是一种可以就教育改革中呈现出来的各种问题进行交流与批判的场所，承担起批判与质疑的任务。在中国教育改革的历程中出台了各种各样的改革政策，协会的作用不是为了去论证改革政策的合理性，而是要本着良心、道义、责任与专业的态度去分析其可能的后果。

再次，一些宣传媒介，如报纸、杂志、网络社区更是敏锐地关注到教育改革中的各种不合理现象，并对其进行深入的报导、激烈的辩论与必要的宣传，使教育改革中的种种乱象呈现于世人的面前。如

《南方周末》对安徽师大子弟班的深度报导，《焦点访谈》对宿迁示范园强行转制的跟踪报导，深圳论坛、中国学前教育研究会网站对 2006 年深圳 22 家公办园转企的网上大讨论和声援都表明了媒体在中国已逐步成为一个典型的、有力的"类公共领域"。它们的参与在很大程度上使教育改革的方向发生了变化，并促使改革的决策者意识到社会动员的力量，使改革政策的出台更多考虑到政策的社会基础及可能代价。

除了知识分子依托新闻媒介进行相关公共舆论的建构外，知识分子之间的联合也日益明显，各地知识分子纷纷依托互联技术建立起公共舆论的信息网络，使教育改革的相关公共舆论在最短时间内向最大范围传播，动员全国的力量形成广泛的舆论压力。

三、教育改革"类公共领域"：有限建构

毫无疑问，在教育改革过程中需要培育出能够表达民意、沟通政府的公共领域或"类公共领域"，使教育改革的政策较多地建立在讨论与共识的基础上。但正如前已述及，由于中国政治生活的特殊性，教育改革的公共领域的职能是沟通与批判、解放与质疑、交流与辩论。哈贝马斯曾说，公共领域是权力倾听场所，也是质疑权力的场所。在中国不可能建构起一个完全哈贝马斯意义上的具有沟通、批判与交流功能的教育改革公共领域，在中国所能做的只是"有限建构"，可以从三个层面入手。

（一）宏观层面：文化改造、政治民主

要想建构起教育改革的"类公共领域"，搭建民众参与教育决策的平台，中国在文化生活方面必须大力强调信仰的作用。同时，在国家在制定相应改革措施时，要更加民主和透明，使老百姓不只是被动地接受和承受。也就是说，要通过决策民主化使个人和社会分享到集中在国家手中的政治决策权，使民众的声音能够在机制上对国家的决策发挥积极影响。然而，哈贝马斯认为，从某种程度上来说，作为统治

组织的国家是以自身为基础的，也就是说，在社会学意义上，国家的支柱是各级政府机构，并没有包含广大民众。

温家宝总理在两会上曾说，"没有一个肯听取意见的政府会垮台"，在这里特别强调了民众的政策参与与政策辩论的作用。推动教育改革领域内的决策民主化，最重要的也许是逐步建立起公共政策、公共议程、公众参与的启动机制，使得广大人民群众最强烈的意愿和需求真正能够影响教育变革，使公众裁决逐渐代替行政裁决，发挥舆论监督的力量。

（二）中观层面：第三部门、中介组织

20世纪80年代以来，"第三部门"在世界和中国显现出了不断兴起的大趋势。所谓"第三部门"即在政府（第一部门）和市场经济（第二部门）之间的以社会团体形式出现的社会组织，主要为同业组织、行业管理组织、学术团体、社区组织、职业性利益团体等。但在我国"第三部门"的发展还面临着来自"传统文化理念"、"制度设置"、"自身能力"等方面的制约性因素，这些因素合力形成了对"第三部门"发展的整体性"强抑制"（秦晖，1999）[9]。

作为"第三部门"中重要力量的教育协会是建构教育改革"类公共领域"的基础，它也曾经是资产阶级公共领域的社会基础。与高度国家化的政治党派不同，协会并不属于管理体系，而是通过传媒、网络影响发挥对教育决策的影响作用。1994年，国务院颁布的《中国教育改革与发展纲要》中明确指出："为了保证政府职能的转变，使重大决策经过科学的研究与论证，要建立健全社会中介组织，包括教育咨询决策研究机构……发挥社会各界参与教育决策与管理的作用。"

近年来，在教育改革的各项政策的酝酿、出台过程中，教育协会、教育研究会发挥了一定的作用，但是从广度和深度上来看，"第三部门"参与的程度还不是特别明显，民众的参与愿望与利益需求还没有得到相关的满足，国家还要在政策上为"第三部门"参与公共决策提供更通畅的社会渠道。

（三）微观层面：教师、家长、学生

对于当下的教育改革而言，广大的教师、学生和家长是参与公共讨论、形成公众舆论的主导力量，他们既是改革政策的实际承担者与执行者，也是改革代价、改革风险的实际承受者，他们处于教育改革的一系列政策的风口浪尖之中，无法回避也无处可避。在中国，基础教育的责任在中央和地方各级政府，因此，关于改革的各项决策要么是由中央政府制定，要么是由地方政府制定，而身在其中的广大教师、学生和家长却很少有机会参与到教育决策中去，他们在多年的政策消费中慢慢失语，有时不得不通过一种网络宣泄的方式来传播自己对改革各项政策的不满。

在所有这三类主体中，教师和学生的声音往往更弱，他们囿于学校的各项组织制度而无法出声，而在改革中成长起来的家长们则要自由得多，但他们似乎变得越来越非理性，他们或者以功利主义为导向对学校、教师施加各种压力，或者以理想主义为旨趣对学校、教师进行抨击和质疑。在现实的教育生活中，家长的声音和家长的力量在很大程度影响学校、教师，甚至决策者的取向。

从根本上而言，教师、学生、家长三类主体的利益是一致的，他们都是为了更好地培养未来一代，促进他们的健康成长。他们的利益相容性决定了他们结成社会组织、参与改革辩论的可能性。如果教育中最广大的基层主体能够形成自己的组织，理性地参与讨论，并且社会生活提供了中介组织和公共空间保证其参与教育改革的相关讨论与争鸣，那么，教育改革的各项政策就能拥有更为广泛的社会基础，获得更多人的社会支持，从而使教育改革更好地为大多数人的利益服务。

参考文献

查尔斯·泰勒. 2005. 公民与国家之间的距离[G]//陈燕谷. 文化与公共性. 北京:生活. 读书. 新知三联书店.

哈贝马斯. 1999. 关于公共领域问题的答问[J]. 社会学研究(3).

哈贝马斯. 2004. 公共领域的结构转型[M]. 曹卫东,等,译. 南京:学林出版社.

秦晖. 1999. 政府与企业以外的现代化:中西公益事业史比较研究[M]. 杭州:浙江人民出版社.

许纪霖. 2003. 近代中国的公共领域:形态、功能与自我理解——以上海为例[J]. 史林(2).

朱红军. 2006-11-09. 漩涡里的初一"特权班"[N]. 南方周末.

第九章　教育改革与文化渗入 *

20 世纪 90 年代开始，中国进入了较为快速的城市化进程中，一个明显的现象是大量的农民离开农村耕种的土地，来到城市中寻求发展，他们在城市中成了一群特殊身份的人——"农民工"，农民工子女的教育问题因此成为学界研究的一个热点。此前对于民工子弟教育问题，人们关注的焦点主要集中在显性的"教育机会均等"视角上，而对于隐性的文化视角却少有深入探索。随着城市流动人口的增加，大量"流民"的涌入也孕育了一种新的文化类型——"游民文化"。当游民文化闯入校园，它将如何影响到学生的行为？当游民文化存在于农民工子女身上，成为一种特殊的学生亚文化时，我们又当如何理解和看待？

一、"游民"的由来和诞生：人口流动和城市化

"游民"一词最早出现在《礼记·王制》之中："凡居民量地以制邑，度地以居民，地邑民居，必参相得也。无旷土，无游民，食节事时，民咸安其居，乐事劝功，尊君亲上，然后兴学。"这段话体现了古人典型的"安居乐业"的思想。"居"——住所，和"业"——谋生的手段是稳定生活的两个最基本条件。农业社会中的稳定生活是和土地紧紧绑在一起的，有土地耕种就有了稳定的生活来源，而失去土地的人将有可能发展成无法谋生的流浪者，成为最初的"游民"。所以，

＊ 本文原刊于《教育研究与实验》2011 年第 4 期，现收入本书时略有改动。

"游民"的诞生和生活的"不稳定"密切相关。在传统以农业生产为主的乡土社会中，诞生的是"五谷文化"，而"五谷文化的特点就是世代定居"（费孝通，1988a)[88]，"世代定居是常态，迁移是变态"（费孝通，1988b)[161]。世代定居的农民如果因为自然灾害和人为因素而被迫离乡背井，发生迁移和流动，则成为"流民"。"流民"的生活也不稳定，"流民"因此成为"游民"的重要来源。

但是，"游民"还不同于"流民"。在对"游民"概念的界定上，我比较同意王学泰先生的观点，王学泰先生通过对中国传统社会的研究，考察了游民诞生的历史，严格区分了"游民"和"流民"的不同。他认为："'游民'，主要指一切脱离了当时社会秩序（主要是宗法秩序）的人们，其重要特点就在于'游'。""游民与流民不同。流民是指离开其故土成为'流'状态的人们，他们有可能没有脱离其所处的社会秩序"（王学泰，2007a)[16]。"流民，顾名思义，他们往往是以'流'的状态存在，也就是说他们是在流动，但这流动只是他们生活中的一个短暂阶段，没有终生为流民的，也没有长久在大地上流动的流民……游民还常常以个体的身份来面对社会，在城乡之间长时间存在……应该说游民许多来自流民，因为流民散入城镇，城镇如果具备了他们生存的条件，他们便居住下来，如果再有谋生之路，可能就成为城镇居民。除了特殊情况下，这些人一般很难在城市里过上安定的生活，成为长期而稳定的城镇居民。他们中的大多数还是没有安全感的，成为了充满焦灼感的游民。这种城镇游民只是在宋代和宋代以后才大量出现"（王学泰，2007b)[81-82]。

通过"游民"诞生的历史，我们可以看到，"游民"的诞生和两个基本的社会条件密切相关：一是人口的迁移和流动，二是城市的出现。人口的迁移和流动自古就有，人们迫于自然环境和生活条件的压力而常常不得不搬迁居住地，但古代的人口迁移却并未形成真正的"游民"，原因在于古代社会并没有诞生现代意义上的城市以及与城市社会相关的社会秩序，所以古代的人口流动只能造就"流民"而不能造就"游民"。当城市诞生之后，城市成为一种人口聚集生存的特殊环境，城市中有了一个稳定的居民群体，城市也因此发展出了有别于传统乡村社会的新的社会结构和社会秩序，城市的发展越成熟，这种城市化的社会结构和秩序也越稳定。

当城市中出现流动的人群，他们有别于城市原先的固定居民，他们带来了城市之外的新的行为方式和价值观念，他们的出现既会影响到城市原先的结构和秩序，同时他们也会受到城市环境的影响而不得不转换行为方式和价值观。城市中的外来人口将有可能出现几种不同的生存境遇：一种是迅速调整自己，放弃原先的行为习惯和价值观，学会并适应城市的生活方式，完全融入城市社会而成为和城市固定居民同样的人；第二种是无力进行行为习惯和价值观的转换，完全不能适应城市的生活，最终放弃新的城市环境而回到原先的生活环境中去；第三种是既不能完全地适应新的城市环境但又无法彻底回到原先的旧环境，既不能彻底认同城市的生活方式又不能彻底放弃原有的生活方式，而只能在新的城市环境中处在一种游动和变化的生存状态之中，这样的人将成为城市中的一种特殊群体——"游民"。

当代的中国社会已经大幅度地进入了城市化发展的进程中，大规模、现代化的城市大批出现，这些城市中也因此涌入了大量的外来务工人员，城市的流动人口大幅度增加，其中"农民工"成为城市流动人口中的一个最主要组成部分。城市中"农民工"将如何生存？他们能否顺利融入城市？这些已成为学界关注的焦点问题。作为外来人口，"农民工"不同于城市居民，他们在城市中的流动变化的生存状态将有可能使他们成为当代社会中的"游民"。

二、"游民"的身份特征："脱序人"和"边际人"

通过上文的分析，我们可以知道，"游民"并非完全是人口流动的结果，其核心特征并不是外在的空间地理位置的"流动"状态，而是内在的对社会规范的"脱序"关系。"流"与"游"虽同为动词，仅一字之差，其含义却完全不同。"流"常常是自然发生的，对于处于其中的人而言是被动的,"随大流"者是缺乏主体意识的;而"游"却是需要人为努力的,是主动的,"游"的状态暗含着自由。所以,"流民"只能成为一股"乌合之众","游民"却可以发展出正式的组织,并形成特有的文化。"游民"概念之中的"游"之一字,所指的是一种"游离"的状态,即游离到正式的社会范围之外,成为脱离社会秩序控制的"脱序人"。

王学泰先生把"游民"界定为"脱序人"(王学泰,2007c)[70],这个观点是在分析中国传统社会中的游民时所得出的。但是,中国的传统社会不同于现代的工业社会,许多学者赞同中国传统社会的社会结构是一个"扁平化"的结构,即所有权力集中于皇帝一人手中,所谓"普天之下莫非王土,率土之滨莫非王臣",除了皇帝老子"独大"之外,其他人的命运都是"皇帝说了算"的,因而,它并没有形成现代西方社会那种纵向分层的清晰的权威等级结构。不过,也正是在这种皇权专制的社会中,才有可能产生真正意义上的"脱序人"。因为皇帝个人的精力和管理能力是有限的,没有层层下达的严密执行机构,使得它的权力触角很难深入民间最底层,这就造成了在底层民众的生活空间中出现了"山高皇帝远"的局面。因为远离皇权的控制,底层民众反而获得了相对自主和自由的机会,这就使"脱序"有了可能。

然而,进入现代工业社会以后,这种皇权垄断的政治已经不存在了,当代社会的社会结构已经发生了变化,科层制式的纵向权威等级结构取代了扁平式的结构,成为了现代社会的基本组织模式。科层制的一个核心特点是实现"非人化"的管理,对此,鲍曼曾批判道:"跟所有其他官僚机构管理对象一样,作为对象的人已经被简化为纯粹的、无质的规定性的量度,因而也失去了他们的独特性。他们早已被非人化"(鲍曼,2002)[137]。科层制组织中的人严格来讲只不过是一个个"螺丝钉",然而科层制却成为一个巨大的机器,把所有的螺丝钉紧紧锁定在固定的位置上,所以,科层制下的"脱序"其实要比扁平结构中的"脱序"更难。相比之下,过去皇帝独断专行的时候,虽然有"君叫臣死,臣不得不死"的危险,但也同样有"君让臣活,臣马上就能活"的运气，这种以人情治世的方式使社会秩序带有很大的弹性，这才使"脱序人"有了更大的生存空间。

严格来讲，在科层化的现代社会中，绝对意义上的"脱序人"已经几可不存，作为"脱序人"的"游民"身份在这样的社会环境中也将发生变异。如果说传统意义上的"游民"主要是以"脱序人"的身份存在的话，那么现代意义上的"游民"则主要是以"边际人"的身份存在的。

西方学者认为，"边际人"的概念起源于德国社会学家齐美尔（G. Simmel）所著的《异乡人》，而且齐美尔本人便常年扮演着一种"陌生人"的边际性角色，可以称为是一个"边际人"的代表（科瑟，1990）[236-237]。齐美尔认为："陌生人不是在此之前常常接触过的意义上的外来人，即不是指今天来、明天走的流浪者，而是指今天来，明天留下来的漫游者——可以说潜在的流浪人，他虽然没有继续游移，但是没有完全克服来和去的脱离"（齐美尔，2002）[341]。齐美尔所说的具有边际感的"陌生人"其实是都市中的"精神流浪者"。美国学者帕克（P. E. Park）则对这一边际性的角色进行了推演和发挥，在研究大城市中的流动工人时提出了"边际人"的概念（帕克，1987）[156-167]。

我们看到，在西方文化背景下诞生的"边际人"也是具有流动性和游离性的人群，他们身上所表现出来的这种"漂移感"、"不稳定感"都和中国文化中的"游民"有很大的相似性，并且他们都缺乏掌控主流社会的权力，生活在远离主流社会的地方。可以说，"边际人"也是现代社会中的"游民"。稍有不同的是，中国传统社会中的"游民"带有更明显的"脱序"的特征，而"边际人"是现代工业化城市中科层化体制下的产物，难以彻底脱离主流社会秩序的控制，而只能处于相对远离秩序控制的边缘位置，因此称为"边际人"。

当代中国社会也进入了工业化和城市化的进程，传统意义上的"脱序人"已经几乎不存在。"我国农村社会结构和人口结构逐步发生了质的转变，8亿农民开始了向新时代的文化迁移。在这浩浩荡荡的文化移民大军中，走在最前列的便是当代农村社会中新崛起的'农民工'

阶层，他们是刚刚从田野中走进工厂、走上市场的一代新人，是中国新移民中流动量最大、影响最广的一个阶层，是现代中国边际人中的最接近'边际'的一群文化移民"（叶南客，1996）[189-190]。流动的民工成为当代中国社会中"游民"的一个重要来源，也推动了当代城市中"游民文化"的发展。

三、"游民文化"的表现和特点："复杂多变"和 "发迹变泰"

在对"游民文化"的研究中，通俗文学作品是一个不容忽视的重要途径。"文学作品尤其是通俗文学作品，由于其受众众多，在社会生活中起到的作用巨大。它们简直成为下层社会人们理解生活和学习历史的教科书，更是他们获取政治知识和操作手段的重要渠道。因此，它们不仅促成了游民的社会化和组织化（如明末清初，游民组织的出现），而且成为社会游民化的桥梁（游民的思想意识通过通俗文艺影响到其他阶层）"（王学泰，2007d）[18]。

王学泰先生曾以《水浒传》为例对中国社会中的"游民文化"进行了深入研究，他认为现代意义上的城镇"游民"是到了宋代及宋代以后才大量出现。《水浒》作品虽然完成于明代，但《水浒》故事的源头却起于宋代，正是游民开始大量出现的时候。《水浒》故事取材于《宋史》中记载的淮南盗宋江的故事。公认的事实是，《水浒》不是一人独创的作品，而是集体创作的结果，它发端于民间故事，在民间流传的过程中经过了民间百姓和民间艺人的集体修改，最终经由文人知识分子的统合加工而成。可见，《水浒》故事的诞生和游民的大量出现有着十分密切的联系。

《水浒》故事的一大特点在于把人物形象进行了颠倒的加工处理，把尊贵的朝廷将相以及统治阶层里面的人物都当作反面人物处理，把下层社会让人"瞧不起"的那些粗人、贱民、"强盗"、"流氓"、痞棍等等各类"人人得而诛之"的"乱臣贼子"当作正面英雄处理，体现了典型的以"游民"为中心的立场。《水浒》中的梁山好汉们是当时社会中典型的"游民"，他们没有高贵的身份，没有固定的田地，没有稳定的谋生手段，脱离了当时社会秩序的控制，流浪于江湖，过着打家劫舍，占山为王的生活。《水浒》故事不仅反映了当时"游民"们的生活状态，也成为"游民精神"的一个主要传播途径，影响了社会的发展。"《水浒》直接推动农民起义，农民起义的领袖们把《水浒》当做'革命教科书'，差不多已是常识以下的事……那些起义农民，出身于下层，大都谈不上什么文化和教育之类，更谈不上军事教育。可是居然也会用兵打仗，是什么道理呢？原来是从《水浒》之类的书学去的。"（聂绀弩，2010）[123-126]

从"游民"身上，我们能够很明显地看到人性的复杂，人性是多面的而不是单一的。游民因为生活的动荡，学会了"变色龙"式的在环境中"随机应变"的本事，其性格中的"多变"也导致了人格上的复杂。大多数人都能接受人性当中是善恶两面兼有的，而游民身上所表现出来的却绝不仅仅是简单的二元性特征，而是更复杂化的多元性特征，我们甚至无法用"善与恶"这样简单的二元对立思维来评价他们的行为。如水泊梁山上的好汉们，他们身上有见义勇为、乐善好施、忠诚友爱等美好的特性，但与此同时，他们身上也存在着许多"不道德"的品性，比如欺诈（逼卢俊义上山）、奸险（宋江的心机）、蛮横（李逵的性格就是典型）、贪婪（王英贪财好色），等等，其中最明显的表现则是令人瞠目的残暴血腥行为。比如，武松"血溅鸳鸯楼"时一口气杀了无辜良贱十几口；众好汉攻陷大名府时，杀了百姓五千，等等，滥杀无辜的情节在《水浒》故事中还有很多。还有如十字坡母夜叉孙二娘开的黑店，剥人皮、剁人肉、做人肉包子，店里的墙上还挂着一张张人皮，这些场面恰恰反映出孙二娘狠毒冷血的另一面。更令人惊异的是，《水浒》小说中还有一些特别残忍血腥的杀人场面，其实施者都是梁山的好汉。这些杀人场面在今天的"文明社会"中看来实在是触目惊心，纵然被杀的"恶人"罪不可赦，死有余辜，但如此残暴的杀人法似乎也过分了些，这些残暴的事情无情地证实了人性中难以想象的复杂和阴暗，无怪乎许多学者都对中国传统社会中的"游民文化"提出了贬抑性的看法。

但是，我们也必须承认，这种善恶夹杂的"游民文化"也是需要一定的社会背景为土壤的，正如前文所述，在当代工业化的城市中，"游民"本身已经发生了变异，游民文化的表现也同样发生着变异。《水浒》故事毕竟已经成为过去，今天的游民已经无法再过那种匪盗式的生活，从前的生活方式虽然已不复存在，但游民身上的精神内核却依旧保留了下来。游民因为难以被主流社会接纳，甚至被歧视、被排斥、被压迫，而导致了较为普遍的反抗斗争并进而渴望"发迹变泰"的心理，比如，宋江等的盼望被"招安"就是典型体现，而当下以"中国达人秀"为代表的诸种平民选秀节目之所以能够获得极高的收视率，也恰恰应验了普通底层民众渴望"发迹变泰"的心理欲求。当然，渴望得到尊重与认同乃是人之常情，因此，渴望"发迹变泰"的心理也并非只是在"游民"身上才有，但是，由于"游民"的脱序化和边际化的身份，使得他们更容易被排斥在主流社会之外。迫于生存的压力，"游民"们常常不得不努力抗争，因为，对于处在边缘地带的他们而言，前面可以选择的路太少，不"发迹变泰"常常也就意味着"死亡"和"终结"。

这种特殊的"游民文化"尚且很难用"好"和"坏"去评价它，它只是一种特殊人群的客观生存状态使然，文化的发展原本就带有很大的不确定性，这种文化的诞生和存在也是一定历史时期和环境的产物。值得关注的是，这样的文化将会对未成年人的生活发生怎样的影响？它是否会通过代代相传的模式发展下去，并影响到未来社会？

四、"游民文化"对学生生活的影响：一种学生亚文化的诞生

校园从来就不是封闭的，外在社会的任何文化都会渗入校园，对学生发生影响。自从美国学者科尔曼（J. Coleman）于 20 世纪 60 年代

发现了中学生同辈群体亚文化的存在之后，人们就逐渐认识到，看似单纯的学生群体，其实并不是单一同质的东西。在学生群体内部，存在着较为复杂的分化情形，根据学生们不同的行为表现方式和价值观可划分为不同的亚文化类型。我们可以清晰地看到，随着社会日益开放的进程，信息交流的渠道愈来愈广，文化逐渐变得多元化，在学生亚文化中也体现出越来越明显的分化现象，多种文化类型渗透到学生群体中去，学生亚文化的表现也变得丰富多彩。这样带来的一个后果将是，教育的引导和应对策略也需要挑战更高的智慧。

当大批农民离开土地，进入城市打工谋生，成为城市中的特殊人群"农民工"，生活的漂泊不定和身份的不稳定极易在他们当中滋生出"游民文化"，这种文化必定会影响他们的子女。民工子弟不同于城市孩子的一个重要特点在于学校生活的流动性非常大，他们随着父母更换工作而流动搬迁，因此也不得不经常性地换学校。当民工的孩子们进入城市的校园，他们对于学校生活的认同感和适应性会不同于城市的孩子，在民工子弟中也同样容易滋生出特殊的"游民文化"。当城市学校中的民工子弟越来越多，成为日益显著的一个群体，这种"游民文化"也将影响到一批学生的生活，而有可能发展成为一种特殊的学生亚文化类型。

民工子弟们随着父母告别了曾经熟悉的乡村，来到了陌生的城市生活，走进了陌生的城市校园，他们将不可避免地遭遇到乡村文化和城市文化的冲突问题。当两种文化在同一个体身上碰撞，究竟会产生怎样的后果？我们知道，冲突既能造就新的秩序，也能导致彻底的无序。前文已提及了游民文化中的一个复杂多变性问题，善良的天使和邪恶的魔鬼常常在游民身上同时并存，两者的冲突究竟是创造一个新秩序，带来一场真正的革命？还是消灭一切原则，导致社会和文化的崩溃？然而，从历史更替中游民的行为上可以看出："游民毕竟不是革命者，革命者在社会冲突中要改变社会，改变旧有的社会秩序，建立新的社会秩序，甚至要确立一种实现新的社会秩序的规则。而游民在社会冲突中要求改变的只是自己的经济地位和社会地位，并不要求改变原有的社会秩序的规则，更谈不到创立实现新的社会秩序的规则"（王学泰，2007e）[295]。这是由游民自身的局限性所造成的。

当然，校园毕竟不同于复杂的社会，学生的特殊身份又不同于一般社会上的"游民"，要想脱离主流社会的控制成为一个自由的"游民"还是需要一定资本的。学生作为未独立的人并不具备这种"脱序"的资本，所以，学生很难成为真正意义上的"游民"，但游民身上的那种游离性和边缘性却能够通过学生亚文化的方式悄悄地保留下来，让他们在适当的时候体验一把"脱序"的滋味。学生中"游民文化"体现的一个典型案例是2006年中国高考的新闻人物——蒋多多，她在2006年的高考中，把对目前教育制度和高考制度的不满，写在了各科试卷主观题的空白处，并将自己的笔名"碎心飞魔"写到密封线外，且所有试卷均用双色笔答题。她自称，这样做的目的，是希望各科成绩都被判为零分，以引起教育部门和社会的关注。结果，她的文综科目被判为零分，总分114分。她也因为这一事件成为2006年高考的新闻人物。对于大学，她坦言那不是一个人唯一的选择，对她没有什么吸引力，如果上大学不能培养自己的兴趣爱好，干吗要去上呢？而一个人的选择，最重要的是尊重自觉的兴趣爱好，才可能有好的发展。当"大学"成为许多高中生唯一理想的时候，蒋多多用一种极端的方式对它说了"不"（胡卫，张继玺，2007）[243-280]。

蒋多多在此扮演了一个与现行教育体制直接对抗的"脱序人"角色，然而这一对抗既不能撼动体制本身的地位，也不能改变她自己的命运。我们虽然不知道她后来的人生境遇，但是可以猜测和想象的是——出生在农民家庭却接受了工业文明的教育模式，她恐怕很难再像其父辈一样安心于传统的农耕生活。如果此前她还有可能成为一个在城镇中安居的平民的话，现在她却会彻底成为一个被抛掷到社会边缘的"游民"。

同为反对高考制度，蒋多多并非始作俑者，当年韩寒也曾经大胆地对复旦大学破格录取的"优待"说了"不"，成为反抗现行教育体制的先锋人物。但韩寒最终成功地获得了社会秩序的认可，而蒋多多却被秩序吞没。不可忽视的是，社会秩序对人的生存起着双重的作用，一方面有约束性的作用，但是另一方面也起着庇护性的作用。在社会秩序控制之下的人们既是不自由的，但同时也是安全的、踏实的，习惯了安全踏实生活的人也容易产生对秩序的依赖感，形成"依附性人格"。当这种依赖一旦失去，人要么会变得无所适从，在盲目混乱中寻找一个新的依赖；要么则是学会建立起一个独立的人格，完全改变自己，进行一场生活的革命。当代的游民或许需要经历一种思想上的"觉悟"，他们必须思考：当代社会中的游民，其最好的生存策略是如梁山好汉般的武斗，还是持之以恒的勤奋努力？当"游民文化"成为一种特殊的学生亚文化，这既是对教育本身的挑战，也是对社会的进一步质问，引发的将是更深入的思考和追问。

参考文献

费孝通.1988.费孝通选集[M].天津:天津人民出版社.

胡卫,张继玺.2007.新观察——中国教育热点透视2006[M].上海:上海人民出版社.

L. A. 科瑟.1990.社会学思想名家[M].石人,译.北京:中国社会科学出版社.

聂绀弩.2010.《水浒四议》[M].北京:北京大学出版社.

齐格蒙·鲍曼.2002.现代性与大屠杀[M].杨渝东,等,译.南京:译林出版社.

齐美尔.2002.社会是如何可能的——齐美尔社会学文选[M].林荣远,译.桂林:广西师范大学出版社.

R. E. 帕克.1987.城市社会学[M].宋俊岭,郑也夫,译.北京:华夏出版社.

王学泰.2007.游民文化与中国社会[M].北京:同心出版社.

叶南客.1996.边际人——大过渡时代的转型人格[M].上海:上海人民出版社.

第十章 教育改革与技术变迁[*]

一般认为，教育技术的变迁经历了三个阶段，从口耳相传到文字印刷，从直观教具到音像媒体，从程序教学机到计算机教学系统（章伟民等，2000）[1-26]。这样的阶段划分是从狭义的技术角度，特别是"媒介"的应用视角进行区分的。毫无疑问，这样的划分有"技术"含量，也能够反映出人类运用教育技术的基本阶段。但需要重视的是教育技术实际是一个动态概念，特别是随着"技术"本身的发展，其对教育的涉入程度也在不断加深，以至于教育与技术逐步不可分割，"教育技术"才成为专有名词的。因此，考察该领域的发展，还需要站在整个社会变迁的视野下，从教育技术学科发展史的角度，探析隐藏在学科发展背后的社会需求、技术变迁来分析其对教育的影响。由此，我们可以把教育技术学科的发展分为以印刷技术为代表的"前学科时期"、以视听媒介应用为代表的"电化教育时期"、以数字化媒介为代表的"信息化教育时期"。这三个时期有着不同的社会背景，在不同的社会大背景下，教育、技术与学习呈现出不同的互动方式。

人类自从产生教育活动起就关注对学习的研究，人类的学习变革过程也是人类认识自身的不断发展的过程。但是要系统分析人类学习的变革，需要从学习科学的视角来看。学习科学是 20 世纪 90 年代后伴随着知识经济时代发展而形成的，学习科学形成的原初动力是批判过去的"仅仅通过记忆事实和程序"，提出培养"学习者……创造新概念、新理论、新产品、新知识的能力"（绍耶尔，2006）[1]。毫无疑问，

---

* 本文原刊于《教育学报》2009 年第 5 期，现收入本书时略有改动。

学习科学的发展也有其"前学科阶段"，那么人类对学习的认识是不是与教育技术的发展有关联呢？我们通常认为学习科学是教育技术学习与研究的理论基础，教育技术领域则是学习科学的具体应用范畴。当然，我们不能用简单的因果关系来判断二者的产生与发展问题，而是要从相互作用的社会学观来分析；也不能孤立地看待二者的对应关系，而是需要从教育、技术、社会的多重发展审视学习的变革。

一、教育技术的前学科时代：面向过去的知识复制式学习

教育技术的前学科时代是一个相当长的时期，整个社会及其教育活动的变化是处于缓变期。这个时期的社会大背景是以农业为经济基础、土地为基本资源。因此，我们也可以称之为"农业社会"。从教育技术角度看，我们则可以把人类使用"电"之前的时间都涵盖在内。这个阶段社会对教育的需求表现在：其一是在社会生产方面，帮助人们学会生产食物、制造简单工具以及手工艺品、参与所处乡村的经济活动；其二是在个人发展方面，帮助人们学会简单的读、写、算，掌握基本的工具使用与手工制品的制作技术；其三表现在培养公民方面，需要帮助人们适应乡村生活，为本乡本土的文化与经济发展做出贡献，换句话说，是成为乡村公民；其四表现在传统与价值传承方面，需要帮助人们传承农业知识与祖辈文化。当然，对于少数社会上层及社会精英来说，他们是不同于一般大众的。总体而言，这个时期对教育技术的需求是：能够累积、记载、传播已有经验；对学习的需求是：能够再现、重复前人的知识。

在农业社会背景下，人类使用了怎样的教育技术？探讨这个时期的教育技术，需要我们从广义的视角来看，这类似于对技术的广义解释"人们借助工具，为人类目的，给自然赋予形式的活动"（舒特曼，1995）[10]，推演而来，人类早期的教育技术也可以界定为人们借助工具，为实现教育目的，给教育所赋予形式的活动。在这个视野下，教育技

术的前学科时代的"技术"含量是很低的，最简单的"口耳相传"可以被看作最早的教育技术，文字的发明则要高明得多，最有技术含量的当然是印刷技术了。"印刷机的发明成为促进西方文明中精神生活剧烈变革的重要推动力，它的影响或迟或早波及了人类生活的方方面面，最终使得人类从书写文明进入到了印刷文明"（诺顿等，2002）[3]。可见，再简单的教育技术的使用也是出于社会的生产与生活的需求，反过来，教育技术的使用也促进了社会的变迁。文字与印刷技术的应用，使得人类的思想可以脱离人类的身体而被外化出来，可以跨越时空地进行传播。不断累积的知识被记载下来后，人类的学习就可以不断建立在前人的基础上进行。

尽管这个时期并未产生科学意义上的"学习科学"，但是这不妨碍人们对学习活动的假设以及相应的探索。因为有教育需求就有对学习活动的需求，就有相应的对教育技术的需求。教育技术的前学科时期，同时也是学习科学的前科学时期，这个阶段的学习活动表现在四个方面。其一是在教育技术帮助下，人类能够再现过去，追述从前的经验，文字、印刷技术等正是人的复制过去的能力的延伸。其二是记忆与练习成为主要的学习方式，社会需要后代复制祖先的生产与生活经验及其价值观，这些内容经年不变；随着学校的诞生，更是要不断记诵逐步脱离了生产的古典人文知识。其三是机械的或者是无意义的学习成为主导，尽管人类社会早期并无专业的对学习的研究，但是事实上他们的观点是与行为主义学习观相吻合的——学习被看作是反应的强化。其四是学习活动更多地被当作个别化活动，其假设是所有的知识都是个体的知识，学习是个体心智变化的过程，这与他们所处群体关系不大；因此，这个时期的学习对于个体学习者而言几乎没有什么创新，并不利于对学习者本身以及整个社会的知识发展。总体而言，教育技术的前学科时代，学习活动是一种面向过去的知识复制过程。

二、电化教育时代：面向现在的知识重组式学习

进入工业社会之后，机器大工业生产取代了手工业劳动，能源取代土地成为最重要的社会资源。此时，社会进入巨变时期，多样的技术开始产生，最有代表性的是"电"的广泛使用。这一时期的教育技术在 20 世纪初传到我国，我们称之为"电化教育"。"电化"意味着存在转化的过程，所以，这个名词本身就是人类社会变迁的反映。同时，这也是教育技术领域进入独立学科的早期形态，因此，我们可把这一时期称为"电化教育时代"。这个时期对教育的需求表现在以下四个方面。其一是社会生产方面，需要帮助更多的人掌握一定的专业工作知识、能够把技术与科学运用到工业生产中、作为一个流程参与流水线的生产作业，因此义务教育制度、现代科学及学科开始形成。其二是个人才智的发展方面，需要大多数人具备基本的阅读、写作素养以及计算能力，需要更多的人掌握工商业的某个行当的技能，也需要一些有管理才能的人员。其三是公民责任方面，需要帮助人们参与社区活动以服务社会、参与有组织的劳动与政治活动、为地区发展做出自己的贡献，成为"区域"公民。其四是文化与价值传承方面，一方面需要传承传统，另一方面更需要学习新的科学技术；一方面要保留自己的文化，另一方面也需要与人口流动所带来的新文化相联系，很多人需要完成从农村文化向城市文化的转型。因此，这个时期对教育技术的需求是：需要能够快速浓缩、习得新的知识，高效率地完成学习过程的技术；对学习的需求是：为学习者建构起知识体系，帮助他们尽快学会新的技术以解决生产生活中所面临的新问题。

如果说早期技术受到人的自然潜能限制，只能代代相传；工业革命之后，技术则逐步独立出来，建立在科学基础上的技术已经摆脱了偶然性问题，开始独立于人之外按照科学技术自身的逻辑发展。最典型的是伴随电的使用所形成的视听技术，开始超越并延伸人的最主要的信息来源——视觉与听觉。到了 20 世纪的二三十年代，视听技术进

入教育领域，并逐步得到了教育新理论研究的认同；"二战"中，美国大量培养作战士兵的需求进一步推动了视听教育的大发展。"二战"后，视听教育被广泛运用到"民间"的各级各类学校教育以及成人教育中。可见，这个时期的教育技术变迁所反映的是工业社会的快速变化，浓缩的是"二战"前后的社会转型。我国就是在这个时期引进了电化教育的理论与方法的，不可否认，电化教育是有中国特色的名词，代表的是中国社会的变迁，但是用这个名词指称这个时代的教育技术变迁，即便是放眼全球也有其代表性。在我国，电化教育一般被界定为"运用现代教育媒体，并与传统教育媒介恰当结合，传递教育信息，以实现教育最优化"（南国农，1985）[1]这个概念里的现代教育媒介是指电影、电视、收音机、录音机、投影机、语音室等以电的使用教学媒体的运用，也包括电报、电话等的通讯技术。当然，这一时期的技术也包括早期的计算机辅助教学、尽管其教学思想是程序教学，但是毫无例外的是它们的关键点都是"媒介"，教育技术更多的是被当成物质层面的技术，而非方法层面的技术。

工业化大生产所带来的新技术、新知识，需要让学习者尽快融入到自己原有的知识体系中，这样才能满足机器大工业生产的需要。各种电化教育技术的应用，则可以更高效地、更多样地呈现知识形态与技能训练，辅助学习者快捷地多渠道地完成学习活动。电化教育时代人类对学习的认识开始有了四个方面的新的变革。其一是更多地使用直观形象的知识表示，与文字、印刷技术支持下的复制前人知识不同，以"电"的使用为核心的多种媒介不仅可以使得抽象知识形象化，更能够直观表现当下的生活与学习。其二是对学习的认识开始关注"内在"过程，譬如认知加工理论、有意义言语学习理论对学习的新的解释；最典型的是建立在皮亚杰（J. Piaget）、维果茨基（L. Vygotsky）理论基础上的建构主义学习理论，强调的是个体的知识建构所进行的知识的同化与顺应。其三是学习过程比较"迷信"技术，电影、电视运用到教育之初都引发过传统学校教育可能"消亡"之说；电子计算机支持下的程序教学也是"严格"遵循学习的"程序"来设计教学：

按照小步子来设计学习内容的，学习者需要先完成一个小步子，走出正确反映后才可以进入下一步，否则将返回上一步；当做出正确反映后，将得到正强化。其四是学习活动开始从个别化活动走向协作学习，组织化生活及面向当下的学习，一定程度上都需要同伴互助，乃至协作的学习，但是更多的还是"机械"的合作。总起来说，在电化教育时代，学习科学开始形成，学习理论的发展经历了从认知主义到建构主义的变化，媒介技术帮助我们把内隐的知识外化出来，学习的内容更多的是针对当下的现实的社会生产与生活的实际问题，而不是简单重复先辈所传授的知识与技能。

三、信息化教育时代：面向未来的知识创新式学习

自 20 世纪最后十年及至 21 世纪以来，人类进入了一个知识经济时代，社会发展是瞬息万变，可以称之为"社会突变"的时期。这个时期的教育需求表现在：其一是社会生产方面，需要教育帮助人们适应经济全球化的需求；其二表现在个人才智发展方面，需要帮助人们掌握有一定"技术"含量的知识工作与生产工具，运用知识工具与技术进行终身学习；其三表现在公民塑造方面，需要帮助人们参与社区活动与网络化的政治活动并存，通过现实社会网络与虚拟社会网络参与本地与全球性的社会活动，人们成为地球村的公民；其四表现在文化传承方面，需要教育帮助人们学习传统的同时要能够进行知识创新，参与到多元文化中，把自身文化与多元文化相互融合。

与电化教育这个名词一样，信息化教育也是很"中国化"的称谓。从技术层面上看，信息化教育的基本特征是"数字化、网络化、智能化和多媒化"（祝智庭，2002）[258-260]；从教育层面看，信息化教育的特征是"教材多媒化、资源全球化、教学个性化、学习自主化、任务合作化、环境虚拟化、管理自动化"（刘美凤，2006）[70-72] 在这众多的"化"中，隐含的是欠发达国家走向知识经济时代的变化过程。如果说电化教育时代的教育媒介是"人的视听"功能的延伸，那么，信息化

教育技术则是"人的头脑"的延伸。电化教育时代众多媒介的使用，使得教育技术成为脱离人体的"器物"；随着图形用户界面的产生，连开发者与使用者也更进一步分离；技术的发展推进着人对自身的全方位的超越。网络技术突破时空限制把整个世界连接起来，智能技术则力图把人脑模拟出来。信息化教育技术的广泛使用，促成了教育技术核心内涵的变革。美国的教育传播与技术协会（AECT）发表的五次教育技术定义的过程，反映了从电化教育时代到信息化教育时代的转变。其 1963 年的定义中关键词是"视听传播"、"技术的含义是指方法与媒体"，到 1994 则定义为"教学技术是为了学习，对有关过程和资源进行设计、开发、利用、应用、管理、评价的理论与实践"，2005 的定义则进一步强调了学习与绩效的提高。因此，可以说教育技术完成了由关注媒介到关注教育的转变，技术的定位也完成了从物质层面到方法层面再到思想层面的嬗变。教育技术更多地成为知识建构、知识创新的工具。

如何培养创新型人才以适应信息化时代的挑战，是一个受到全球关注的问题。美国提出了"21 世纪技能"，其中"学习与创新技能"（国务院，2010）[17]就是其核心之一；我国《国家中长期教育改革和发展规划纲要（2010—2020 年）》中，创新是主要的关键词之一（巴雷特，2003）[1370-1373]。信息化时代的教育技术给知识创新教学奠定了坚实的技术基础，而相应的学习科学研究也转向了知识创新问题研究，表现为四点。其一是强调深层学习，即不仅仅是对陈述性知识的简单记忆或者是程序性知识的重复练习，而是有关推理和思维的高层次学习；从理论根基来说，一般的建构主义教学以完成一系列任务和活动为导向，学生对为什么进行这些活动缺乏理解和掌控，属于"浅层"建构主义；而新建构主义理论推崇的是"深层"建构，它以发展学习社区内的公共知识为目标，学生是积极的认知者须共同承担认知责任。其二是强调知识创新的过程，学生知识创造能力的最直接的途径不是通过设计学习任务或活动，让学生掌握领域知识或获得特定技能，而是把传统的以知识掌握和技能培养为目的的学习转变为以发展学生社区内的知识为目标的知识建构；在这种情况下，学生是知识创造者，而学习会成为知识创造的副产品。其三是强调学习的高度情境性，需要学习者在真实环境中，参与到实际问题的解决过程，才能建构起有价值的知识；知识存在于群体实践中，即情境性认知与社区性实践。其四是强调基于共同体的学习，学习是社会文化资本传递给下一代的过程，而知识建构则是"有意识促进社会资本增加的过程，知识建构是学习社区的'产品'，是学习社区不断发展的'价值观'"。

教育技术的学科发展是依赖于相应的技术发展水平的，或者说是技术的变迁带动着教育技术学科的演进，因此，前学科时代的教育技术是以文字、印刷技术为代表，电化教育时代则以视听技术为主的多种媒介为代表，而信息化教育时代则是以计算机、网络技术为代表的现代信息技术。学习的变革则不是以使用何种技术或者多少技术为标准的，教育技术使用得多，并不意味着学习的好；同样的，不使用教育技术也不意味着学习的就不好，但是教育技术确实在学习中起着重要的，甚至是不可替代的作用。学习科学自身也经历了从前学科时代，到学习科学形成系统，直到今天对深层次学习的深入研究；学习活动也是逐步发展不断变革，由面向过去到面向现在再到面向未来，从知识复制到知识重组再到知识创新。教育技术的变迁与学习的变革当然不是简单的一一匹配的，但是两条线索之间存在着"胶着"的互动关系。教育技术调节着人类的学习活动，推动着学习的变革；学习理论则引领着教育技术的应用方向，学习的变革也推进教育技术应用的不断深化。

教育技术变迁与学习科学的发展是相互呼应的，但二者并非教育场域的独有现象，而是整个社会变迁的缩影，所映射的是相应时代的社会需求；反过来，教育技术也促进了社会的发展，教育技术主要是通过推进学习的变革来影响社会的。

参考文献

E. 舒尔曼. 1995. 科技文明与人类未来[M]. 李小兵,等,译. 北京:东方出版社.

党中央,国务院. 2010. 国家中长期教育改革和发展规划纲要(2010—2020 年)[M]. 北京:人民出版社.

刘美凤. 2006. 教育技术学学科定位问题研究[M]. 北京:教育科学出版社.

南国农. 1985. 电化教育学[M]. 北京:高等教育出版社.

普瑞瑟勒·诺顿,卡琳·威博格. 2002. 信息技术与教学创新[M]. 吴洪建,译. 北京:中国轻工业出版社.

柴少明,赵建华. 2011. 面向知识经济时代学习科学的关键问题及对教育改革的影响[J]. 远程教育杂志(2).

章伟民,曹揆申. 2000. 教育技术学[M]. 北京:人民教育出版社.

祝智庭. 2002. 现代教育技术——走向信息化教育[M]. 北京:教育科学出版社.

Scardamalia M. , Bereiter C. 2003. Knowledge building [G] ∥ J. W. Guthrie (Ed.). Encyclopedia of education (2nd ed). New York, NY: Macmillan Reference.

第十一章　教育改革与家长干预[*]

　　学校教育是社会系统中的一个子系统，其如何变革受到社会诸多因素的影响。在以往的研究中，人们或强调学校管理者个人的管理理念对管理行为的影响，故注重管理者更新教育管理观念。或虽然关注到社会政治、经济、文化等诸多宏观因素对学校教育改革的影响，但对学校教育改革过程中诸如家长诉求一类微观层面的牵制性影响则较为忽略。尽管"家校合作"一类亦是教育研究中广为达成共识的话题，但此类研究，较多的是基于家长、学校双方目标一致的假设，故主要只是从教育学生的方式方法的技术层面论述二者的联系，对于家长对学校诉求甚至干预学校教育活动的行为缺乏较深层次的研究。为此，本文借助经济社会学中的嵌入理论，探究当下基础教育领域学生家长过度干预学校教育行动的现象愈来愈普遍的深层次原因，并就如何协调家校二者关系提出建议。

一、家长干预学校教育现象的蔓延及其特征

　　在我国基础教育领域，绝大多数学校管理者和教师是受过专门专业训练的教育工作者，他们了解学生身心发展的规律，拥有较强的专业知识，掌握教育的新理念，在教育问题上理应受到人们的信赖。但现实是，学生家长干涉学校内部管理和教育教学工作的事例近年来屡屡见诸各种媒体，并似有愈演愈烈之势。

　　[*]　本文原刊于《湖南师范大学教育科学学报》2012 年第 2 期，现收入木书时略有改动。

据《舜网——都市女报》2009 年 3 月 26 日报道，部分家长热衷于干预幼儿园制度，或给幼儿园教师"传授"幼教知识，主张改变幼儿园现有的作息时间；或从自己的需求出发，要求幼儿园能开设珠心算、奥数、双语教育等①。

2009 年 10 月 21 日的"教育在线"刊载了一篇家长干预班主任工作的典型案例，文中披露：在某重点中学的初一班级，由于诸多原因，班主任任命了一位小学时表现不佳的学生王冰（化名）为班长。虽然王冰进入初一除学习差外，各方面工作表现得不错，班长工作尤其卖力，但却遭到了一些学习成绩较好学生的反对，一致要求更换班长。不仅如此，部分家长们也陆续给年轻的班主任施加压力，他们责问班主任："为什么让一个受过处分的、学习差的孩子当班长？"他们告诉班主任，自己的孩子学习好，但在班里心情很压抑；他们强烈要求换班长，他们不愿让这样的"坏孩子"管理自己的孩子。班主任的做法虽然得到教育研究者的认可和支持，但迫于家长的压力，不得不撤换了班长②。

2010 年 1 月 22 日上海《新闻晚报》记者报道：随着网络的普及，越来越多的家长针对校长、教师在学校管理和课堂教学中的行为，常常通过网络表达自己的诉求和意愿，内容甚至涉及"一堂课该怎么教"、"为什么我家孩子不能当班长？"、"课表这样排不合理"、"凭什么给我孩子处分"等微观性的教学和管理问题，有的家长甚至选择去论坛发匿名帖"声讨"老师③。

上述列举的家长干预学校工作的现象其实并不在少数，笔者曾访谈过一所小学低年级的新任教师。这位只有两三年工作经历的女语文

① 家长该不该干预幼儿园的制度 [EB/OL]．(2009-03-26)[2011-11-24]．http://baby. sina. com. cn/edu/09/2603/0721134141. shtml.

② 家长干预班主任工作的典型案例 [EB/OL]（2009-10-21）[2011-11-24]．http://bbs. eduol. cn/post _ 30 _ 280749 _ 0. html.

③ 专家呼吁成立仲裁委员会解决家校矛盾 [EB/OL]（2010-01-22）[2011-11-24]．http://edu. sina. com. cn/zhongkao/2010-01-22/1643234722. shtml.

教师很有朝气，在教学过程中勇于探索，打破传统的灌输知识的方法，着意开发学生的想象力，深得学生的喜爱，但因一次期末考试成绩不佳而遭到一些家长的投诉，甚至被要求调换。无奈之下，该教师收起了自己教学改革的雄心壮志，很悲伤地对笔者说："我现在也学会了以提高学生考试成绩为取向的教学，比如在造诸如'……像……'的句子时，以前我鼓励学生展开想象的翅膀随便造，但现在我只让学生造'白云像……'一类肯定不丢分的句子，因为白云可以像任何东西。"这真使笔者无语了。

另据上海市教科院2010年公布的对1304名中小学教师进行工作压力调研的结果：近八成教师感觉压力重。令人惊讶的是，九成教师认为家长的"过度干预"是导致教师工作压力的最大来源。调研还发现，小学老师压力最大。

其实，任何一位家长送自己子女上学读书，都有自己显性或隐性的教育目的，这也是家长对学校教育诉求的动力源。就当下基础教育现实而言，家长对于教育诉求的表达形式一般有两种：一是公开批评、质疑学校教育现有的管理制度、教学内容、教学方法、教学模式等，这其中既包括面对面向校长、教师表达不满和质问，也包含通过网络等形式表明自己的意愿和诉求。这种形式更多见于中小学中的低年级段的学生家长。二是间接性的，甚至没有任何语言表达的无表达诉求，或曰隐性表达。例如，特别关心自己孩子在学期间学习成绩的最终提升、学校升学率的情况等，虽然他们一般不会向校长、教师或班主任进行面对面的表达，但是学校与家长之间似乎存在一种"合同"式默契，学校的所有教育者都能感受到这种无形的压力。这类可以称为"期望式"诉求形式在高中阶段的学生家长表现得更为明显。

干预学校行为除了在学校层级上多发生于幼儿园和小学及初中年级外，就过度干预学校教育行动的人群的成分看，则大部分家长都接受过高等教育，有着较高的文化素养，对于"知识改变命运"有着切身的体会，同时在社会中具有一定的社会地位，属于白领、公务员或富人阶层。从发生的地域上看，则发达的大中城市家长明显多于小城镇的家长，乡村学校中则此类情形较少见。此外，就发生此类现象的学校性质而言，则数量上明显地表现为民办学校多于公办学校。

对于学生家长"过度干预"学校教育工作的现象，一些研究者常常将其归因于中国传统的科举文化导致诸多家长"望子成龙"、"望女成凤"的结果。毫无疑问，"文化嵌入"是不可忽视的原因，中国几千年的考试文化以及在此文化背景下形成的教育观、人才观、育子观等，导致中国家长对于自己子女的学习成绩常常有着一种焦虑式的关注，然仅就此却难以解释：为何这种"过度干预"的现象只在近十年才愈演愈烈？而且这种"关心"在低年段的学生家长甚于高中年级的家长？

二、嵌入理论及其对干预现象的解释

"嵌入"（embeddedness）是新经济社会学的一个重要概念和理论。最早明确在理论上提出"嵌入"一词的是英国经济史学家波兰尼（K. Polanyi），他在 1944 年完成的《大转型：我们时代的政治与经济起源》、1957 年出版的《早期帝国的商业和市场》以及后来发表的论文《作为构建过程的经济》中引入了"嵌入"一词。他认为，在 19 世纪之前的前工业社会，人类经济行为一直都是嵌入到社会关系之中的。但 19 世纪以后的现代工业社会，经济更多地不再嵌入到社会关系中（被称为"脱嵌"），而按照自有的市场交易逻辑独自运作（侯士军，2011a）。但在波兰尼看来，当经济行为没有被嵌入或是没有被社会和政治控制时，他们将变得具有破坏性。资本主义的真实问题，"是社会关系嵌入于经济系统中，而不是经济系统嵌入于社会关系中"（斯威德伯格，2005a）[20]，为此特别强调社会决定经济，即"社会嵌入"概念的单向内涵。由于波兰尼对于"嵌入"概念的内涵并没有做出明晰的定义，弗雷德·布洛克（G. Blocker）在为《大转型：我们时代的政治与经济起源》一书所写的《导言》中，对"嵌入"概念作了一简明的解释："'嵌入'这个词表达了这样一种理念，即经济并非像经济理论中说的那样是自足（autonomous）的，而是从属于政治、宗教和社会关系的。"（波兰尼，2007）[5]这基本符合波兰尼的原意。

虽然波兰尼最早提出了"嵌入"概念，但真正将其理论体系化，并引起广泛关注的，则是新经济社会学家的主要代表人物之一马克·格兰诺维特（Mark Granovetter）。1985年，格兰诺维特在《美国社会学杂志》上发表了标志着新经济社会学诞生的学术论文《经济行为和社会结构：嵌入性问题》，详细论述了嵌入理论，其后又有一系列文章围绕此问题展开更加深入的研究。格兰诺维特认为，新古典经济学那种认为经济行动者是在独立于社会条件下做出决定的理论，只是一种"原子化"的决定假设。在他看来，经济行为是被嵌入具体的、不断变化的社会关系之中的，而"社会关系网络以不规则的方式不同程度地渗透于各种经济社会的不同部门。"（斯威德伯格，2005b）[26]按照格兰诺维特的观点，人们社会生活中的关系网络是经济行为所嵌入的社会结构的核心，"个人和企业的经济行为受到以人际互动产生的信任、文化、声誉等作用机制和因素为基础的持续性社会关系和社会结构的影响。"（侯士军，2011b）

继格兰诺维特之后，嵌入理论引起了人们研讨的极大兴趣。随着不同领域、不同学科背景学者的纷纷介入，"嵌入"概念的外延不断扩大，内涵不断扩展，理论被不断诠释、完善，如一些研究者认为构成社会关系的因素是多样的，除"社会结构嵌入"外，还有"政治嵌入"、"文化嵌入"、"认知嵌入"等。

虽然"嵌入"的原初含义只是限定为经济行为的社会嵌入，不过由于嵌入性理论作为一种具有较强解释力的概念和命题，纷纷被引入对经济行为之外诸如社会工作、女性创业等社会现象的解析。同样，这种理论用来解析教育领域的某些行动依然是有启示的。

依据"嵌入"理论的原理，教育组织和个人以及学生家长在教育方面的行为都嵌入于社会关系之中，同样，社会关系也嵌入于组织和个体的行为之中。具体而言，一方面学校校长、教师的教育决策、教育行为并不完全是教育者自身教育理念的产物，而是深深地嵌入到整个社会关系之中。另一方面，家长的教育诉求、对学校教育决策、教育行动直接或间接的干预行为，同样不是孤立的原子化的行动，而是"社会嵌入"的结果。关于第一个方面，表明教育者具体的教育行动或学校教育的改革行为的决策，不存在"脱嵌"学校各相关利益者的诉求，这在下面将作论述。这儿仅就第二方面进行分析。

家长干预学校工作现象的日益增多，首先反映了整个社会在近20年来尤其是近10年来呈现出的生存性焦虑和信任缺失等社会现实。家长干预的行为恰是嵌入于浮躁、急功近利的社会关系的直接写照。

由于整个社会资源相对于人口数量庞大所呈现的短缺，导致当下乃至未来相当一段时期内生存竞争的残酷现实存在。在高等教育大众化旗号下进行的高等学校的扩招，虽然带来高等学校入学率大幅增加，接受高等教育的机会增加、人群扩大，但吊诡的是在文凭贬值的同时，学生和家长升学的压力并没有随之减轻，尤其是在大中城市之中，当升学机会、途径多多时，若仍不能获得接受高等教育的机会，则无疑被周围所有人认定为是学习的失败者。简言之，生存竞争的压力在城市社会中随处可见。对于一些白领知识阶层和公务人员而言，他们既亲身感受到"文凭改变命运"的好处，又目睹缺少高学历所带来在城市谋生的艰难，因而他们更是陷入了对文凭尤其是优质文凭（"211"、"985"一类高校）的崇拜，在他们许多人看来，今天的学习成绩的竞争其实就是未来生存竞争。此外，根据格兰诺维特的"关系嵌入"的观点，单个行为主体的行为是嵌入与他人互动所形成的关系网络中。具有同样教育诉求的A、B、C……家长们在互动过程中，结成了关系网络，他们不仅互相交流各自教育的"经验"、"体会"，而且或明或暗地相互传递着一种竞争性焦虑。当然，家长竞争性焦虑的存在并不必然导致其对学校行动的干预，但当社会人际信任缺失时，干预的几率便大大增加，甚至在所难免。

社会学家卢曼（N. Luhmann）认为：信任是一种靠着超越可以得到的信息所概括出的期望（卢曼，2005）[1-2]。波兰社会学家彼得·什托姆普卡（P. Sztompka）将信心和承诺作为构成信任的两个重要元素

（什托姆普卡，2005）[33]。中国学者郑也夫结合中国国情对信任作了"中国式"解读，认为"信任是一种态度，一种主观愿望，表示愿意相信包围它的环境、周围的世界和它合作的人和行为"（郑也夫，2002）。尽管对于信任的概念、含义的解释、理解并完全不一致，然而对于当下中国社会信任尤其是人际信任状况，绝大多数学者均以"危机"或"严重危机"予以概括，一些海外华人学者甚至以"解体"来定性当下的信任状况（郑永年，2009）。当下中国社会的信任危机，不只是表现在假冒伪劣、坑蒙拐骗和贪赃枉法泛滥，而导致人们对于某些东西、某些人可信度降低，而且反映在"不信任心态的普遍化"（郑也夫，彭泗清，等，2003）[292]，即人们对大多数事情、人物、组织（包括政府组织）持怀疑态度，甚至包括原本不应该怀疑的事与人也遭遇信任危机。

在人际信任危机之中，尤其值得一提的是专家信任危机。所谓专家信任，是指普通民众对受过专业训练，懂得科学知识，获得高学历文凭和同行专家评议的诸如医生、律师、教授等一类专家人士的言语、承诺、行为的信任。然而由于近年来教育质量滑坡，文凭注水情况严重，加之部分专家基于面子问题、利益驱动等立场而做出的种种行为，使得人们对于专家的承诺、言说也不再无条件信任，网络上专家被称为"砖家"、教授被称作"教兽"，其实反映的便是专家权威祛魅后社会大众对专家学者信任度的普遍下降。当整个社会的人际信任普遍发生危机，"怀疑性认知"成为社会流行的主要认知模式后，这种认知模式势必嵌入于学生家长对于学校教育组织和教育者人格、行为的认知，故常常发生家长以自己"过来人"的经验去质疑、干预学校管理模式、学校教育教学的改革举措。此外，当下社会中存在的弱势群体利益被漠视的现实，也使得那些有着高学历、在社会中居于一定地位的家长有着较强的"维权"意识，一方面认为自己是消费者，有着质疑、干预的权利，另一方面亦不屑于那些学历或地位较自己低、专业性亦不太强的中小学低年段教师的现代教育理念的"启蒙"。当然，由于高中教育毕竟有着一定的知识难度，使得绝大多数家长对于其中具体的教育教学和改革举措还不敢直接置喙，但对于学校出现可能影响自己孩子学习成绩的教育改革举措时，则依然会委婉或直接地表达自己的诉求，尽管强度不如低年段的家长。

三、教育改革的决策与利益相关者的关照

利益诉求的多元化，是我国社会转型时期的重要特点之一。利益多元化的社会结构特征，必然导致处于不同利益群体、不同社会位置中的人群对同一公共教育政策的理解、评价发生多种取向。当部分群体尤其是占有一定地位和"能量"的群体利益受损时，便会利用各种社会资本、不同路径表达自己的不满和诉求，其中匿名性网络博客便是一种被诉求者视为能够较有效地扩大自己利益诉求影响的途径和方式，当然面对面的质疑更是一种直接的诉求。

家长过度干预学校的教育行为显然不对，但并不意味着学校行动者在进行教育改革之类决策时只需按照教育行政机构指令、自己理解的现代教育理念而行事，可以完全忽视学生家长的诉求和意愿，毕竟他们也是学校教育的"利益相关者"（sakeholder）。

"利益相关者"理论是新经济社会学另一个重要概念和命题，是对传统公司理论中的"股东至上"逻辑的颠覆，是新经济根据美国学者弗里曼（R. B. Freeman）的研究。该词语最早出现于斯坦福研究中心1963年内部备忘录中的一篇有关管理研究的论文中，当时该术语含义较为狭窄，只是被定义为"没有它们的支持组织就不再存在的团体"。具体包括股东、雇员、顾客、供应商、债权人和社团（弗里曼，2006a）[37]。其后，该概念开始在公司战略规划文献中大量出现。弗里曼是相关者管理理论的奠基人，他从战略管理角度，将相关利益者作为一种重要的管理方法进行探究。在《战略管理：利益相关者方法》一书中，将利益相关者解释为"任何能够影响公司目标的实现，或者受公司目标实现预影响的团体或个人"（弗里曼，2006b）[30]。利益相关者理论虽然是新经济社会学理论，它旨在解析经济管理的策略方法，然而，不仅公司企业存在利益相关者，凡是有着利益冲突的地方都存在

的利益相关者。同样，教育领域也是一个"利益场"，也存在着若干作为不同的利益集团（李叶峰，2009a）。从这个意义上讲，学校也是一个利益相关者组织。

有研究者曾依据美国学者罗索夫斯基（H. Rosovsky）对大学的利益相关者四个层次的划分模型，提出了三层次说：权威利益相关者、潜在利益相关者和利益相关者。其中，教师、学生、出资者、政府等属于第一层次，校友、捐赠者和立法机构是第二层次，市民、媒体、企业界和银行则属第三层次（胡赤弟，2005）。这种三层次划分虽然并不完全契合中国中小学情形，但大致可以说明中小学利益相关者组织的问题。不过需要值得一提的是，即使在权威利益相关者层次中，各群体依然存在着与学校之间利益相关的程度不同。

对于中小学而言，政府是所有公办学校的出资者，代表公共利益，地方政府和地方教育行政部门以国家的名义行使着对各学校教育及其改革发挥督促、指导、评估等职能，他们是学校改革的最重要的利益相关者。当然，理论上地方教育行政机构与国家政府的利益诉求应该完全一致。但事实上由于政绩及地方社会效益一类因素的影响，使得地方政府和教育行政部门更趋于"现实"。

学校管理者和教师是各种教育改革举措的执行者（有时还是学校内部改革举措的制定者和参与者），他们直接面对着上级管理部门的检查和下面教育对象及其背后群体的"关照"，同时由于"铁打的营盘流水的兵"，学校不仅是他们实现自己教育抱负的组织机构，还是自己赖以谋生的"单位"。因而，学校改革成功与否以及未来发展走向，既与自己教育理想实现与否有关，更是关乎自身的发展和生存前途。由此决定这个群体是学校中最为重要的利益相关者之一，而他们的行事风格也多行走于理想与现实之间。

学生是教育领域改革的承受者，他们成为学校利益相关者是应有之义。同时，作为学生监护人的家长，也会站在学生立场表达诉求，同样是利益相关者，"改革会对学生产生什么样的影响？利大于弊还是弊大于利？基于对这些问题的考虑，学生和家长成为天然的利益集团"

（李叶峰，2009b）。不过，从与学校关联的时间上看，他们都是"匆匆过客"，行事更关注自身，更关心当下，也更容易成为某些教育教学改革的阻力源。

学校教育改革从根本上讲是利益的重新分配，其教育决策其实便是一个诸多利益平衡和理性选择的过程。中小学尤其是处于义务教育阶段的小学和初中由于其公共产品的性质，决定了公共利益应是改革政策首要考虑的问题，不过在防止公共产品私人化的同时，也必须顾及作为学校主要利益相关者之一的学生及其家长的诉求，根据与学校之间利益相关的程度进行选择，在理想与现实、社会与个人、公事与私事之间寻找到一个最大的张力点，而吸收各方利益相关者参与学校管理不失为一个较好的减少阻力、推进教育改革的方法。

参考文献

彼得·什托姆普卡.2005.信任——一种社会学理论[M].程胜利,译.北京:中华书局.

侯士军.2011.社会嵌入概念与结构的整合性解析[J].江苏社会科学(2).

胡赤弟.2005.高等教育中的利益相关者分析[J].教育研究(3).

卡尔·波兰尼.2007.大转型:我们时代的政治与经济起源[M].冯钢,刘阳,译.杭州:浙江人民出版社.

卢曼.2005.信任:一个社会复杂性的简化机制[M].瞿铁鹏,等,译.上海:上海世纪出版集团,上海:上海人民出版社.

理查德·斯威德伯格.2005.经济社会学原理[M].周长城,等,译.北京:中国人民大学出版社.

李叶峰.2009.利益相关者理论视阈下的高中文理分科[J].天津市教科院学报(4).

R.爱德华·弗里曼.2006.战略管理——利益相关者方法[M].王彦华,梁豪,译.上海:上海译文出版社.

郑也夫.2002.中国的信任危机[J].中国新闻周刊(20).

郑也夫,彭泗清,等. 2003. 中国社会中的信任[M]. 北京:中国城市出版社.

郑永年. 2009-06-09. 中国信任的解体及其结果[N]. 新加坡联合早报.

第三编

中国教育改革：问题与出路

第十二章　教育公平：基础教育改革的
　　　　　价值追求*

从孔子的"有教无类"到柏拉图《理想国》中开放式的社会和自由教育的民主思想，自古以来，东西方对于教育公平的探索与追求一直没有停止过。随着 20 世纪 80 年代以后经济全球化的日益发展，市场经济的日渐繁荣，社会公平（包括教育公平）问题日益突出，也越发引起了人们的普遍关注，甚至成了社会学研究的核心内容。社会学的目标是追求"社会效益"，社会效益的核心问题就是社会公平公正问题。因此，实现社会公平（广义的社会公平）是社会学追求的核心目标（波普诺，1999）。

今天，人们普遍认为，社会分层是导致社会不平等及教育不公平的主要原因。由于社会分层在相当长的历史时期是无法避免的，因此，教育不公平也是无法避免的。但这并不意味着人们在此面前就可以无动于衷与束手无策，中国政府正在积极探索各种促进教育公平的政策与举措。2010 年颁布的《国家中长期教育改革和发展规划纲要（2010—2020 年）》中就明确提出要"把促进公平作为国家基本教育政策"。

针对当下的社会现状与教育问题，我们认为，在政策与举措上，必须将教育公平视为中国基础教育发展的核心价值，才有可能真正广泛地实现教育公平。

---

* 本文原刊于《教育发展研究》2012 年第 18 期，现收入本书时略有改动。

一、教育公平为什么是基础教育发展的核心价值

所谓"教育公平"是社会公平在教育领域的延伸和体现，其核心是保障公民享有平等的受教育权利，公平地享有公共教育资源，在教育过程中被平等地对待，以及具有同等的学业成就与就业前景的机会。

当然，教育公平是一种理想状态的目标性表述，是一个历史性、时代性的观念。在当今中国基础教育发展中，它应当处于核心地位，成为核心价值取向。所谓"核心价值"意为它是最重要的、第一性的、缺之不可的，其余一切教育附属价值的实现与转化，都必须以其为前提展开，否则将失去现实的意义。这种核心价值的确立，既有内源性根基，又有外在性基础与需要，还是当今世界的共同价值之使然。

首先，就内源性根基而言，教育公平是教育的本源性价值，它是奠基于人性、人的基本权利之上的内在本质性规定。

从本质上讲，教育是培育"人性"的事业，指向于人性解放和人的发展。而人性中最基本、最重要的追求是人的幸福，其中，"幸福"最重要的意涵又是人的自由与平等。教育必须基于这样的人性、人权，为了这样的人性、人权，才有存在的价值。而教育公平则是对人的权利的尊重，对人的幸福的关怀，它在本质上体现出的就是对人的一种解放，是人追求个性自由而全面发展的必经之路。教育公平本质上是一种人性解放以及人之为人的核心价值追求。

在我们今天这样一个某些方面服膺于"丛林法则"的社会（即弱肉强食、优胜劣汰、残酷竞争的社会），教育公平更是保障每一个人尤其是弱势群体中每一个人的基本权利、守护人性、促进每一个自由而全面地发展的最重要机制。作为教育的本源性价值，教育公平就是要在各个方面，把保障每个人的发展的"可能性"作为第一要义、第一追求。具体讲，就是在起点、过程、结果等三个方面中确保公平对待每一个学生。教育起点公平保障了教育机会的"平等性"，即在分层的社会结构中，任何处于不利地位的人群都具有接受教育进而实现阶层

流动的均等可能，这是每一个人的基本权利。联合国教科文组织的《学会生存——教育世界的今天和明天》和《教育——财富蕴藏其中》这两份报告都认为，教育公平问题首先就是人人享有平等的受教育权和机会。受教育机会是公民实现教育公平的前提，如果公民无法享有公平的教育机会，教育公平就无从谈起。教育的过程公平保障了个体发展的"适己性"，即促进每一个受教育者在其原有基础上得到充分的发展。教育结果的公平则保障了个体教育增值的"公平性"，即教育结果的公平并非学业成就的划一，而是教育系统自身的变量对于学生所造成的教育增值平等，这种结果的公平是教育公平的最终实现。

另外，教育公平在基础教育中的基础定位是其核心价值的另一个内源性基础。基础教育的使命就是为每一个孩子的终身发展奠基，因而它既是权利也是义务。而人的未来发展是丰富多样的，但这种可能的发展在基础教育阶段是无法充分预见的，这样，一个合理的做法就是让每一个人在打基础的阶段就拥有公平的前提性基础，从而为日后的个性化发展提供前提保证。因此，在基础教育阶段，教育的内在价值规定了教育公平而非教育效率的优先性。尤其是在当下，中国基础教育由于政府行为造成的最突出的问题是不公平问题，教育公平更凸显其优先地位和核心价值之所在。

其次，就外在性基础和需要而言，教育公平是社会可持续发展的主要机制及重要动力，是当前我国社会发展的必然追求与价值选择。

一是从社会经济发展需要来看，随着大工业时代以及信息化时代的到来，社会经济发展需要大批量的、受过正规教育，尤其是优质教育的合格劳动者，这已是我们这个社会的"常识"，无须赘述。而在当下的中国，随着计划生育这项国策的持续发力，经济学家所认定的"人口红利"正在逐步消失，只有更充分地挖掘人力资源，让所有的人都享有优质的公平教育，才能保证优质人力资源的源源不断地供给，才能抵消"人口红利"之消失带来的负面冲击，社会经济发展与创新才能有不竭的动力，中华民族的伟大复兴才有可能最终实现。

二是从社会政治发展需要来看，党的十七大已经把社会公平正义

提到了新的高度，把公平正义视为当今社会的主要追求。温家宝总理
2010 年的"两会"记者会上，在回答新加坡《联合早报》记者的"作
为总理，您如何指导政府促进社会公平正义？保障中国人民过更幸福、
更美好、更有尊严的生活？"的提问时，更是说出"公平正义比太阳还
要有光辉"的至理名言。而要实现社会的公平正义，教育公平是重要
的机制，因为，教育公平是社会公平的基础，是社会的基础性公平。

教育在当今社会中，无疑处于社会结构的核心。虽然教育受着特
定社会发展进程的制约，但是它从政治、经济、文化等多方面，全方
位地影响着社会发展的进程，尤其是民主政治的推进过程。一个社会
的公民是否平等地享有受教育的权利与机会，反映的绝不仅仅是教育
是否公平，而是社会是否民主。

三是从整个社会发展的需要来看，教育公平对社会公平的发展有
着基础性和前提性的作用，它是矫正社会不公平的重要手段，是缩小
社会差距、改变一个人生存状态的最重要的杠杆。均等的教育机会、
适己的教育过程以及平等的教育增量，这种教育公平不仅是个体的充
分发展，也是社会进步的重要前提。因为只有接受良好教育，获得充
分自由发展的个体才能更好地为社会进步做出贡献。教育公平给每一
个个体提供了公平发展、公平竞争的重要条件，因而它对于社会发展
起着平衡与稳定的作用。因此，贺拉斯曼（H. Mann）曾这样宣称：
"教育是实现人类平等的伟大工具，它的作用比任何其他人类的发明都
伟大得多。"（布鲁贝克，1987）[66]

再次，教育公平是当今世界的普世价值，为世界几乎所有民主国
家所认同，同时也是我们社会主义中国教育追求的核心目标。

众所周知，当今世界，再没有比诸如自由、平等、人权、公平正
义等价值取向更为人们接受的了，它们是普世价值的核心元素。而教
育公平正是体现这些诸多普世价值的重要观念。教育公平就是教育的
自由、平等、正义的诉求，它要求保证每个人的教育的基本权利，已
经成为一种具有超越性色彩的"独立的发展目标"（杨东平，2004）。
也许，1990 年 3 月 5 日至 9 日，在泰国宗滴恩召开的世界全民教育大

会上通过的《世界全民教育宣言——满足基本学习需要》更能表达教育公平作为普世价值的思想。《宣言》指出："重申教育是全世界所有人的一项基本权利，不论他们是女性还是男性，不论他们的年龄如何；理解教育可以有助于确保一个更安全、更健康、更繁荣和环境更为美好的世界……每一个人，儿童、青年和成人，都应能够受益于旨在满足他们的基本学习需要的教育机会……要使基本教育做到公正，必须为所有的儿童、青年和成人提供机会，以达到和保持一个令人满意的学习水平。"

总之，当今中国基础教育进一步的跨越式发展，不是量的扩张，而应是质的飞跃，即对内涵式发展，尤其是优质教育（高质量教育）的追求。虽然对于内涵式发展的核心追求有着不同的理解，但是，我们认为，教育公平应当成为这种发展的核心价值，作为优质教育（高质量教育）的核心元素。从本体论角度讲，优质教育（高质量教育）最核心的或最底线是什么？也许美国学者奥克斯（Oakes）的话更能表达我们的想法："除非我们有教育上的公平，我们不可能有优质教育。"（J. Oakes，1985）

二、现阶段教育公平存在的问题及其危害

教育公平作为当今中国基础教育发展的核心价值，这一命题的提出还有着深刻的现实考量。现阶段，我国基础教育发展中存在着大量的不公平现象，业已产生了严重的社会危害。这些现象以及危害的减少及其根本消除，首先在理念上就要确立教育公平的优先地位和核心价值。

教育不公平现象主要表现在以下几个方面。一是不同地区以及城乡之间教育资源的严重失衡。具体表现为地区之间、城乡之间的社会发展差别明显，造成了教育资源不均等。一份来自国家教育督导团2005年的报告显示，东部地区与中西部、城市与农村之间的差距不仅较大，有的还在继续"拉大"：2004年，小学生均预算内事业费东部

地区 1598 元，西部地区 942 元；小学生均预算内公用经费东部地区平均 207 元，西部为 90 元；小学生均校舍建筑面积，东部地区 5.6 平方米、中部 5.1 平方米、西部 4.7 平方米。此外师资队伍的差距也仍然较大。

同时，资源配置的严重失衡直接影响了教育的质量。北京大学中国教育财政科学研究所 2007 年在中国中部 A 省和东部 B 省开展了"中国农村义务教育状况调查"，依据这一调查数据的相关研究显示，我国城乡、地区、校际义务教育阶段学校教育财政资源和教师资源配置非常不均衡。城市学校教育经费投入、支出水平和教师质量远高于农村学校，东部地区学校教育经费投入、支出水平和教师质量明显高于中部地区学校；校际小学和初中数学教育质量的差异分别约有 25% 和 27% 的差异来源于城乡、地区和校际教育资源配置的不均衡（薛海平，王蓉，2010）。

二是弱势群体的受优质教育机会以及占有的优质教育资源少的可怜。由于优质教育资源总是稀缺的，所以均衡获得优质教育资源就成了一个问题，这集中表现在被钱权侵入的择校问题上。一方面，由于市场化的冲击，在不少地方对优质教育资源的竞争已经演变成为家庭经济收入以及政治权力的竞争。另一方面，身份不同的受教育者在教育起点上也不公平。城镇户口与农村户口子弟接受教育的机会就有明显差别，尽管各地兴办民工子弟小学已有多年，但无论从硬件还是软件的质量上，是无法与面向城市居民的学校，尤其是所谓"名校"相提并论。各种优质的施教区，其高额的房价也远远超出了弱势群体的承受能力。

三是不同阶层在教育结果上处于不公平地位。据统计，1990 年北京录取的 17248 名大学新生中，干部、军人、职员子女占 78%，工农子女占 21%，而我国的职业结构中工人和农民则占 90% 以上。下表以清华大学 1990—2000 年的招生情况为例得出：农村学生的比例整体上呈下降趋势（卫宏，2003）。尽管以上数据是 10 年前的，但今天，这一状况非但没有丝毫改观，反而变得愈加严峻。

年份	1990	1991	1992	1993	1994	1995	1996	1997	1998	1999	2000
招生数（人）	1994	2031	2080	2210	2203	2241	2298	2320	2462	2663	2929
农村学生比例(%)	21.7	19.0	18.3	15.9	18.5	20.1	18.8	19.5	20.7	19.0	17.6

　　造成教育不公平的原因有很多，当前，最主要的原因有以下几点。一是社会经济发展的差距。经济发展的差距所导致的教育资源分配不均衡及地区间、学校间教育有效供给的极大差距，是造成各种教育不公平现象的主要原因。一项借助"教育基尼系数"对我国1982—2007年教育公平发展及影响因素的研究显示（孙继红，杨晓江，2009），地区组间对教育不平等的贡献百分比最大，1982年为66.18%，2007年仍为66.18%。说明"二十多年来地区间教育成就不平等差距没有得到改善"。城乡组间对教育不平等的贡献由1995年的49.27%增长到2007年的63.79%，表明城乡之间的教育成就不平等差距非但没有降低反而有进一步扩大的趋势。因此，社会经济发展差距是造成我国教育成就不平等的首要因素。

　　二是国家政策导向的偏差以及公平观念的缺失。其中，最明显的是"城市中心"的价值取向、凭户籍制度就近入学、高考录取中的区域定额独立划线、重点学校制度等教育政策中的不合理因素，这些因素是造成教育不公平的直接原因。比如，杨东平先生认为，长期以来在城乡二元结构、高度集中的计划体制下，形成了一种忽视地区差别和城乡差别的"城市中心"的价值取向：国家的公共政策优先满足甚至只反映和体现城市人的利益，已逐步形成一种思维定势，潜存于社会决策之中（杨东平，2000）。此外，由于宏观的教育管理体制并没有改革，政府对教育资源宏观垄断的格局并没有真正改变，从而形成"宏观垄断、微观搞活"的扭曲格局。公办教育通过"转制学校"、"名校办民校"、"独立学院"等政策设租寻租，面向社会、家长强势地攫取经济资源，形成与民办教育的不公平竞争；民办教育受到歧视，发展艰难（杨东平，2006）。

基于国家政策导向的偏差，长期以来，我们已经形成了一些与教育公平相抵触的教育观念，如基于效率至上的精英教育、重点学校与非重点学校、星级高中等，它们对教育公平的实现构成了明显的挑战。比如，当我们片面强调教育的直接功利价值时，就会期待教育迅速改变工业生产与科技研究的落后局面，就会重点抓高等教育而忽视基础教育。这样不仅严重损害了教育公平，而且由于国民素质、劳动力素质低下的制约，总体而言对经济发展并未发挥教育应有的作用。

三是利益格局的形成并固化以及改革共识的丧失。改革开放以来，经济建设取得了辉煌的成就，但从 20 世纪 90 年代以来，社会资源的配置由扩散转向积聚，使得一部分人迅速富裕起来，同时那些处于改革边缘的弱势群体成为改革代价的承担者，这种差距逐步加剧、固化，并日益定型为一种两极化的社会结构。从 20 世纪 90 年代初期到中期开始形成经济精英、政治精英与知识精英的结盟关系，这个群体不仅对各级政府政策的制定有着重要的影响力，而且现在已经成为定型社会的基本力量。弱势群体则以拥有众多的人口为特征，贫困的农民、农民工和城市中的失业下岗人员成为这个群体的主体（孙立平，2003）[59-69]。这种社会结构的定型产生了大小不同、目标不一的利益集团，他们不仅使得自己能够获得更多更优质的教育资源，同时还能垄断这些资源，并能够有效阻碍不利于自身利益的改革。如择校机会的获得以及择校费的高涨已经非一般社会成员所承受。可以这么说，当前，社会阶层固化导致了改革共识的丧失，既得利益集团阻扰改革，而弱势群体期盼改革，但是，垄断了政治经济以及话语权力的既得利益集团是不会轻易"革自己的命"，因此，既得利益集团的阻抗是当前实现教育公平的最大障碍。

四是城市化进程中学额与人数的矛盾。随着城市化进程的加速，外来人口的就学人数与政府所能提供的学额之间的矛盾日益突出。比如，尽管 2007 年南京就提出"外来务工人员子女初中教育享受同城待遇"，要将他们"统筹安排在公办学校接受初中义务教育"①，但是，一份来自中共南京市委党校课题组的调查显示，外来务工人员子女入学人数增加迅速，就学矛盾突出。尽管随着外来务工人员子女入学政策的不断完善，其子女入学条件的不断改善，但是近 3 年来，在校生人数以平均每年 1 万余人的速度递增，平均增长率为 24%，而公办学校接纳比例以平均每年 5 个百分点在增长。目前，南京市公办学校教育资源还比较紧张，因此，"接纳外来务工人员子女入学就显得十分困难"（中共南京市委党校课题组，2008）。

教育不公平态势已经对社会各方面造成了严重损害，主要表现在：一是对社会公平的侵蚀由此影响到社会发展。教育作为社会的子系统，教育公平与社会公平互为基础、相互制约、相互促进，教育公平对促进社会公平有重要意义，社会公平对促进教育公平有重要价值。种种的教育不公平必然影响社会公平的整体发展。而社会公平的实质就是社会正义，公平、正义、公正的最高理想是平等地有效率，是最大限度平等地调动每个人的积极性和创造性的效率与效率最大限度地惠及每个人的平等的相互促进和和谐统一。因此，损害教育公平必然会影响到社会公平乃至整个社会的和谐发展。二是对学生身心的危害。教育的不公平必然带来对学生，尤其是弱势群体学生的身心的伤害。无论是从教育起点的选择，还是教育结果的获得上，特别是在教育过程中体现出的教育不公，往往极大地伤害了孩子们幼小的身心。平等的受教育权是一种"天赋人权"，是人人生而平等享有的权利之一，如果每个人不能平等地享有公平的受教育权，那么损害的将是一种为人的尊严，更有甚者，是他们的观念，如"宿命观"、"社会就是不平等的"等这样一些不利于和谐社会建设"反社会"的观念。三是教育资源的浪费。这种教育资源的浪费有两种体现。一是从教育资源的整体布局来看，资源的最大化利用才是最为经济与合理的，而教育的不公

---

① 南京外来务工人员子女初中教育享受同城待遇［EB/OL］.（2007-03-29）［2012-06-28］. http://www. jyb. cn/basc/xw/200703/t20070329_73745. html

往往使得部分地区无法满足最为基本的资源需求而同时某些地区则有大量的低效益富余资源，这就使得教育资源的宏观利用率大打折扣，也是一种意义上的浪费。二是就局部而言，由于教育资源的分配不均乃至不公，使得大量优质教育资源聚集在极少数的地区与学校中，而使得局部教育资源过剩，从而产生浪费。

三、现阶段促进教育公平的设想

教育不公平已经严重影响社会发展，未来在"人口红利"消失的状况下，更有可能危及中华民族的伟大复兴。现在，已经到了必须尽快把"教育公平"作为基础教育发展的核心价值取向，去设计与构建合理的制度与政策，逐步缓解与消除教育不公平的时候了。

令人欣慰的是，党的十七大已经把社会公平正义提到了新的高度，把促进教育公平摆在了突出的位置。现阶段促进教育公平，我们既需要在社会层面上有所作为，也要关注教育过程的内部公平。

首先在社会体制上，要建立和完善促进教育公平的相关强制性制度和强硬保障机制。在社会层面上为确保教育公平的"优先性"提供一个基本的前提。各级政府以及行政部门，尤其是既得利益集团，要有"壮士断腕"的勇气，敢于革自己的命，还利与民，在基础教育阶段，把教育公平作为各级政府及行政部门制定相关政策的第一立足点与出发点，在教育的体制、制度、政策、经费等方面强制确保"教育公平"的首要位置。例如，2012 年"两会"上的政府工作报告指出：要进一步增加教育投入。汇总公共财政预算、政府性基金预算中安排用于教育的支出，以及其他财政性教育经费，2012 年国家财政性教育经费支出 21984.63 亿元，占国内生产总值 4% 以上。中央预算内投资用于教育的比重达到 7% 左右①。

---

① 今年我国财政性教育经费支出占 GDP 比例首次实现 4% [EB/OL]. (2012-03-05) [2012-06-28]. http://news. xinhuanet. com/politics/2012lh/2012-03/05/c＿111602611. htm

当下的工作重点，财政性教育经费应当优先安排基础教育发展，尤其是公共教育经费及其资源应当优先向农村倾斜、向中西部地区倾斜、向薄弱学校倾斜、向弱势群体倾斜。尽管我国新义务教育法已经以法律形式阐述了教育公平、教育均衡的理念，使弱势群体的受教育问题受到了前所未有的关注，"农村义务教育免费"、"保障农民工子女接受义务教育"、"严禁择校，实施就近入学"等政策法案就体现出了一种机制补偿的关怀，但这方面的力度仍然不够。例如，当我们要求进一步坚持义务教育阶段的就近入学，保证公平的受教育机会时，我们发现，就目前这方面的实际情况来看，许多优质教育资源积聚的"名校"学区，普通民众已难见踪影，政治以及经济优势集团聚集名校周围，实际上瓜分了几乎所有的优质教育资源，造成了新的、合法的、看似天然的教育不公平，这就使得"就近入学"走向了片面，形成了吊诡的悖论。要破除这一新形式的不公平，地方政府以及行政部门更要有"敢于革自己的命"的勇气，采取强有力举措，确保教育机会公平。例如，可以采取一项"过渡性政策"，在"名校"学额的分配上，规定强制性比例（如在满足本学区所有入学儿童的基础上，对于多余的学额，可以拿出 10%—50% 的学额），使得非学区居民子弟（甚至是外来工子弟）都可以免费入学。当然，其入学机会的获得可采取一些公开、公平、公正的方式配置，如"电脑派位"方式，以断绝因为钱权交易而带来的教育腐败。

其次在教育过程内部，也要力求实现教育公平。在教育公平逐渐成为一种"制度"的今天，要想实现真正意义上的"公平"，关键在于"公平的"教育。公平教育是教育实质上的"公平"。如果教育过程及内涵都不公平，就不可能有真正意义上的教育公平。因此，这方面有许多工作亟待我们做。

我们需要建立各级各类学校的国家办学基准和教育质量监控体系，依法明确中央和地方、政府和教育部门、教育部门和其他部门在促进教育公平发展方面的责任，加强教育公平发展的人、财、事权的统筹。例如，在对地方政府以及教育行政部门、基础教育阶段中小学考核评比中，应当把"公平教育"作为"第一指标"予以突出，这样才有可能真正将"教育公平"作为基础教育发展的核心价值予以落实。

在基础教育阶段的各学校建设中，不仅在物质环境（如校舍、硬件设备、日常经费投入等）上，而且要在课程资源、教学实施、教师队伍等方面，把"公平教育"作为第一指标予以落实。例如，加快教育人事制度改革，形成义务教育阶段教师定期交流制度，健全教师保障机制，完善教师激励机制，实施教师聘用制度，促进教师资源均衡配置，这是一项当务之急，必须强制性执行，不能有任何折扣。这方面的阻力特别强大，其背后其实有着既得利益集团"无形之手"在作祟。

此外，各级政府以及教育行政部门还应当特别关注与支持民间教育公平运动。21 世纪以来，发于民间、基层，具有"草根特性"的，推进"教育公平"、"教育平等"的运动一浪高过一浪，如免费的女童教育、针对贫困学生开办的免费的"宏志班"等。民间、基层是广大劳苦大众生活、生长的土壤，最贴近广大民众，了解他们的疾苦与需求。对于这些民间、草根的运动，政府以及教育行政部门应当予以经费、人员、道义上的大力支持，这是确保教育公平作为基础教育发展核心价值的具体体现。教育为什么服务？教育应当为人民服务、为广大民众服务，支持这种民间、草根运动，就是教育为人民服务的最好回应。而对于知识分子以及教育科学研究者而言，深入民间，体察民间疾苦，及时把民间教育的合理需求诉诸某种倡议、举措乃至相关运动，以引起上层关注，最终形成相应的政策、法规或制度。

参考文献

戴维·波普诺. 1999. 社会学［M］. 第十版. 李强，等，译. 北京：中国人民大学出版社.

国家教育督导团. 2006. 国家教育督导报告 2005——义务教育均衡发展：公共教育资源配置情况［J］. 教育发展研究(9).

J. S. 布鲁贝克. 1987. 高等教育哲学［M］. 王承绪，等，译. 杭州：浙江教育出版社.

孙继红,杨晓江.2009.我国教育公平发展状况及影响因素的实证分析[J].全球教育展望(9).

孙立平.2003.断裂——20世纪90年代以来的中国社会[M].北京:社会科学文献出版社.

卫宏.2003.我国城乡高等教育机会均等的实证研究[D].北京:北京师范大学教育学院.

薛海平,王蓉.2010.教育生产函数与义务教育公平[J].教育研究(1).

杨东平.2000.对我国教育公平问题的认识和思考[J].教育发展研究(9).

杨东平.2004.教育公平是一个独立的发展目标——辨析教育的公平与效率[J].教育研究(7).

杨东平.2006.从权利平等到机会均等——新中国教育公平的轨迹[J].北京大学教育评论(4).

中共南京市委党校课题组.2008.南京外来务工人员子女教育现状的调查与思考[J].中共南京市委党校学报(1).

Oakes,J. 1985. Keeping Track:How School Structure Inequality[M]. New Haven,CT:Yale University Press.

第十三章　制造精英：高考改革的主题变奏[*]

董仲舒在《对贤良策》中指出的，太学者，贤士之所关也（孟宪成，1985）[140]。它实际上表明了我国古代高等教育机构（太学）是国家养贤之所、制造精英的机构。在当今中国，高考一头连着基础教育，另一头连着高等教育；一头连着个体的出路与命运，另一头隐含着社会职业继替和社会阶层生产与再生产。高考制度作为社会不同利益群体利益分割和利益共谋的制度安排，它把个人对知识和技能的需求、社会对人才的需求，以及国家对政治控制的需求统一起来（彭拥军）。因此，高考改革就不可避免地要努力满足利益相关者的不同利益诉求，寻找满足大众需求与实现精英筛选之间的平衡点。

一、恢复高考：文化资本成为精英识别符号

在改革开放的巨大压力和激励中，改革已经成为一个在我国最具号召力和革命性的字眼。如何看待社会改革与转型情境中的教育改革与转型，不妨借用涂尔干的话来表明我的立场：教育的转型始终是社会转型的结果与征候，要从社会转型的角度入手来说明教育的改革与转型（涂尔干，2006）[178]。特定的教育转型往往与特定观念、特定需要相关联，并且因为原有教育体系无法直接满足发展导引的新需要从而引发了教育改革。

---

* 本文原刊于《大学教育科学》2012 年第 3 期，现收入本书时略有改动。

1977 年恢复了考试取人的高考制度，当年招生 27 万人，1978 年增至 40 万人，两年录取比例分别为 4.7% 和 6.8% （黄抗生，等，2008）。因为当时适龄人口中初中、高中入学率都较低，能上大学的人在同龄人中小于百分之一，难怪当时人们使用"天之骄子"来指称大学生，以此来表明大学生的稀缺性和精英性。恢复高考使知识人获得了地位和声望，它实际上恢复了知识应有的尊严和价值，使知识和知识分子再一次回归了它本来应有的位置。

值得指出的是，由于个人对教育机会和社会机会的享用具有排他性，高考实际上也成为众多利益相关者利益争夺的工具。对青年学生而言，它把知识改变命运由头脑中的信条转变成客观事实，从而对他们产生强烈的社会动员作用；对家庭而言，高考成功可以使社会中上层家庭的阶层地位得以保持或提升，至少免于沦落，中下层家庭则对高考寄托着向上流社会流动的希望；对基础教育而言，高考使为高等学校输送合格新生的使命明确甚至神圣起来，高考对基础教育的教育目标和教育行为具有强烈的导向和制约作用；对社会而言，高考传递了社会流动的依据由先赋因素向自致因素转变的信号；对国家而言，高考形成了一种制度化的选纳贤良的机制。

高考一旦成为分配教育机会和社会机会的工具，它会使知识变成一种资本，对不同人群产生区隔。尽管个人在高考上的成功往往是个人天赋和后天努力共同作用的结果，但由于高考包含了许多为人们所认同的自致因素，并且先赋因素必须通过个人自身努力才能较好地实现，所以在我们找不到更好的手段来替代高考制度时，它不失为一种最具可操作性的选纳贤良的工具。

由于高考在我国的特殊意义，高考成功者在相当一段时间内在资源的利用和社会地位的占有上成为优势群体。这种优势，不仅使他们获得了更好的教育机会、具有更好的发展基础和拥有更多的发展机会，而且可以提高其合理性与合法性。它就像科举制度盛行时期的所谓"科班出身"那样，是获得权力、财富和身份的最为人们普遍认同的客观依据，并带有炫耀性意味。正如凡勃伦所宣称的，这是荣誉准则、竞争本能在起作用，就像人们为了在社会上获得地位与声望，只有通过消费商品（或服务）——来证明自己的支付能力，以达到与他人的歧视性对比的目的①。通过这种歧视性对比，优胜者可以保护或者提高他们的尊严。

有必要指出的是，高考制度最直接的社会后果就是形成不同个体对文化资本实际占领机会和占用能力的差异。因为高考实际上把获得文化资本的机会当成一种完全原始性的财产赋予高考成功者，而文化资本正是受到了这笔财产的庇护（包亚明，1997）[192-193]。当高考制度充当成圣仪式时，文化资本自然就获得了走向精英的合法性基础。文化资本与物质层面享用能力的低层次、低门槛以及产生社会区隔的低持久性不同的是，文化层面的享用能力需要较长时间的积累，并且具有更强的排他性和专门性。物质层面和文化层面享用能力之间的差别就如喝茶和品茶的差异，喝茶能力几乎与生俱来，而品茶能力就需要天赋加习得。正因为这样，文化资本不但具有很强的社会再生产能力，而且像一种身份标签，可以帮助实现固有秩序和不平等的生产和再生产，保证现有秩序的合法化和自然化。恢复高考重建了高等教育制造精英的合法性，使知识的社会提升作用日益凸显，开始出现有如英国社会学家迈克尔·扬（M. Young）所指出的：未来社会中"成就原则战胜归属原则（归属原则指通过社会继承或分配取得个人地位）……社会发展的速度取决于权力和知识的结合程度……每个人在社会上的地位是按照他的'智商和努力程度'来决定的。"（张人杰，1989）[242]

二、恢复高考：高等教育制造政治精英

恢复高考，实际上是与社会的一系列制度性变革相呼应的，这些

---

① 这就是通常所说的炫耀性消费。所谓"炫耀性消费"，又可称为"显眼的消费"、"装门面的消费"、"摆阔气的消费"，即富裕者总是要通过购买一些昂贵奢侈品或大讲排场疯狂消费来显示自己的地位，向他人炫耀和展示自己的金钱财力和社会地位，以及这种地位所带来的荣耀、声望和名誉。

制度性变革涉及政治、经济等方面，并波及文化和观念等其他诸多层面。作为社会变革组成部分的高考，实际上成为了观察社会变革的一个窗口。

首先，高考恢复与社会分层格局变化相呼应。1949 年后，我国迅速形成了一个强国家弱社会的权力格局和资源控制格局。国家控制着个人生存发展的基本资源，而资源的实际分配权力又掌握在各级各类干部手中。因此，任用干部的实际标准既是社会权力"合法性"的风向标，也影响不同出身者的实际命运。高考存废是影响知识人命运的制度性手段，影响着知识人的命运起伏。在政治分层的社会格局下，反映新中国知识与权力结合状况的重要尺度就是干部录用标准。在毛泽东时代，毛泽东曾提出过"任人唯贤"的路线，即"共产党的干部政策，应是以能否坚决地执行党的路线，服从党的纪律，和群众有密切的联系，有独立的工作能力，积极肯干，不谋私利为标准，这就是'任人唯贤'的路线"（毛泽东，1969）[515]。此后在 1964 年，毛主席还提出过选拔接班人的 5 个条件：必须是真正的马克思列宁主义者；必须全心全意为中国和世界的绝大多数人服务；必须能够团结绝大多数人一道工作；必须遵守民主集中制；必须谦虚谨慎、自我批评、勇于改正错误（李强，1993）[285]。这些标准实际上没有明确提出技术的、业务的和文化教育方面的具体要求。所以，新中国的官员在一段时间内，文化水准不高（到 1987 年，官员中大学毕业程度者也仅为 13.5%），这实际上也给知识分子进入政界预留了巨大空间。

高考恢复后，知识逐步成为通向权力的康庄大道（知识分子从被改造状态突变到大学生天之骄子的高尚地位，确实引人注目），因为国家一步步强化了从大中专生中吸收干部的做法（即"大学生包当干部"）。邓小平在 20 世纪 80 年代初期提出了"尊重知识、尊重人才"（邓小平，1983a）[37-39]的口号，并提出干部四化的要求（即年轻化、知识化、专业化和革命化）（邓小平，1983b）[286]；中组部则于 1983 年制定了《全国干部培训规划要点》，明确规定现具有初中和初中以下文化程度，年龄在 50 岁以下的干部到 1990 年要基本达到高中和中专水平。

从此时起，文凭牵动了千万中国官员的心，人们称之为"文凭热"的现象急剧升温。据不完全统计，从1979—1988年的10年间，官员获得大专学历的有151.8万人次，获得中专学历的达97万人次，高中学历的达100多万人次。到1991年年底，具有大专以上学历的已占干部总数的71%①。

其次，高考改革与国家权力占有格局变化相适应。客观地说，"文革"让当时的年轻人失去了不少机会。在最应该读书的年纪，这些学生四处串联，城里的孩子还要上山下乡（笔者认为这是中国出现的政策性引导的大规模逆向社会流动）。当然，在这种特殊社会背景下，仍然有很多人没有忘记学习（这些人大都成为了高考恢复后的受益者），尽管当时可供看的书太少，学习氛围也远远不够。恢复高考意味着用人制度从注重出身转向注重知识和能力以及个体自身努力，也就是从注重先赋因素转向注重自致因素，虽然接班顶替等制度一度仍在推行，但向上流社会流动的渠道确实拓宽了。

特别值得一提的是，这一时期，国家逐步强调干部"四化"的要求。由于干部四化中的知识化和专业化与高考的知识取人走向完全一致，加之国家明确提出并实施大学生包当干部的政策，在这种背景下，高考除了分配高等教育机会外，一个不可避免的重要社会使命就是选拔潜在干部。事实上，恢复高考以来，大学生一度确实成为政务性干部的重要来源；技术性干部也主要来自大学生群体（他们具有干部身份的主要标志是他们由人事部门进行身份管理，从而制度性地区别于工人）。大学生包当干部的政策一方面使大学生更加顺利地进入技术领域和干部队伍，并具有了制度赋予的合理性和合法性甚至优先性，另一方面使干部继替有了明确的知识和技术标准，有利于干部队伍走向专业化②。可以肯定，恢复高考实际上使高等教育系统成为新中国文官

① 干部专业化需要的条件：第一，要有从事管理活动的比较固定的程序和规章；第二，专职或兼职官员必须把主要精力放在行政管理上；第三，它需要专门训练以保证办事效率和权威性；第四，需要有合理的官员选拔制度来保证官员更替的有序性和有效性。

② 参见新华社1993年5月9日电。

制度的支持系统甚至就是文官系统的重要组成部分。这种制度安排使高考牵动亿万中国人的心，并形成了中国高等教育系统特殊的政治生态。

简而言之，随着干部文化层次的大幅度提高，文凭实际上已经越来越成为（尽管不是决定性的）通向权力的基本条件之一。学历慢慢地向政治（其核心是权力）靠近，知识和人才在人们心目中的地位大大提高。根据蔡禾等人1983年对职业声望的研究，专业人员的声望评价首次超过了官员层而居于第一位（蔡禾，等，1995）。

三、恢复高考的教育改革：理顺精英替代的社会秩序

一般而言，教育具有社会化和社会筛选两大基本功能。简而言之，社会化功能就是使人通过教育成为特定社会的合格参与者和建设者；筛选功能则是使个体进入不同社会职业岗位，从而充当不同社会角色，拥有不同社会地位，并享有差别性的权力与义务。

首先，高考作为一种选拔性考试会引起人们地位的分化和社会流动的产生。在我国传统社会中，尽管有士农工商四大阶级，但实际上存在三个基本集团，即职业官僚、民间精英和普通民众三个重要的利益集团。其中，职业官僚掌握社会运行，发挥社会向标作用。而以教育内容为主要选拔依据的科举制度成为我国古代文官制度的重要支持系统，在一定程度上促进了合理的社会分层与流动。

在现代社会，社会流动的依据越来越呈现出由先赋因素向自致因素转变的趋势。高考成功往往是个人天赋和后天努力共同作用的结果，它包含了许多为人们所认同的自致因素，并且先赋因素必须通过个人自身的努力才能得到实现。所以，在公正的考试制度下，权力、财富等因素难以直接发挥作用。高考制度确实不失为一种最具操作性的社会筛选工具，有利于促进合理的社会分层和流动。

其次，高考充当社会减压阀和稳定器的功能。从考试实践看，公正的选拔性考试都具有社会减压阀和稳定器的功能。我国古代的科举

制度，其考试标准比较严格和客观，也比较制度化。科举制度本身基本上撇开了血缘、门第、出身、家世等先赋性因素的直接影响，而把学问这种成就性因素作为官员录用的基本标准甚至首要标准，它确实起到了提高官员素质、改变官员构成背景，从而优化社会政治精英结构的作用，为家天下的政治制度增添了许多活力。因为学问不能世袭，即使是身世较为显赫的家族，如果其家族成员不努力或缺乏天分，也会家道中落。

可以肯定，高考制度在相当一段时期客观上造成了个人的合理社会流动，从而缓解了阶级矛盾和阶级冲突，也模糊了社会阶层边界，促进了不同阶层间的交流。高考或其他社会选拔性考试制度必然近乎天然地充当社会减压阀和稳定器的作用。从反面看，国际经验和我国历代农民起义都表明，缺乏合理的教育筛选制度，不但容易遗漏社会英才，而且容易使知识分子成为社会动乱的制造者或积极参与者（亨廷顿，1989）[4-46]。

再次，高考除了分配教育机会和预演分配社会机会和社会身份地位外，还再生产社会结构和形成新的社会资本或文化资本。正如法国当代著名教育社会学家布尔迪厄（P. Bourdieu）所认为的那样，教育体制是文化生产和再生产社会等级结构的制度基础。他将一场细腻的、微观的除魅放在现代教育制度背景中展开：教育场域和权力场域的等级同型性使得强势社会地位的人可能利用文化资源，尤其是知识分类、资格差别和招生过程来维护其政治和社会权力地位。于是，教育代替门庭、宗教和直接的政治、经济背景，成为一种新的不平等机制。值得指出的是，这种机制实际上既可能抹平社会不平等，也可能生产或复制社会不平等（彭拥军，2006）。

四、新一轮高考改革：应对大众化时代的新挑战

1999 年触发的高等教育大众化进程使高等教育逐步成为人们必要的生活准备，甚至是一种权利和义务，泛泛而谈的高等教育逐步不再

具有卓越含义。诚然，大众化背景下的高等教育，不能单纯关注卓越，也要关注学生与专业之间的合适性。与此相应，高考改革要使高考既能够反映考生的生理心理素质、知识能力结构差异，从而既为高校选择合适新生，也为考生选择合适高校与合适专业提供依据。高考在充当为国家、社会或高校挑选合适新生的手段时，也要成为促进人的发展之目的的重要手段。

首先，高考改革要凸显为大众服务的功能。当今，高等教育出现了以下变化。第一，高等教育边界逐步模糊。正如加塞特（O. Gasset）所言，大众化和普及化容易把校园的边界演变成国家的边界，将内部同外部分开的界线就变得相当模糊（克尔，1993a）[17]。高等教育大众化和普及化使高等教育从象牙塔中走出来，走向社会中心。由此，高等教育与国家、社会有了更加密切的互动，出现了把校园带进国家或者把国家带进了校园的新局面。第二，高等教育服务内容前所未有的扩张。克拉克·克尔（C. Kerr）对大学的特殊职能做过一个简洁的评述：大学在维护、传播和考察永恒真理方面是无与伦比的；在探索新知识方面是无与伦比的；在整个历史上的所有高等学校中间，在服务于先进文明的如此众多的部分方面也是无与伦比的（克尔，1993b）[29]。克尔实际上用另一种方式阐明了大学的三大职能，即培养人才、发展科学知识和直接为社会服务。第三，高等教育服务对象范围扩大。从高等教育服务对象看，大众化和普及化过程也是高等教育服务对象扩张的过程。大学最初是为社会精英服务的，而后又为中产阶级服务，现在则为所有人服务，不论其社会和经济背景如何（克尔，1993c）[64]。

高等教育大众化和普及化使高等教育服务对象在数量上大大扩张，服务层次和类型更加丰富。高等教育由单纯培养职业准入者进入更加广阔的领域，将成为终身教育体系中越来越重要的组成部分。高等教育在注重培养毕业生找到职业技能的同时，越来越注重培养毕业生塑造职业素质；高等教育为初次从业者提供服务的同时，也为职业转换者提供职业转换所需要的知识和技能；高等教育还要考虑终身学习与培训方面的社会需要，不仅面向即将走向职业岗位和需要转换职业的人群，还要考虑范围更大的人群，比如高等教育将成为老年人圆大学梦的场所和更好享用晚年的方式。

其次，高考改革要为精英高等教育的繁荣服务。高等教育在大众化和普及化过程中，由于大学生数量的绝对增长导致了高等教育机构在规模扩张的同时，实际上也出现了教学和科研赖以生存的环境性质的变化（特罗，1999a）。对学者而言，在高等教育规模的显著增长的情况下，如何保证充足时间思考研究项目或者从事学术工作和科研而不受干扰，会变得越来越困难。学者要有独立的时间，需要远离办公室和研究中心而较多地待在家中，但这种做法又容易削弱学术团体，并可能对大学管理、学生训练和社会化产生负面影响；对高等教育系统而言，会进一步增强它对政府的经济依赖，使学术自由和大学自治具有越来越浓厚的政治味道；对学生而言，上层和中层子女的入学率会大大高于工人和农民子女的入学率，教育机会均等问题反而可能因为高等教育机会的增加而变得更加突出，并且使教育机会均等的内涵发生变化，使接受高等教育的含义发生变化。

尽管与高等教育大众化和普及化相伴随的高等教育规模扩张容易遮蔽高等教育制造精英的职能，但我们仍然有必要指出，把高等教育发展划分为精英高等教育、大众高等教育和普及高等教育等不同阶段本来就是一种人为抽象。事实上，在大众化阶段，精英高等教育机构不仅存在而且很繁荣。在大众型高校中培养精英的功能仍继续起作用（特罗，1999b）。制造精英与普惠大众是高等教育发展过程中难以摆脱的魔咒。并且，以杰出为特点的精英本来就是一个意义丰富或者说含义模糊的概念，在很多场合里，精英都被狭义地视为统治精英。而广义的精英，可以指在自己的活动范围内取得成功并在职业社会中占据重要位置的少部分人。诚然，社会需要合理的制度设计来保障权力、财富和声望等稀缺资源分配的合法性和有效性。人们倾向于让精英来掌握更多社会资源，以更好地满足人类发展的需要。因此，精英生产和精英循环的制造机制十分重要。米尔斯（C. W. Mills）在《权力精英》中就指出，如果我们使美国 100 名最有权的人、100 名最有钱的人和 100 名最有名的人，远离他们现有的地位，远离人际关系和金钱，远离目前聚焦在他们身上的大众传媒，那么，这些人将变得一无所有，没有权势、没有金钱、没有声望。因此，权力并非属于个人、财富也不会集中在富有者身上，声望并不是任何人格的内在属性。要想声名显赫，要想腰缠万贯，要想权倾天下，就必须进入主要机构，因为个体在机构中所占据的位置，很大程度上决定了他们拥有和牢牢把握这些有价值的经历的机会（米尔斯，2004）[9]。托夫勒（A. Toffler）则对制度化精英生产做了更为简明的注脚，他认为一部人类历史，其中基本的权力资源不外三种：暴力、金钱、知识（托夫勒，1991）[5]。

人们如何才能拥有这些权力资源并使之具有人们认可的合理性和合法性，我们必须通过某种制度设计（比如高考或其他制度）来保障甚至放大权力。在中国，把教育视为精英生产和再生产的制度化手段具有深厚的历史渊源。可以毫不夸张地说，在传统中国，权力与知识的结盟是因为知识可以为权力所用，可以增强权力的合理性和权威性，而权力可以保证知识产生更大影响力并获得更多社会资源（彭拥军，2007）[1]。

参考文献

阿尔温·托夫勒. 1991. 权力的转移[M]. 刘红,等,译. 北京:中央党校出版社.

包亚明. 1997. 文化资本与社会炼金术——布尔迪厄访谈录[M]. 上海:上海人民出版社.

蔡禾,等. 1995. 社会分层研究:职业声望评价与职业价值[J]. 管理世界(4).

邓小平. 1983. 邓小平文选(1975—1982)[M]. 北京:人民出版社.

黄抗生,等. 2008-10-15. 大学圆梦——从 27 万到 600 万[N]. 人民日报(海外版).

亨廷顿. 1989. 变化社会中的政治秩序[M]. 王冠华,等,译. 北京:生活·读书·新知三联书店.

克拉克·克尔. 1993. 大学的功用[M]. 陈学飞,等,译. 南昌:江西教育出版社.

李强. 1993. 当代中国社会分层与流动[M]. 北京:中国经济出版社.

马丁·特罗. 1999. 从精英向大众高等教育转变中的问题[J]. 王香丽,译. 外国高等教育资料(1).

毛泽东. 1969. 毛泽东选集(第二卷)[M]. 北京:人民出版社.

孟宪成. 1985. 中国古代教育文选[M]. 北京:人民教育出版社.

米尔斯. 2004. 权力精英[M]. 王崑,许荣,译. 南京:南京大学出版社.

彭拥军. 2005. 高等教育与农村社会流动·摘要[D]. 厦门:厦门大学教育研究院.

彭拥军. 2006. 论高考的功能[J]. 湖北招生考试(16).

彭拥军. 2007. 高等教育与农村社会流动[M]. 北京:中国人民大学出版社.

涂尔干. 2006. 教育思想的演进[M]. 南京:世纪出版集团.

张人杰. 1989. 国外教育社会学基本文选[M]. 上海:华东师范大学出版社.

第十四章 生活化：道德教育改革的 话语实践[*]

自人类道德现象出现以来，道德与生活的关系始终是道德教育的核心命题。道德源于生活，在生活中进行，为了生活而存在，二者天然地结合在一起。现代学校制度诞生以来，道德教育从普通人的日常生活中分离出来，成为学校专门开展的一项活动，二者的分离便成为制度化的现实。自此，在中外教育史上，道德教育回归生活之路的理论探索与实践追求便一直没有停止过。1949 年以来，随着国家政治的日益强大，学校教育日渐被裹挟到为国家政治服务的附庸状态。在回归生活世界的道德教育理论提出之前的相当长的历史时期内，学校道德教育一直充斥着政治意识形态的影响，道德教育成为政治斗争的工具与手段，道德教育政治化导致的道德教育远离现实生活、假大空的现象已经走到了极致。改革开放以来，为经济建设服务成为举国上下最大的政治，学校教育从政治的附庸沦为经济的奴仆，实用主义、功利主义占据主导地位，教育规律被经济规律所取代，教育的伦理性、道德性被进一步消解。在此背景下，道德教育回归生活世界、回到人本身的理论命题就被赋予了新的时代内涵。

回归生活世界道德教育理论的提出，回应了时代发展的需要，揭示了道德教育自身的内在规律性，因而一经提出，即作为一种先进教育理念的象征和符码，成为道德教育领域最具权威性和代表性的话语体系。这一话语实践便具有了超越自身思想内涵之外的形式化的力量，

---

　　* 本文原刊于《教育研究与实验》2011 年第 5 期，现收入本书时略有改动。

即只要提生活化，就代表唯一正确的思想观念；生活化作为扭转政治对道德教育主宰作用的学术追求，可能演变为新的话语霸权，进而成为一种意识形态。为此，需要对生活化的话语政治进行社会学意义上的分析与批判，进而增强生活化理论的学术自觉和批判意识。

一、道德教育生活化的话语政治

"生活化"本身是一个充满歧义的概念，它以先进教育理念的符码形式，从专家话语到政策文本，并进入教育实践，这三种存在形态之间经历了怎样的话语转换或意义的流转与变异，甚至是误读？话语实践背后折射出怎样的社会现实？"生活化"这样一个充满着价值预设的哲学话语，在教育改革中是如何代言并担当起鼓舞、号召或解放等改革使命与责任的？哲学话语、政治话语、教育话语是如何实现三位一体的价值同构的？在"众口一词"、"异口同声"的话语表象背后，隐含着怎样的矛盾斗争与现实利益的考量？抑或如其他领域的改革一样，成为一些人打着改革旗帜谋取个人私利的借口？总之，生活化的话语政治本身构成了道德教育改革这一社会事实的重要组成部分。

（一）生活化的话语分析

这里借用福柯（M. Foucault）的话语分析理论，对道德教育生活化的话语实践进行分析。福柯认为，话语是人类科学的知识体系，人类的一切知识都是通过话语获得的，历史文化就是由各种各样的话语组构而成的。话语与权力是辩证的同构关系，影响控制话语最根本的因素是权力，话语与权力是不可分的，真正的权力是通过话语实现的，话语既是权力的产物又是权力的组成部分。权力影响话语，话语也影响权力，正如交谈能建立、维系或结束某种权力关系。"教育的重建暗含着政府如何通过'真理'和'知识'这类的教育产品去运用或强硬行使其权力"（鲍尔，2003a）[14]。权力与知识是同一过程的两个方面，知识不反映权力关系而是蕴含在权力之中。因此，话语是与能说出来和想出来的东西有关，也是与谁能说、什么时候说、在哪里说以及权威性的依据是什么有关。话语包括含义和社会关系，构成主观意义及权力关系。话语是"有条理地建构所谈论的客体的活动……话语不是关于客体的东西；话语并不认证客体是什么，而是建构客体并且在建构的实践过程中不加任何主观臆造"（鲍尔，2003b)[15]。在任何社会，话语一经产生后立即被大量的程序控制、选择、组织和重新分配。这些程序的作用是转移话语的权力及其危险，控制那些不可预测的事情发生。在此意义上，教育既是一个话语实践的领域，同时也是一个权力斗争的竞技场。

福柯的话语理论启示我们，话语永远是具体的历史的，所谓隐藏在话语深层的思想或意义"核心"或"绝对真理"实际上是不存在的，意义随着时间、地点、环境等条件的变化而变化（王治河，1999)[159,182,160]。用话语理论来审视道德教育生活化的话语实践，可以发现：围绕道德教育生活化这一理论命题，说了什么或表达了什么并不重要，重要的是谁、在什么时间、什么场合，又是如何去言说的。

回归生活世界道德教育的话语来源主要有两个方面：首先是哲学的转向，即以胡塞尔（E. E. Husserl）为代表的回归生活世界的理论日渐成为哲学领域的主流话语；其次是来自实践领域，即由政府以行政方式推进的基础教育课程改革中提出的，体现或符合世界课程改革发展趋势的课程生活化、综合化的理念。在理论话语与行政话语的共同作用下，回归生活世界的道德教育理论的提出可谓水到渠成。

"生活世界"作为外来语被介绍到中国，因为源自西方哲学的特殊语境，进而成为一种强势话语①，在中国学术理论界并没有引起太大争议。道德教育回归生活世界从哲学话语到教育话语的转换过程，不仅没有遭遇任何的现实困境，包括时空条件、中外语境、实践场域等，

---

① 在中国对西方哲学的译介过程中，海德格尔等人的生活世界理论已渐成显学，甚至在一定意义上取代了马克思主义哲学的学科地位，可以中国某高校科学社会主义研究方向因没有生源而被迫取消该专业为证。

甚至可以说采用了中西文化交流中惯常采用的简单的拿来主义的做法。

在回归生活世界的哲学语境下，回归生活世界的道德教育理论登上了道德教育改革的历史舞台，作为此次改革的标志性成果，在道德教育理论界引起了广泛关注，进而占据了道德教育理论研究的半壁江山。因应哲学界的生活转型以及基础教育课程体系的整体改革，回归生活世界的道德教育改革可谓势在必行。即便如此，回归生活世界的道德教育改革仍然有一个自我合法化的论证过程。其中代表性观点有：

有学者提出，世纪之交我国公民道德教育实现了某种重构，形成了在"回归生活世界"理念指导下的道德教育。回归生活世界的道德教育是针对原来道德教育存在的"学科化、知识化、工具化"倾向而提出的（刘志山，2005），努力克服的是道德教育与生活世界的疏离状态。道德教育与生活世界本是内在统一的，但是唯知识取向、遵循学科知识内在逻辑的道德教育却将由生活中产生的道德规范、知识作为本体，从活生生的人的生活世界中抽离出来，变成永恒不变的信条，并以单向的灌输的方式教给学生，最终使得知识学习的过程变成对生活的异化过程。

有的学者进一步提出："生活化是中国新一轮学校德育改革的热点，它既反映了对杜威、陶行知等人的教育思想的回归，也表达了对现行德育使'学校教育世界'与'学生生活世界'相隔离的不满。"（朱小蔓，刘次林，2009）

另有学者指出，近年来中国德育改革过程中一个具有进步意义同时也遗留问题颇多的命题就是"德育回归生活"。首要问题在于什么是生活，德育或全部的教育要回归什么样的生活？（檀传宝，2005）

总之，从哲学的转向到基础教育课程改革的需要，从对中外生活教育思想的回归到对当下中国基础教育现状的批判与反思，生活论取向的道德教育比较容易地取得了理论界与实践领域的普遍认同。尽管理论界对于生活、生活世界的理解还存有异议，但却普遍认同此项改革的意义和价值。其次，道德教育生活化被广泛接受的另外一个重要原因在于，生活化的话语本身兼具"学术话语与实践话语"的双重品质，既可以被专业人士所采纳，又可以为普罗大众所理解。因为每个人都在生活之中，生活构成了人的现实存在，人们对生活、生活化这样的概念并不陌生，容易理解也容易接受。正如毛泽东所言，理论只有被最广大的人民群众所接受，才能发挥其能动作用。同时，生活化作为一种精神性表达，还体现了教育学者的人文关怀，是教育学人文化自觉的体现。生活化话语的提出并占据主导地位，标志着教育理论界学术话语与政治话语的渐趋分离与分化，同时也反映了道德教育内涵与功能的演变，即从教化、规训式的道德，到追求意义价值的伦理道德；从强调道德的外在功能，到注重内在功能和价值引领的重大转变。

既然生活化成为基础教育课程改革的共同追求和发展趋势，为什么会成为道德教育改革的特有标志被写在改革的旗帜上？道德教育与生活化之间存在着哪些其他学科所不具备的内在关联呢？

这种内在联系首先体现在课程名称上，如小学品德课的课程名称为"品德与生活"、"品德与社会"。更重要的是，在课程内容设计上是以生活为本体论的。"'生活'这个概念本身就是一个主体与客体、自我与他者相统一的概念。我们之所以以生活为本体，而不是以'人'或'儿童'为本体，也是为了摒弃一种二元对立的思维模式"（鲁洁，2003）。如果说其他学科是以知识形态分门别类进行学习的，那么品德课则是以完整意义上的人的生活为认识对象的，人与生活之间的关系不是主客二分的，而是在生活中学习道德、实践道德。道德教育与生活关系的特殊性决定了生活化成为道德教育改革的特有标志。

（二）生活化的意识形态批判

"意识形态，即指导维持现存秩序的活动的那些思想体系，它往往是以隐含的默会的知识形式作用于人们的认识活动；乌托邦，即往往产生改变现行秩序活动的那些思想体系，它往往体现了研究者或行动者的强烈的思想意识和价值取向"（曼海姆，2000）[14]。在曼海姆看来，这两种思想体系往往会遮蔽人们对客观的社会现实的理解与认识，导致认识上的误区。

如同其他理论学说一样，作为改革旗帜的生活化本身同样面临着被意识形态化的危险。"意识形态是行动的而非仅仅是理论的，它常常用来指导政治、社会、经济和教育政策的制定。意识形态的作用在于赋予一个群体的世界观、期望、计划和行动以理论上的合法性。意识形态并非表面上看来的一个人或群体的专门利益为基础的，意识形态的正当性或合法性诉诸于一种更高层次的，似乎更具有概括性，因此更具有适用性的权威"（古特克，2008）[158]。一种理论或学说只有被作为国家的意识形态，才能发挥其行动导向和纲领导向的功能。

道德教育生活化所以会成为一种意识形态，其标志就在于它成了唯一正确的化身，尽管其在理论上尚有很大的讨论空间，而在实践中却被无条件地接纳，进而成为一种话语政治。而什么样的理论可以成为国家的意识形态，则有赖于社会发展和当下国家政治的需要。生活化之所以成为道德教育改革的旗帜，绝不仅仅是在理论意义上，更重要的是在实践意义上。因此，进入实践场域的生活化就不仅仅是理论家说了什么，生活化的内容是什么，而在于旗帜本身。生活化的符号意义远胜于其实质意义。正如作为国家意识形态的马克思主义与作为学说的马克思主义之间的区别。道德教育生活化作为一种意识形态，即认为凡是生活化的就是好的。而在生活化的旗帜下，既有真正改革者的艰难前行，也有保守者的不作为，更有反对者打着生活化的旗号，恪守自己的行为准则，对改革持消极抵制态度。在此意义上，道德教育生活化的意识形态批判要比究竟什么是生活化、生活化的内容和形式等具体问题的探讨更有意义。

道德教育改革从摆脱国家政治意识形态的单一控制，到生活化的意识形态化的演变过程，说明道德教育本身的非独立性以及对国家政治的依附性，进而体现了社会控制手段和技术的发展演变，即从宏大叙事到微观政治，从集体、民族、国家到个体生活的微观层面，其中折射出社会发展进步的印记，即道德教育作为一种微观政治，是如何实现对个体的思想意识和行为方式发生影响作用的。

道德教育的生活化取向代表着宏大叙事的终结和微观政治的兴起，

从民族、国家、群体、集体观念到个人观念、主体意识的崛起。具体体现在品德课课程内容的改革中，即作为独立意义上的个体的思想感情、态度、价值观进入了课程的视野，从无人的课堂到有人的课堂的主体的回归。在生活化旗帜下的道德教育改革还体现了从国家宏观政治到微观政治的时代转型，转型的背后体现了现实生活中人们对生活意义和价值的不懈追求和探索。在此意义上，也体现了 20 世纪 80 年代潘晓之问（"人生的路为什么越走越窄"）的延续，即普通大众对生活意义和价值的探索与追求。道德教育从对国家政治亦步亦趋式地追随，转向面对当下生活及人的生存状态，这样的转变无论从何种意义上都意味着学校道德教育的自我松绑和自我解放。

二、生活化旗帜下的话语实践

在"……的旗帜下"，意在表明，在改革进程中客观存在着"以……之名，行……之实"，在同一旗帜和名义下，可能会有极其不同，甚至相互冲突的思想主张以及由此带来的截然不同的行动后果。在学校德育实践中，生活化一方面体现了道德教育从政治化的束缚下解放出来，向现实生活的回归，进而激发出学科教师的教学积极性和创造力，改革最终成为一种解放的力量，这无疑是道德教育改革的本意；另一方面，生活化有可能成为学校道德教育媚俗化、世俗化的借口，表现为放弃道德教育的超越本质以及对现实生活的价值引领作用，一味向现实生活中存在的一系列潜规则做出妥协与让步，如收受家长贿赂，钱权交易等，学校日渐成为争取各种社会资源和社会资本的名利场。这无疑是我们最不希望看到的与改革理想相悖谬的德育现实。

在生活化旗帜下的道德教育改革现实进而呈现出两种截然不同的镜像：一方面，对于一些薄弱学校而言，在残酷的升学竞争压力下，学校德育成为学校提高声誉、扩大生源的筹码和资本；抓好德育成为这些学校的重要生存策略之一；另一方面，对于那些占据着各种社会资源的名校而言，德育仅仅是在维持高升学率前提下的锦上添花工作，大做表面文章而无实际作为，成为这些所谓"名校"或"重点校"学校德育工作的应对策略。"只要学生升学成绩好，学校德育工作一定做得好"的行动逻辑大行其道，升学率的高低成为教育主管部门评价学校德育工作的重要价值尺度。

造成道德教育改革名与实之间巨大反差的原因除了对待教育改革的态度之外，还取决于观念向实践的转化过程中客观存在的种种制约因素，进而使得教育改革呈现出复杂多变的发展态势。以南京外国语学校仙林分校开展的班级管理体制改革为例。这项以整合学校内部教育关系、实现教育民主为出发点的改革实验，因为教师在思想认识和观念上存在的差距，班级管理体制改革在改革之初演化为一种新的治理术，即体现为教育民主的全员（包括全体任课教师、家长代表、学生代表）参与班级管理演化为一种新的管理模式，以及受到传统工作方式或思维惯习的影响，班级教育小组成员之间因为缺少合作导致管理效率低下等诸多主客观因素的制约，进而使得改革成效受到一定影响。客观上，校长的管理理念与每个班级的管理实践之间存在着诸多操作环节，而任何一个环节的缺失都可能导致改革的夭折。改革实践启示我们，一项改革的成功不仅需要正确的思想和观念，更重要的是要有一套设计合理、切实可行的执行系统。在任何一项改革中，人的因素总是第一位的，人对自身利益的得与失的现实考量、制度变革引发的对人的思维惯习和行为方式的深刻变革，成为改革进程中重要的制约因素。

如果说，政治教育与生活之间是有边界的，而道德教育与生活之间则是无边界的，道德教育即生活本身，这是生活德育的基本理念。既然生活是千差万别的，那就意味着没有一个统摄一切生活的永恒不变的道德与道德教育。如果将这一理念贯彻到底的话，学校道德教育作为一种可能生活①，便不具有统摄一切的强制作用，这就意味着消解了道德教育作为一种国家意识形态的功能，这与学校道德教育这一制

---

① "学校道德教育作为一种可能生活"的观点受到赵汀阳《论可能生活》一书的启发。

度设计是相违背的，尤其是在中央集权制的国家政治体制下。生活德育理想与学校德育现实之间客观存在的诸多矛盾与背离，导致生活德育理想的实现过程必然会受到来自学校制度本身的层层限制。

面对来自教育现实的种种规限与制约，既然生活、生活化本身充满了开放性、多样性，没有也不可能有一个统一的标准，因此，生活化的旗帜既可以成为在道德教育改革中不作为的合法借口，也可以作为改革理想的自我宣言。至于回归什么样的生活、谁的生活，则全凭每个人的理解与解释。"生活化"这样一个极其模糊并具有不确定性的话语表达成为道德教育改革的旗帜，与其说是思想性的表达，不如说是一种策略性的表达；与其说是各种社会力量之间权力斗争和利益博弈的结果，不如说是由政治话语、行政话语、学术话语共同搭建的利益表达的舞台，或在某种程度上实现共谋的结果。在这里，力量之争、话语之争，可谓你方唱罢我登台，各取所需，各行其是，成为学校、教师实现自身利益和价值的新的名利场。

在生活化的旗帜下，回归生活的道德教育实践呈现出众口一词的普适化和趋同化现象，尽管对生活、生活化的道德教育存有各不相同的理解，但是人们却不约而同地选择了认同这一旗帜和口号，不管在实施中是否真的践行，这个现象本身是值得思考的。正如一位小学班主任所说："回归生活作为新课改的精神，是必须要知道了，否则是说不过去的。但是，知道是一回事，是否真的去做是另外一码事。其实，不管新课改如何提倡，学校现实仍然是应试教育那一套，还是围绕着分数转。尽管我也兼品德课，说老实话，我是不可能把更多时间放在备课上的。这种情况在班主任身上是非常普遍的，除非是这个学科的负责人会认真备课上课，大部分老师对这门课是应付的。"

既然实践场域中存在着教育理想之外的另外一套评价标准，那么无论理论界提出什么样的理论，对于实践中的教师而言，并没有太大的差别。从专家的思想学说，到教研员的学科宰制，再到教师的教育教学实践，道德教育改革总是受到具体的时空条件的限制，而非在真空中进行。

三、作为改革共识的生活化

人们通常认为，改革一定是对某一理想目标达成共识之后的结果，因为只有目标一致，才能有一致的行动。在人们的思想观念中，对改革共识往往会持有一种政治运动式社会变革的幻象，即在人类历史上，社会变革或社会运动往往被塑造成"万众一心、众志成城；振臂一呼，应者云集"这样的历史图景。而在现实生活中，任何一项变革因可能涉及每个人的切身利益，都不可能是众口一词，而是各执一词。站在抽象的集体的立场上，以大众的声音讲话，只能体现为一种话语的霸权。因此，改革共识毋宁可以看作是关于改革的乌托邦。

作为改革共识出现的命题往往表现为一个个宏大叙事或永远正确的真理。如在课程改革纲要的起草过程中，最初只有"为了每个儿童的发展"一句话，但是经过相关部门审查后，则在前面加上了"为了中华民族的复兴"，即作为一种国家行为的课程改革不可能仅仅满足家庭、个人的需要，而必须把国家的利益放在首位。即在改革目标的表述中，必须兼顾国家利益与个人利益，改革绝不可能代表某一个阶级阶层的利益，起码在语义表达上必须传递出如此的信息，即改革总是以代表最大多数人民群众的利益为出发点和借口的，而改革的实质则在于，作为旗帜或宣称的全人类利益、民族国家利益、每一个学生的利益，其最终付诸实现者却往往是某一具体阶级、阶层的代言人，即每个社会中上阶级阶层的利益，在中国，则可能是占人口总数的大约23%的中产阶级及其代表[1]，这些人如何可以做到超越自己所属阶级和阶层的利益，进而担当起所谓公共知识分子的重任？起码这样的前提是值得怀疑的。

---

[1] 中国社科院社会学所."当代中国社会结构变迁研究"课题组近期发布研究结果 [EB/OL]. (2011-07-23) [2011-07-30]. http：// www. news. 163. com/10/0201/16/5UEV0627000120GU. html.

　　而这样一些极具抽象性、概括性表达的宏大叙事因为抽离了具体的实践经验和时空条件，一旦进入实际操作层面，面对改革可能涉及的具体的人、财、物等现实问题时，往往不具有对现实的指导意义。而一旦进入实践场域，则往往具有无限的解释空间。同样是在"生活化旗帜下"的道德教育改革，既可以作为变革现实的力量，也可以成为一种保守力量；既可以培植对现存社会秩序的革命性力量，又可以演绎出"存在即真理"的结论，培养现存社会秩序的维护者。这样一种具有无限解释空间的宏大叙事，往往很难发挥其对于教育实践的具体指导作用。在观念正确的前提下，如何面对具体的实践问题，使改革沿着正确的方向和理想的预期顺利发展，则是尤其需要关注的问题。

　　在道德教育改革进程中，生活化最终成为与政治化相抗衡的力量，在政治意识形态的控制下获得其话语权，进而成为道德教育改革的共识，这一切是如何发生的？作为改革共识的生活化何以成为可能？

　　所谓"共识的达成"，更多的是指在理念或观念层面形成的共同认识，即建立在原则上正确或原则上同意的基础之上，但是否执行要视情况而定的行动者策略。改革的艰难恰恰在于从观念到实践还存在很大的距离，需要面对一系列的具体问题，如作为道德教育改革重要内容之一的对已有学校文化、教师文化以及根深蒂固的思维惯习的改造等。只有少数改革精英可以站在民族国家的立场上，甘愿放弃和牺牲个人的一己私利，勇于担当改革的重任；多数人即便对于发生在个人身边、直接关涉个人利益的变革，如绩效工资、教师轮岗制的实施等也会采取或徘徊观望，或消极抵抗等不同态度。面对教育改革这一可能触及人们的思维方式、行为方式等层面的深刻变革，每个人都可能有不同的心态史，以及由不同心态史决定的不同的行动逻辑。共识的达成更多地存在于改革初期的发动和动员阶段，是一种寄托着改革设计者价值预设的"理想型"。

　　所谓"改革共识"，主要是符号或象征意义上的，除了以一种"理想型"的观念形态（当然不能忽视在改革进程中观念的力量）存在外，还会以国家政策文本的形式表现出来，进而带有较强的行政命令色彩，要求每个人必须执行。作为理想型的思想统一的观念要想转化为实践者的行动，还会受到此时此地诸多主客观因素的制约。人们对待改革的态度，不可能是振臂一呼应者云集式的，而更多的是从改革是否对自己有利的切身利益考量出发，做出或积极或消极的反应。现实利益的考量成为决定人们是否支持或反对改革的重要个体因素。另外，作为集体一员的行动者，也会视改革所处的具体时空条件而审时度势，最终做出行动与否的判断。实际的改革进程并非按照设计者预定的时间表和流程进行，而是充满着不确定性和各种变数。理想与现实，时间与空间，场域与情境，预设与生成，多种因素往往是错综复杂地交织在一起，共同构成了改革的变奏曲。教育改革中普遍存在的客观事实是，说与做的分离，理论上正确的并不一定会成为现实。比这种事实更严峻的是，人们对这种事实的默认已成为一种思维惯习，进而导致在行动上的不作为或消极抵抗。

如果说存在一个具有普适性的改革共识的话，那么，这样的共识或者来自自上而下的行政政令，或者是具有普适性的发展趋势。所谓大势所趋，抑或一个较具影响力的理论命题。无论是行政命令，还是大势所趋，抑或理论命题，都代表着占据强势地位的话语霸权，在实践进程中往往缺少自上而下或自下而上的互动交流过程。现实教育问题的当下性以及改革的紧迫性，往往不允许这样的磋商或等待的过程。在此意义上，改革共识的达成在最初意义上只能体现为强势一方的一厢情愿，而非理想状态的普遍认同。从实践层面分析，共识的达成需要时间，需要不同利益集团间的磋商与博弈，以及每个参与者对自身权力利益得与失的权衡与较量。这个过程往往比较漫长，而一项改革或变革的紧迫性、当下性往往不允许这样的等待，尽管理论上讲每个人都有选择的权利与自由，但是在实践过程中总是采取先做起来再说的行动策略。

综上所述，道德教育生活化作为一个本身充满歧义的理论话语，之所以成为道德教育改革的旗帜或改革共识，背后往往有着深层次的社会结构和文化传统因素。首先，经历了"文革"十年、改革开放30

年的中国社会，人们对政治与生活的关系有了新的认识和理解，政治不再是生活的全部，从国家政治意识形态的禁锢中摆脱出来，追求和向往个体美好生活成为国人生活的目标和理想，生活化在很大程度上反映了普通人的心声。从学人的实践来看，生活化则意味着个体思想观念的解放（从单一的政治话语中解放出来）和选择的多元化。再次，从全球化的角度分析，道德教育生活化也有其产生的国际背景，从杜威的生活教育思想，到胡塞尔回归生活世界的理论，生活世界的理论以及对于人的普遍关注已经成为人文社会科学领域的显学。而置身于中国社会转型这一宏观背景下的道德教育改革的话语实践过程，即道德教育生活化的本土实践过程，则远比这一理论自身的提出及发展演变过程要复杂得多，因而也更能突显社会学研究的意义和价值所在。

参考文献

杰拉尔德·古特克. 2008. 哲学与意识形态视野中的教育[M]. 陈晓端,译. 北京:北京师范大学出版社.

卡尔·曼海姆. 2000. 意识形态与乌托邦[M]. 黎鸣,译. 北京:商务印书馆.

鲁洁. 2003. 回归生活——"品德与生活""品德与社会"课程与教材探寻[J]. 课程·教材·教法(9).

刘志山. 2005. 道德教育与现实生活的辩证发展之路[J]. 辽宁师范大学学报(5).

斯蒂芬·鲍尔. 2003. 政治与教育政策制定——政策社会学探索[M]. 王玉秋,等,译. 上海:华东师范大学出版社.

檀传宝. 2005. 高低与远近——对于德育回归生活的思考[J]. 人民教育(11).

王治河. 1999. 福柯[M]. 长沙:湖南教育出版社.

朱小蔓,刘次林. 2009. 转型时期的中国学校德育[J]. 上海师范大学学报(哲学社会科学版)(11).

第十五章　城乡区隔：乡村学校教育的时空意识*

一、引子：平面与立体

笔者曾就城乡学生的符号世界作过一次调研，调研中有一项是让学生根据某个主题画一幅画。在整理绘画的过程中，笔者发现了一个非常有意思的现象，在同为五年级学生画的主题分别为"上学"和"幸福"的画中，大部分乡村学生画的往前行走的人和坐着的人都是躺着的，马路两旁的树则是向两边叉开的，而城市学生无一人出现这种情况（见图1和图2；图3和图4的对比）。

图1　上学（五年级，乡村学生）　　　图2　上学（五年级，城市学生）

* 本文原刊于《北京大学教育评论》2012年第4期，现收入本书时略有改动。

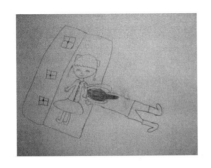 

图3　幸福（五年级，乡村学生）　　图4　幸福（五年级，城市学生）

　　为什么会有这样的差异？难道是乡村学生没有接受立体知识或立体画的教育？在后续的调研中，笔者有意识地让乡村学生就立体图形等进行观察和数数，学生个个对答如流。由此可见，乡村学生对于立体事物的观察能力并不弱，翻看数学教材我们发现在数学中有关立体图形的学习早已展开；与此同时，美术课中的立体画学习也已进行多时，但一旦落于笔端就成了另外一个样子。笔者访谈的美术老师表达了同样的困惑：

　　"四年级就跟学生讲近大远小，树不能躺着，到五年级还是不会，还躺着，人也躺在马路上，怎么讲也不会，就是照着书上直接模仿，树还是向两边叉开的。"（2011年2月23日对LJ中心小学美术教师W的访谈）

　　这样的差异背后或者说乡村学生立体画难教难画本身是否彰显着其他更为深刻的原因？笔者沿着这一思路发现了更值得思考与探讨的事实：现代乡村学校教育所秉持的相当现代的时空意识及其知识体系与乡村学生所生存的较为传统的乡土时空意识截然不同，造成这种差异不断变大的正是位于乡村的学校及其相关教育机制在时空意识层面有意识的不断变革，由此带来的不仅是学生学业上的困惑，更有整个乡村教育的紧张。

二、乡村社会的时空意识

（一）何谓时空意识？

作为社会科学最基本的范畴之一，时空意识受到诸多社会理论学者的关注，尤其是 20 世纪 70 年代后，社会理论家们开始探讨"社会结构和文化过程是如何必然受到时间上和空间上的安排的，这些时间安排与空间安排又是如何成为此类结构和过程之权力与效果的固有因素"（特纳，2003a）[506]。人们相信，不同群体认知世界的方式是不同的，而时空意识的不同是其最基本的表现，即人们感知时间与空间的方式是不同的。因此，大多数社会理论学者的阐述都假定，时空意识是一个社会范畴，而不是自然范畴，对时间与空间的感知是一种社会思维，它在社会中生成，是各个群体社会生活的节奏与时机本身，随社会的不同而各有差异，有多少种社会群体也就存在着多少种不同的社会时间与空间意识，例如学校与工厂、城市与乡村等就都有自身特定的时间与空间安排体系。

在时间意识的维度，索罗金（P. A. Sorokin）和默顿（R. K. Merton）区分了围绕"社会活动"和"钟点时间"而展开的两种不同的时间意识。以社会活动为依据的时间意识"似乎并不把时间看作一种类似于钟点时间的资源，时间不被看作某种流逝而去的、可以浪费也可以节约的东西，时间有多种表达，那些缺乏重大社会活动的时期，似乎就这样不诉诸时间地度过去了"（特纳，2003b）[506]。这样一种时间意识意味着，时间不是生活的标准，时间就在生活中。从以人的劳动和社会生活所决定的社会时间为主变成以抽象客观的钟表时间为主，是所有的传统农业社会在被整合进资本主义工业社会时都必须经历的一场意识层面的革命，无论是在 18—19 世纪中叶的英格兰、20 世纪初的日本、"二战"后的美国还是在当代的非洲，这场革命最终所导致的更远远超过计时方式的改变和守时习惯的出现，而是整套世界观及其相应的知识体系的全面变革（杨德睿，2011）。汤普森（J. B. Thompson）曾提出："以最大限度地主宰自然为基础的工业资本主义社会里，至关重要的特征是对时间的取向，而不是对工作任务和社会活动的取向。"（特纳，2003c）[507]"现代机器文明的首要特征就是通过时钟加以组织的时间规律性，而时钟的发明，从许多方面看都比蒸汽机还来得重要。"（特纳，2003d）[507]马克思提示到，在资本社会"人什么都不是，他充其量不过是时间的躯体"。钟点时间以不变的重复和完全的可重复性为基础，对时间的计算发展成为抽象的、可分的、可以用通用标准度量的，这样的社会将时间与活动相分离，活生生的时间消失了，时间进一步空洞化，现代社会就是这样的典型。齐美尔（G. Simmel）亦指出了现代大都市对于时间的计划和精确，"如果没有一套稳定的、非人格化的时间表，都市生活是不可想象的"（特纳，2003e）[507]。时间最终的抽象，使得时间与社会活动和世界万物的节律相隔离。

在空间意识的维度，齐美尔从独占性、分隔性、固定性、距离性、运动性出发揭示了空间的社会属性，他对外来人的分析，揭示出空间的反复位移和流动在认知与人格层面会建构更为客观的认知和更为短期的行为意识等等（齐美尔，2002）[512-516]。这堪称是社会学对于空间最经典的研究。后期的社会学家围绕着城市/乡村的区别来组织自己对空间的理解。沃斯（L. Wirth）主张，城市地区与乡村地区之间在规模、密度和异质性方面存在不同，决定着人们不同的互动、距离感、稳定性等。但是这样的分析受到了后来者的质疑，认为这种简单的二分及对比会固化人们对于乡村和都市的看法。吉登斯（A. Giddens）改变了方向，从现代性的角度出发分析了空间。他指出空间的变化是日益抽象化，空间从社会活动中脱离，由原来的"在场"开始"脱域"。"在前现代社会，空间和地点总是一致的，因为对大多数人来说，在大多数情况下，社会生活的空间维度都受'在场'的支配，即地域性活动支配的，现代性的降临，通过对'缺场'的各种其他要素的孕育，日益把空间从地点分离了出来"（吉登斯，2000）[16]。这意味着现代性使得人们不再倚重在场的空间参与互动，空间的情境化及各种意义不再凸显，取而代之的是各种象征标志、专家系统、信任机制，人与自然的关系被重构，世界越来越抽象化，越来越受各种符号、话语的支配，空间不再是束缚人们行动的范畴，空间既成为人们理所当然的生活维度，也成为可有可无的存在。

（二）"生物时间"：乡村社会的时间意识

事实上，时间不仅是人类社会独有的，节律性已经被证明是自然界一项至关重要的原则，既体现在有机体内部，又体现在有机体与其环境的关系上。人类与其他动物并不只是受到钟点时间的影响，它们本身就是钟表，所有的动植物都具有某种时间系统，在传统的农业社会，社会活动围绕农作物展开，人们的时间安排多是以农作物的生长规律为根据，因此这种时间系统也被称为"生物时间"（特纳，2003f）[520]。在绵延千年的农业生产和生活过程中，传统乡村社会逐渐形成了自己独特的"生物时间"意识。

在传统的乡村社会，以公历为主的日历表中的日、月、年及星期制不是乡村人主要的时间参照，融进乡村人血液中的时间表是农历，以及由此生成的 24 节气。农历以一个朔望月为月周期，并设置闰月的办法使年的平均长度接近太阳回归年，因此诸如大月、小月、平年、闰年，以及搭配天干地支而形成的 60 年周而复始等一系列计时的办法相应产生。为了指导农业生产的方便，在农历中又补充设置了一个非常重要的计时单位——节气，根据太阳在黄道上的运行位置，每运行 15 度为一个节气，24 节气把一个太阳年划分为 24 个彼此相等的段落，以此反映对农业劳动至关重要的一年四季气温、降雨等方面的变化，指导乡村人下种、耕作、收获等日常劳作。"抓紧季节忙生产、种收及时保丰年"，这里的"季节"与"及时"都是针对 24 节气而言的。因此作为乡村人，从小就要被要求熟悉及背诵 24 节气歌，为将来从事农业劳作和生产做准备。

24 节气对应着农作物的生长周期，也同时决定了乡村人的生活周期。在农忙时节，农民需要抓紧时间，起早贪黑地抢种、抢收，不能有丝毫懈怠。"'清明忙种麦，谷雨种大田'——清明天气回暖，要抓紧时间播种春小麦，谷雨取自'滋五谷之雨'，借此天时，农民需要大规模的展开春耕。'麦忙不怕忙，就怕豆叶黄'——农历五月间麦收季节固然已经很忙，但是麦收加上夏种总共也忙不了二十天，而'豆叶黄'时才真正到了农民们最紧张的'三秋大忙'时节。此时农作物纷纷成熟：大豆、玉米、高粱、棉花都得抓紧收割。秋收之后，还要再翻一遍地，然后再种冬小麦。秋收、秋耕、秋种，一刻也不能耽搁"（李洁，2011a）。农民们都深谙"人误地一时，地误人一年"的道理，因此农忙时节对时间的珍惜到了废寝忘食的地步，早上三四点起床赶早工、中午把饭带到田间地头、晚上摸黑下地等等成了农忙时节的生活常态，总之无论如何都要赶在时令结束前完成相应的农业劳作，不容许错过时令。而在相应的时节未到之前，农业生产也无法提前进行或完成，必须耐心等待农作物的成熟。等待的过程也即是农民农闲的过程。有忙得天昏地暗的"农忙"也有悠然自得的"农闲"，农民的生活节奏内在于农作物的生长本身。

这样一种生活节奏下的时间意识具备以下几个特点。一是时间的自主性，人们可以根据自家农作物的长势、多少、天气及自身身体情况等安排农忙和农闲时的生活节奏，经常可以看到不是太忙的时候人们扛着锄头站在路边和邻居聊上半天，生活无需预先的安排，或者即便有所规划也会具有很大的灵活性，因时因地因人而变；二是时间的模糊性，"日出而作、日落而息"，人们的生活不需要精确到分分秒秒，根据太阳的位置就能大致安顿一天的饮食起居、田间劳作。"'一大早'、'天黑以后'、'打盹的功夫'这些貌似并不精确的时间单位在地方实践中却可能比精确的时间刻度更能传达出有价值的信息。'起了个大早下地干活'并不意味着早上八点整准时下地干活。'晌午时分'也不对应着某个精确的时间点。'打盹的功夫'可长可短，只要能够恢复田间耕作的辛劳。这种模糊性的生物时间更加适用于农业生产劳作的实践逻辑"（李洁，2011b）。三是时间的非线性，乡土社会是一个定型了的社会，人们的生命都在以同一方式反复重演，同一戏台上演着同一的戏，是一个模子里印出来的一套（费孝通，1998a）[21-22]。日复一日，年复一年，下一辈重复上一辈的生活节奏、生命起伏，就如同农作物那样，种了收，收了再收，如此循环往复，生生不息。昨天、今天、明天在时间感觉中具有等同意义，乡村中的时间感并不急迫，这样的时间与钟表时间相比虽有意义却没有约束力量，"从容不迫地劳作，今天完不成的就留到明天"，"形成了一种顺从和对时间流逝的漠不关心的态度，不会梦想控制时间，消耗和节省时间……所有的生活行动都不受时间表的限制"（布迪厄，2009a）[218-219]。四是时间的本体性，正是基于生物的生长规律与日月星辰变化而展开的生活节奏，不同于客观的钟表时间尺度是一个外在冰冷的机械物，生物有其灵性和生命，它们生生不息、周而复始，人们在与有灵性的生物的互动和交流中把握时机，安排生活的节奏，感受生命的流逝与轮回，生物时间意识成了内在于乡村人生命本体的维度。

（三）"情境化"空间：乡村社会的空间意识

乡村社会中的人们在空间维度也有其特定的认知倾向。生活在乡村的人们与城市生活的人们对土地的感知不同。在传统的乡村社会，有了土地就有了生存的资本，有了生活的底气。再贫瘠的土地，农民们都可以不计劳动成本的付出，土地对于农民来说跟生命等同，人们怀着对土地的敬畏，精心翻耕、锄草、施肥，向对待自己的孩子，又像侍奉家里的长辈。民间的各种传说、信仰和神秘的价值都围绕着土地展开，土地被尊奉为"土地爷"和"土地神"，逢年过节，人们都要到田间地头供奉。

人们对待土地的这种敬畏和尊重，不仅为了求得土地的回报，满足基本的生存需要，更已深入其血液，满足其心灵安全的需要。"如果说人们的土地就是他们人格整体的一部分，并不是什么夸张"（费孝通，2004a）[161]；"土的那相对用之不尽的性质使人们的生活有相对的保障，虽然有坏年景，但土地从不使人们的幻想彻底破灭，因为将来丰收的希望总是存在，并且这种希望是常常能实现的。套用当地农民的话：'地就在那里摆着。你可以天天见到它。强盗不能把它抢走。窃贼不能把它偷走。人死了地还在。'占有土地的动机与这种安全感有直接关系。'传给儿子最好的东西就是地，地是活的家产，钱是会用光的，可地是用不完的。'"（费孝通，2004b）[160]因此在传统乡村社会，一代代繁衍，大部分的人在哪个地方出生就在哪个地方生长下去，一直到死，很少移动。

人们在土地上生存并交往，这种"在土"而"不离土"的生存方式本身构成了传统乡村人"情境化"而非"抽象化"的空间意识。"情境化"的空间意识不同于"抽象化"的空间意识，抽象化的空间是需要主体去认知的客观对象，是以主客二分为前提的。"情境化"的空间意识表明人就在情境中，外在的空间不是需要主体加以认知的客观对象，而是主体融在其间体验与感受的，不再以主客二分为前提。在乡村社会，土地是自然的一部分，人与土地间充满感情，延伸开去便使人与自然之间的关系变得较为和谐。在农民眼中，土地是有生命有感情的，你对她好，她就给予你回报，你对她不好便会遭到惩罚，由此形成了人与自然的和谐共生关系，人是自然的一部分而不是与自然两分的世界。人看待外在的事物也不是主客二分的，人就在情境之中，物我不会截然分开，这种强调人和自然的调和统一的世界观直接影响了人的空间意识，这表现在体现空间观念的绘画中，多采用散点透视技巧和动点准则，即景随人移、物随心动，传统中国画便是这样一种绘画方式。我们会注意到，这样的画以平面画居多，画画的人不会固定在哪个点，而是就在画中，随着景物的移动，画者也在画中游走，清明上河图便是非常典型的一例。

传统西方绘画在文艺复兴之前也遵循着这一原则，在现代人看来西方古典时期的绘画"画法比较后世甚为幼稚，远近法的错误，使观者发生奇异之感"（丰子恺，2010）[16]。当时的作品多呈现平面性装饰趣味，而画家们则致力于摆脱传统画的平面感的束缚，直到文艺复兴时期的乔托（B. Giotto），才第一个使人物处于一种"合理而又完整的空间"中，这里所谓的合理而又完整的空间是使得"众多画中的人物获得了一种全新立体感"，从此拉开了在画中振兴科学透视的原则（丁宁，2003）[105]。我们知道，文艺复兴运动标志着人与自然的关系开始改变，当时鼠疫在欧洲蔓延，不管好人坏人在鼠疫面前均无幸免，彻底冲垮了人们对神的信仰，神开始退位，从那时起"上帝死了"，而人开始走上历史舞台，以倡导人的自由、价值、力量的思想文化运动由此展开。强调人是宇宙的中心，是自然的主人，自然为人而生，人与自然成为两分的世界，立体画的开创取决于这一世界观的转向。立体画以画家为中心，采用焦点透视法的技巧和视点固定的准则，画家自身成为绘画中固定的视点。巴尔（L. Barthou）曾指出："整个绘画史永远是一部看的历史。看的方式改变了，技巧就会随之而改变。技巧改变的原因仅仅在于看的方式改变了。技巧为跟上看的变化而改变自己。看的改变同人与世界的联系相关。人对这个世界持一种什么样的态度，他便抱以这种态度来看世界。因而所有的绘画史也就是哲学史，甚至可以说是未写出来的哲学史。"（巴尔，1994）也就是说，看似直观的空间感知，其实并非简单的感知觉，而可能是复杂而又深刻的过程，它直接与人们的世界观密切关联。乡村社会中人与自然之间合二为一的世界观决定了他们看世界的方式，也由此决定了他们的空间意识和绘画技术。

三、乡村学校教育时空意识的变革

从广泛的视野看，现代学校的确立，是现代性生成的重要组成部分。在西方，现代学校在现代性的建构中所起的作用，在于通过确立具有鲜明组织和训诫规则的空间，来促使社会化中的主体分离于传统社会的"地方性知识"体系之外，与现代社会的"抽象体系"实行整体结合，在主体的生命历程中造就学究型权威与个体安全感（王铭铭，1999a）。那么以生成现代性理念为旨归的现代学校在"生物时间"和"情境化空间"的乡村社会是如何一步步嵌入其现代性的时空意识？显然这一过程并不是一蹴而就的，学校教育与乡村社会之间在社会和文化上的磨合经历了复杂曲折的过程，但其符合现代性特质的越来越抽象化的总体趋势一直未变。在这里让我们来探讨现代性的时空意识是如何在学校层面被不断巩固和再生产的。

（一）"生物时间"让位于"钟表时间"

1. 传统社学的时间制度

正规乡村初等教育（特别是小学）的兴起，需要追溯至元代的社学教育。社学创办于至元二十三年（1286 年），《新元史/食货志》记载：是年，元朝规定："诸县所属村疃，五十家为一社，择高年晓家事者立为社长……每社立学校一，择通晓经书者为学师，农隙使子弟入学。如学文有成者，申复官司照验。"（孙培青，2000a）[202] 传统社学的时间制度充分考虑了乡村社会的独特性，兼顾了乡村社会的农忙与农闲的生物时间节律，虽对入学年龄、日常教学时间有所限定，但是"钟表"的抽象统一的时间体系尚没有成为其主要参照，其时间制度依然围绕着人们的社会活动而展开。

从招生年龄来看，社学存在着较大的弹性。洪武八年（1375 年）太祖"诏天下立社学"。明朝社学设在城镇和乡村地区，以民间子弟为教育对象，招收 8 岁以上、15 岁以下民间儿童入学（孙培青，2000b）[238]。弘治十七年（1504 年），"令各府、州、县建立社学，选择明师，民间幼童十五以下者送入读书"。雍正元年（1723 年），《清朝文献通考·学校考八》记载："旧例各州、县于大乡巨镇各置社学，凡近乡子弟年十二以上二十以下有志学文者，令入学肄业"（孙培青，2000c）[259]。

从教学时间来看，社学所强调的"农隙使子弟入学"可以看出，农家子弟的学校只在农闲季节上课，这早在汉代的作品《四民月令》（全后汉文卷 47，1—8）载（这部书主要是业农者的时间表），9—14 岁的幼童要在一月、八月、十一月入小学，15—20 岁的成童要在一月和十月入大学。在宋代，农家子弟就读的乡下学校称为"冬学"，因为这些学校只在冬天开课（杨联升，2005a）。不仅是专门为在乡村办的社学会照顾到乡村的农忙与农闲，就是官学也为适应来自农村的学生而有专门的假期，唐代的中央官学学生，在五月有十五天的田假，在九月也有十五天的授衣假（杨联升，2005b）。

从日常作息来看，据吕坤在《社学要略》中记载，作为社学对学生有较为统一的作息安排："读书以勤为先。童子不分远近，俱令平明到学。背书完，读新书。吃饭后，略令出门松散一二刻，然后看书作文。写仿毕，仍读书。午饭后，再令出门松散一二刻，仍读书。日落后，凡班对立，出对一个，破题一个，即与讲改，然后放学。盖少年脾弱，饭后不可遽用心力，恐食不消化也。"（孙培青，2000d）[238] 这样的作息安排表明，学校教育时间围绕着学生的活动展开，还没有一个类似于今天时间表的东西存在，"平明到学"、"饭后"、"松散一二刻"等等都是一个相对模糊的时间概念，与乡村的时间意识一致，更为难得的是这里的时间安排充分考虑了学生的身体节律，契合了人体的生物时间。

有学者认为，元明清所设社学并非现代意义的村落学校，"社学的文化精神与作为现代意义上的知识传播制度的学校有着十分鲜明的差异"（王铭铭，1999b），"社学并不具有传播一般技术性和客观性知识的功能，它是为地方'无过犯子弟'设立的传播政治－伦理经典和'教劝农桑'的场所，其目的在于通过'导民善俗'来配合朝廷重建中华帝国的政治－伦理秩序"（熊春文，1999a）。所以社学充其量只能算是一种设在乡村的社会教育，而非现代意义的学校教育，真正开始现代学校教育的是清末新学的创设。那么作为具有现代意义的清末新学，在时间制度上具备怎样的特征呢？

2. 清末新学的时间制度

清末最后十年的新政时期，是教育大变革的时期，废科举，兴学堂，建立新学制。光绪皇帝在《明定国是诏》中宣示：从今以后，王公大臣、士子以及庶民百姓，都要兼习中、西学问，令各省府厅州县之大小书院，一律改为兼习中学、西学的新式学堂。以省会之大书院为高等学堂，郡城之书院为中学堂，州县之书院为小学堂，地方自行捐资办理的社学、义学等也要一律中西学兼习，凡民间祠庙不在祀典者，也一律改为学堂，并鼓励绅民捐资兴学（孙培青，2000e）[331]。通过改良私塾、庙产兴学等方式创办新学堂，新式学堂开始涌向中国乡村，至1909年，全国有新式小学堂5万多所。新式学堂不同于以往的社学或私塾，国家就入学年龄、修业年限等均作出了统一规定，尤其是"壬寅学制"、"癸卯学制"两大学制的确立，使得这些时间规定更具有制度的规范力。

从入学年龄来看，1902年颁布的"壬寅学制"规定儿童从6岁起入蒙学堂，其宗旨"在培养儿童使有浅近之知识，并调护其身体"。蒙学堂毕业后方可升入小学堂学习，小学堂宗旨"在授以道德知识及一切有益身体之事"。蒙学堂和寻常小学堂共7年规划为义务教育性质，即"无论何色人等皆应受此七年教育"。1904年，在上述基础上，清政府公布了重新修订的学制文件，"癸卯学制"，这是第一个真正得以执行的全国性法定学制系统，其规定初等小学堂为强迫教育阶段，儿童7岁入学。

从教学时间来看，传统社学对学习年限没有明确规定，也不纳入相互衔接的学制系统中，但在新学堂，不仅规定了各个阶段的学习年限，并将各阶段教育相互衔接。"壬寅学制"分为三段七级，以初等、中等和高等教育为主干，辅之以师范及各类职业学校，同时将每一阶段再分级并规定每一级的修业年限，以第一阶段初等教育为例，包括蒙学堂4年、寻常小学堂3年、高等小学堂3年。"癸卯学制"在初等教育阶段增加了幼儿教育年限，包括蒙养院4年、初等小学堂5年和高等小学堂4年（其中蒙养院是幼儿教育机构，招收3—7岁幼儿）。将学生按年龄编成班级，每班有固定的学生的课程，教师按规定的教学时数进行统一教学。这种前后衔接的线性时间安排已经颇具现代时间意识的精髓。

从日常作息来看，新学堂对学生的请假行为有严格规定："各学堂凡例准假期之外不得无故请假，并责成该监督堂长年终送功课册。若每日上课不全，定当照章核扣分数，于各该生毕业成绩难免减。"（孙培青，2000e）当然在农村的新学堂，许多人不可能按照学堂设计从头走到底，所以学堂按学期颁发修业证书，全部学完者发给毕业证书，体现了一定的时间弹性。学校的收费行为也与以往的私塾或社学有所不同，私塾或社学的收费是按季节收，一般分四季，清明端午中秋冬至，那时正值农村人家经费集中的时候，而且分期交、经费少，符合农村人现金流的特点。但是新学堂一般要求寒暑假开学时交，一月刚过完年，九月秋粮还未收，都是青黄不接的时候，不太容易拿得出。另外，学期的设置"没有按照村中农事活动的日历加以调整。在农事活动的日历中有两段空闲的时间，即从 1 月至 4 月及 7 月至 9 月。但在这段时间里，学校却停学放假。到了人们忙于从事农作的时候，学校却开学上课了。第二，学校的教育方式是集体授课，即一课接着一课讲授，很少考虑个人缺席的情况"（费孝通，2004c）[51]。这样一种外在于农事活动节律且环环相扣的时间安排本身已经烙上了钟表时间的鲜明痕迹。

3. 现代村小的时间制度

按照卢绍稷的看法：直至民初，中国并无真正的乡村教育，甚至没有人重视乡村教育，虽然清末学制规定城乡都能设立国民小学校，但实际设立小学的乡村很少（卢绍稷，1934）[139]。至民初乡村教育运动期间，乡村学校才得以建立，但这一时期更多只是临时性的教育实验而少大规模长期性的普及，现代村小的真正建立在 1949 年后。"新政权力图在村村建立小学，在解放后的第一年就发起了一场把为成年农民办的冬季学校和学习小组变成学龄儿童的正规民办学校的运动，1950 年公开宣称的目标是在每个村庄建立一所民办学校。这一宣称意义非同寻常，它标志着中国历史上第一次由政府宣布在最低一层的村庄普遍建立正规的现代教育组织"（熊春文，1999a）。那么这一正规的现代教育组织在时间制度上具备和以往哪些不同的特点呢？

对于入学年龄清末新学就有了明确规定，1949 年后，尤其是从 20 世纪 80 年代开始，国务院陆续发布了普及小学教育的相关文件，不仅对入学年龄，同时也对巩固率、毕业率等都提出了要求。从 1949—1983 年的 35 年间，全国共有小学毕业生 3.86 亿人，在我国青壮年农民中，小学毕业的占 50%，1986 年，全国学龄儿童入学率已达 96.4%，在校生巩固率为 97.1%（毛礼锐，沈灌群，1989）[421]。1986 年，国务院颁布《中华人民共和国义务教育法》，宣布"国家实行九年制义务教育"，凡年满六周岁的儿童，不分性别、民族、种族，应当入学接受规定年限的义务教育，直至 20 世纪末在全国基本实现九年义务教育。从这一过程看，学生学习年限的弹性被打破，国家从法律层面规定了学习的最低年限，时间不再是内在于生命本身的活动节律，外在、客观的时间已经开始左右学生的生活。

从教学时间来看，1949 年后的学校时间按照阳历、星期和二十四小时安排，和当下的学校作息时间表大同小异，有了统一的精确到分的细致规划的作息时间表，规定了到校时间、离校时间和每节课及课间的时间，并以统一的铃声作为提示。当然 20 世纪八九十年代的乡村学校还有农忙假制度，每年的阳历 5 月中旬和阳历 10 月左右，都要放一个星期左右的农忙假，5 月份主要是收小麦，10 月份主要是收花生、玉米等，但是这种农忙假制度在目前乡村学校正在慢慢消失。时间不再是可以看得见的"日出日落"、"农作物的四季更替"、"农事的悠闲与繁忙"，而是被"上课""下课"、"上学""放学"、"开学""放假"的更替所取代，被钟表的嘀嗒声取代，构成了致密的、紧迫的、环环相扣的生活节奏。

（二）"情境化空间"让位于"抽象空间"

1. 扎根乡土的自由办学

不管是传统私塾还是社学，虽然在乡村的数量较少，但是因其由当地士绅、地主等捐资兴办，所以在空间上与地方性的乡村社会的契合是不容置疑的，其在乡村社会的生存历史和影响也是极其深远的。私塾和社学在乡土社会的扎根不仅表现在将作为形式的学校校舍置于乡村之中，在生活空间上，学校与乡村也是较少隔阂的，除了上文提到的适合乡村的时间节律外，私塾或社学的教师出自本村中人，他的生活扎根于乡村，事实上就是一个能识文断字的农民，他们是乡村社会的一分子，有着与村民相同的价值观。他们的生活空间与村民的生活空间是完全一致的，甚至还成为乡村各种礼俗活动的重要参与者，具备乡民所看重的各种文化知识和仪式技能，"有人做生，请先生做寿联，有人死去，请先生做挽联或祭文悼词，甚至于下葬看风水，出门做屋看日子，小病看脉开方子，都来请先生"（王楷元，1996）[22-24]。学校中人与乡村中人在生活空间上是合二为一的。

到了民国初年，随着乡村建设运动的兴起，在乡村兴办学堂，以扎根乡土、服务乡村为宗旨，使得乡村教育进入一个短暂的繁荣期。此时的乡村学校与乡村生活空间高度重合，虽然展开乡村教育实验的都是拥有中西方经验的学者，但是其宗旨却极为明确，乡村教育运动者之一的晏阳初就曾号召知识分子们："抛下东洋眼镜，西洋眼镜，都市眼镜，换上一副农夫眼镜。"他认为"预化农民，先要农民化"（晏阳初，1992）[221]。从民国到解放前的战争时期，在根据地所建的乡村学校，也是要求"学区内的学生到校不超过 3 里路，偏僻地区也不超过 5 里路。在一些有特殊困难的地区，将儿童、成年人男女老少合在一起上课，叫做'一揽子小学'"（孙培青，2000f）[497]。虽然两者都是较为特殊的时期，但是也为后来的乡村教育奠定了基础，解放初期的乡村教育改革便是建立在根据地的教育经验基础之上。

可以说 1949 年前在乡村设置的学校基本上处于各自为政的状态，随意性较强，没有统一的管理，也正是因为这种"无人管"的状态，使其萌生于乡土，或自然生长，或自然淘汰。这一时期，乡村民间社会对于学校教育的参与投入了极大的热情，王铭铭在对闽台三村的调查中发现，一个村落如果不建寺庙、学校等公共建筑，就会被认为是一件"集体丢面子"的事情，"倘若别的村庄、别的家族有自己的新学校，而'本村'却没有，也是一件'集体丢面子'的事情"（王铭铭，1999c）。这使得民间力量及地方精英积极参与到乡村学校的建设之中。学校与乡村社区这种千丝万缕的互动与关联使得当时的学校无法也不会跳离本乡本土的地方性文化与价值体系。"从这一广泛存在的事实看，现代初等教育自19世纪末期在中国乡村确立以后，即以一种新式的文化品格的面貌为地方民间社会接受，成为渗透至深的象征力量；同时也说明，村落社区公共事业观念对于现代初等教育制度的吸纳，是原有的地方性知识体系对于现代普遍性知识本来设计的文化颠覆"（王铭铭，1999d）。

2. 以村为主的就近办学

中国的学校管理体制大致可以分为三级，即中央（国家教委或教育部）—地方（省、市、县）—基层（乡镇、村）。1949年后，国家虽然明确提出了"村村办学校"的倡议，但是建国初期百废待兴加之后来的各种运动和"文化大革命"，使得教育一度陷于较为混乱的局面。到20世纪80年代，国家对农村教育开始实行"分级办学、分级管理"的体制，农村小学由乡村共办共管，以村为主，每个村都成立教育委员会或校董会，具体负责办学相关工作（马戎，龙山，2000）[154]。此时的乡村基本上做到了村村有小学，据国家统计局的数据，到1985年，中国行政村数为94.1万个，而据当时教育部的统计数据，1985年全国农村小学校的数量为76.6万所，平均每个村的小学数为0.8个，这个状况一直保持到20世纪90年代中期，截至1997年，全国行政村数为73.9万，全国农村小学校数量为51.3万所，平均每个村的小学校数为0.7个。这一阶段的乡村学校一度成为乡村的风景和"村落中的国家"。

虽然这一期间学校空间在村落普及，但已经开始出现貌合神离的局面。一方面，"学校有它看得见与看不见的围墙，它只是通过农民的子弟才同乡村社区发生关系。在成片的农舍与田野中间显得既特别又孤单，它居于乡村，为乡村而设，却又不同于乡村，农民们从学校边走过，总带着关注而又疏远、陌生但又不无艳羡的眼光看着那漂亮的楼房与高高飘扬的国旗"（李书磊，1999a）[13]。学校空间比起周围凌乱的农舍，显然更有秩序感，更为肃穆。学校竖起围墙、关起大门便自成一体，在它的周围耕种、生息的农民们事实上并不真正了解在校园与课堂上正在进行着什么。在学校的围墙之外，村落的生活按自己的节奏与逻辑进行着。李书磊对于丰宁满族自治县希望小学的调研表明，20世纪90年代的乡村学校，"家长、村落，乃至整个乡村社区干预学校生活尤其是教与学的能力越来越弱了"（李书磊，1999b）[119]。

另一方面20世纪七八十年代民办教师还占着较大比重，这部分教师不同于具有干部身份的"公办教师"，从某种意义上来说他们还没有脱离农民的身份，因此其生活空间与村民的生活空间并不脱节，教学之余依然从事农业生产，闲暇之余还和村民们打成一片。80年代中期开始，随着国家有计划地规范教师队伍，展开了对教师的培训转正，民办教师要么转正，要么被逐渐淘汰。到80年代末，民办教师数量已大为减少，"吃国家饭"的公办教师成为乡村学校的主力。但公办教师因其所接受的较为正规的师范训练及身份的变化，通常游离于乡村社会之外，其居所更多集中在镇上而非村落，其居家装饰、穿衣打扮、言谈举止等也更有意识地远离乡土气，在生活空间上只通过与学生相关的家长接触而较少直接与乡村社会发生关系。

3. 以县为主的集中办学

1994年，中央政府决定将基层教育的"责、权、利"从乡镇一级集中到县一级。2001年，国家颁布《中共中央国务院关于基础教育改革与发展的决定》，将农村学校撤点并校，布局调整成为国务院和教育部的工作重点，由此拉开了大规模的撤点并校、布局调整和农村寄宿制学校工程。这也意味着乡村学校彻底"离土化"的努力。

随着学校的撤并，首先告别乡土的是学校校舍。学校与村落的隔离不再以围墙的方式，而是增加了空间上实实在在的距离，学校从村落消失，往乡镇集中，每个乡镇配有一所中心小学，中国改变了原来

"村村有小学"的格局。根据国家统计局的数据，近 10 年来，农村小学数由 2000 年的 44 万多所减少到 2009 年 23 万多所。李培林曾鉴于村庄的消失而用"村落的终结"来形容 20 世纪末的中国农村的变化，但事实上中国村落学校的终结速度远远快于村落本身。村落的琅琅书声不再，漂亮的校舍开始破败，农田与教室、农民劳作的身影与学生嬉戏的欢笑不再交相辉映。

其次学生不得不离开乡土求学。学校集中于乡镇，大大增加了学生上学的距离。据范先佐等人的调查，其中上学路途最远的是内蒙古自治区，竟然达 250 公里，其他中部省区学生上学最远距离分别从 50—200 公里不等（赵丹，范先佐，2011）。伴随着集中办学的展开，寄宿制的中小学应运而生，学生的大部分时间开始在学校空间中度过。寄宿制学校以封闭化的空间管理规限着学生的生活空间，学生生命的大部分时间在学校空间中度过；学生与乡土空间的接触与体验被不断缩减，至此学校教育与学生成长的乡村时空开始逐渐脱离。

教师对乡土的告别更为彻底。随着基层教师待遇的改变，同时仰仗现代发达的交通工具，乡村教师群体纷纷安家落户于县城，房子买在县城，孩子上学在县城，教师们成为一群来乡镇上班的城里人。"在城市生活"、"到乡村工作"，教师与乡土的关系变成了齐美尔笔下"外来人"的翻版："今天来明天走的那种人"，"尽管他没有继续前进，但却没有克服来去的自由"，"不是定居，而是以松弛的方式停留，并随时准备离开（很多教师从安家于城市开始就有了想方设法调往城市学校的打算和行动）"（贺晓星，仲鑫，2003）。人们与空间的关系不再与"土地的占有"相关联，空间的"在场性"、"实体性"、"稳定性"特征消失了，取而代之的是人们与空间更为抽象的"功能性"和"流动性"关系，空间被各种"功能"所取代，学习、工作、生活因其不同的功能需要而分属不同空间，人们在不同空间反复移动。学校空间的离土化设置，以及学校中人的空间流动性使得学校教育不再置身于乡土情境，而是处于无根的抽象化空间中。

四、分析与讨论

在这里，我们很难去判断目前的这种发展趋势是否是乡村教育的正确之途。对于乡村教育的发展一直争论不休，基本上有两种观点：移植复制和本土催生，不管是选择哪条道路都各有利弊。目前，乡村教育的发展显然是采用了前一种方式，即移植复制城市的教育模式，试图将乡村社会按照城市的方式走入现代化。以这种方式帮助乡村摆脱传统，步入现代化或许更为快速。我们在这里需要探讨的是在这样一种选择之下，我们的学生会遭遇怎样的问题？国家与学校教育在这样的问题面前需要做出怎样的回应？

（一）乡村学校教育的隔阂：从显性到隐性

原来在土的乡村学校因其与所在乡村社区直接的面对面接触，使得学校教育与乡村社会两者的矛盾尖锐、问题显见，"农村学校没有按照农村农事活动的日历加以调整，所以农民只好不愿受其损失，不许子弟入学"、"文化训练并不能显示对社区生活有所帮助"、"村中现有的教育制度与总的社会情况不相适应"（费孝通，2004d）[50-51]。当学校远离乡土，成为自成一体的封闭时空，乡村学生进入学校后，接受学校封闭空间的规范与教化，现代学校的制度规范力不断促使着学生在时空意识层面的现代性转变，这是否意味着上述的"不适"和"矛盾"会有所缓解。

社会人类学的研究曾区分过"实践性把握"与"正式学习过程"，认为在传统社会中，社会面对面的教育，在特征上表现为在实践活动中把握传统习惯的过程；而现代超越面对面社会化的教育，则形成了分离于一般社会实践活动之外的教育准则（王铭铭，1999e）。法国社会学家布迪厄（P. Bourdieu）曾对人类的"实践性理解"作过分析，他依据非洲的资料认为，学习的过程其实就是人在社会中获得"养育"的过程，而非被正式地"指教"的过程。这样一种过程嵌置于一系列的实践性场合中，人们的空间利用、烹调、送礼等活动，赋予人们具体行动的规则，使他们在实践中无意识地获得对于世界的看法（宇宙观和文化）。这种实践的过程，就是惯习形成的过程。在其另一本著作《再生产》中，他又试图说明，人们可以通过无意识的实践过程来习得惯习，也可以通过表达清晰的制度化准则来习得惯习。非正规的潜隐型社会养育与正规的教育都要达到生成惯习的目的（王铭铭，1999f）。学校时空"离土化"的趋势虽然加速了学生生活时空与乡村时空的分离，但依然没有完全剥离，学生放学、放假都需要在乡村度过，学生接触的人不少还生活在乡村。布迪厄没有指出究竟那一种惯习的习得会更为强势，而当学生处于两种截然相反的惯习习得时空时，会发生怎样的认知矛盾呢？

在笔者对乡村学生的调研中发现，在乡村学生的时间意识中，依然保留着"生物时间"的自然节奏而非"钟表时间"。当你对乡村学生突然发问：今天星期几？几点上课？明天什么日子？等等，遭遇的经常是学生发愣的眼神。一所乡镇中心小学，每个教室的墙后都挂着一只钟，但在新学期开学后的两个星期中，笔者发现只有一个教室的时钟和上下课时间是吻合的，其余或慢几分钟，或慢几个小时，有的甚至停滞不动，在专门用来给全校学生上科学课的教室里，时钟也整整慢了六个小时。但在我们近两周时间并特意提及教室布置的访谈过程中没有一个学生提到教室中钟表的存在及问题。我们发现乡村学生对钟表时间的无意识，反映在其文字表述中，更引人深思。

> "我觉得幸福就是一家人能在一个风和日丽的日子里，一起去春游、玩耍。那一天，我们一家人会快乐地、无忧无虑地，不再忙着做作业、做工作，而是幸福快乐的，因为我们很快乐，所以笑了，就连太阳、白云、大树也乐开了怀，我们手牵着手感觉到春姑娘正在轻轻抚摸我们的小脸蛋。"（LJ 中心小学五年级学生 L 关于其绘画作品《幸福》的文字说明）
>
> "一家三口在一起手牵着手，以前多半时间不在一起，现在多

半时间在一起。可能在一起旅游，在一起春游……"（LJ 中心小学五年级学生 Z 关于其绘画作品《幸福》的文字说明）

从上述的表达中，几乎很难区分学生试图描写的相关景象是已经发生的、正在发生的还是将要发生的，学生将其非常自然地糅合在一起呈现于读者面前。何以过去、现在、未来在乡村学生那里不再需要作出清晰精准的区分？前已述及，乡村中人遵循的是生物时间意识，时间是被内在的感觉的，它是生命的运转而不是外在的限制，它无法与活动的经验和活动发生的空间相分离。因此，对于乡村人而言，对于时间的感知不是连续的，不是一个时间序列，而是由一个个"现在"所构成的自我封闭的时间单元。他们不是生活在一个有着完整连续性时空的世界中，他们的"世界"细碎而割裂地存在着，因他们的种种活动而生，也因他们的种种活动而灭（布迪厄，2009b）[220]。"现在"才是乡村中人真正的存在！过去和将来都可以用"现在"来代替，这种生物时间意识意味着，"现在时"是其主要的时间意识，即便是未来也是一种"即将到来"，布迪厄认为这种即将到来本质上不同于未来，"它是内在于可以观察到的既定事实中的潜在性的领会，嵌入一种感知意识，这种感知意识的依据是信念而不是计划"。因此，这种"即将到来"不可能不发生，是一种潜在性而不是可能性，就像一个立方体隐藏起来的面，只是没有被呈现而不是不存在，因此"即将到来"与真实的现在的被感知方式是一致的，"它已经被攫住了，就像真实的现在一样，被直接感知"（布迪厄，2009c）[222]。这样一种"现在"具有怎样的深层意涵呢？从时间意识上来看，过去发生和未发生的，虽然和现在远近不一，但仍然处于一个简单的意义统一体之中而被感知、被看到。换句话说，乡村社会"现在时"的时间意识转变成了一种可看到、可触及、可把握地看待世界的文化态度，这也意味着在乡村学生那里，首先是一个看到的世界而不是一个想到的世界。在以"现在"为时间坐标的认知空间中，世界是需要去体验、去看、去描述、去罗列的，而不是去想象、去构建、去论证的。因此我们在调查中发现，乡村学生喜欢"画完整的人"，因为看到的就是完整的人。调研中一位美术教师讲到这样的教学经历：

> "在美术上要表现人物前后的关系，平面的纸上你只能上下画，很多时候画不下，我们可以只画两条腿或者就画一半的身体，但是我们大部分的孩子都喜欢完整地画。一开始我跟孩子们讲的时候，孩子们看到这样的画都会笑。我说你们笑什么呀，就画两条腿反而就让你的画面范围变广了，把画面往里推了。虽然画两条腿，但是你眼睛里看到的肯定不会只有两条腿，而是他（她）的整个身体。"　（2011年2月23日对LJ中心小学美术教师W的访谈）

我们的调查还发现，绘画作品中经常出现的对话框在乡村学生作品几乎见不到，这些对话框中所呈现的都是人物的心情、想法、语言，显然这些内容都是眼睛看不见的东西，它是思维的产物。对于习惯于"看"世界而不是抽象的"想"世界的认知方式的乡村学生而言，对话框这样的构思大概是很难走进他们的绘画作品的（高水红，2011）。

乡村学生的空间意识是否已摆脱了传统乡村的"情境化空间意识"？从文章一开头所呈现的学生绘画作品的对比可知，乡村学生基于乡村主客不分的世界观而形成的情境化空间意识依然是其主要的空间认知方式，而"抽象的空间意识"在其认知中很难真正扎根。学生把过马路向前走着的人和坐在椅子上弯腰照顾孩子的妈妈都画成躺着或趴着的人，把近大远小的树画成向马路两边叉开的大小一样的树，都说明了乡村学生更擅长使用的依然是平面的散点透视而非立体的焦点透视的绘画技巧，只有画画的人在画中游走时，画面才会呈现这般奇怪的平面性和静态性。而当视点固定，画画的人成为画外固定的视点，那么树的远大近小、人的移动和前倾才可以被表现和理解。

虽然学校已远离乡土，但可以看出学生所生活的"乡土社会"依然参与着学生认知的构造。不是以显而易见的方式，而是以潜移默化的、理所当然的方式驻扎进了学生的思维、融入进学生的行为。个体或群体的生命并不是无着无落的，时间与空间的无处不在，使得他们每时每刻都处在一个特定的时空中，都在以不同的方式感受着其所处的时空，累积起周遭的整体性经验，融进其生命的历程，形成特定的时空意识。身处其间的学生们经由听觉、嗅觉、味觉、触觉不断接触、记忆、强化，时空以一种无形却极为绵密的力量入侵和构造所处群体的感知和思维，继而变成各个群体的一种看似内在的知识生成，看似特殊的生活感觉，看似无意识的自觉意识，一种几乎无需特意表现却能自然流淌的日常经验，一套特定的惯习和认知倾向。

我们不否认学校通过正规的制度规范对学生惯习的塑造力量，但这种塑造应该是对学生原有惯习的无视、排除，还是合理利用？在目前的学校教育中，我们所看到的是这些潜隐在学生时空认知倾向中的特征在学校正式学习的过程中往往被教师们定性为"不动脑筋"、"不会想"、"说得很表面"。在乡镇小学的调研中，老师们经常向笔者抱怨：

> "我们的学生在表达上存在很大的欠缺：多半会说得很表面、很肤浅。看到什么说什么，很少会用脑子去想想该怎么说，如何把话说好，往深里去说。"（2011 年 2 月 16 日对 LJ 中心小学语文教师 S 的访谈）

> "平常点子多得很，鬼灵精怪的，一到课堂上，就愣在那儿了，让他（她）分析课文吧，就读课文，不会用自己的话讲出来，讲出来的话也不经脑子，就堆在那儿，也不想想哪句是重点，哪句是不用讲的。学生太懒了，不动脑子的。"（2011 年 2 月 21 日对 LJ 中心小学语文教师 X 的访谈）

因此，关键的问题是学校教育是否对这些融入学生日常经验的结构性特征拥有足够的清醒和明晰？是否在学校教育过程中有意识地引导学生做出自我体认和反省？从教师的话语和态度中我们还无法看到这种明晰性。如果再进一步，在国家的宏大叙事中当乡村教育问题被简化为硬件设施的改造与读书机会的保障时，乡村学生诸如上述潜隐在认知层面乃至文化层面的教育问题便会被更深层的遮蔽。因此了解并揭示乡村学生的认知方式才能有效地思考乡村学校教育面对现代化进程时应该采取的立场和选择的道路。

（二）现代化进程中的乡村学校教育

当现代化的步伐以不可扭转的姿态作用于中国社会时，现代化所内含的进步主义、科学主义、功利主义对传统乡村的文化模式和认知方式的冲击是显而易见的。乡村学校教育被裹挟在现代化的进程之中，或者说乡村学校本身就是现代化渗入传统乡村社会的代言机构，它所要完成的便是对乡村人的认知改造与文化重塑。但上述的分析，再一次验证了一个经典的教育社会学命题：教育离不开社会。费孝通在《乡土中国》一书中，曾分析了乡土社会所养成的生活方式如何使得文字在乡村社会失去意义，他主张只有到了"熟人社会"向"陌生人社会"，从"共同体"向"社会"（腾尼斯），从"机械团结"向"有机团结"（涂尔干）的社会变迁得到实现时，乡土社会才可能消灭其乡土本色（费孝通，1998b）[21-22,9]。当整体社会的转型远未完成，代表着现代意识的乡村教育究竟能走多远？

乡村社会作为传统的他者被排斥在现代化教育的设计之外时，整个一代或几代的乡村少年被生生地从乡村社会剥离出来，其知识学习脱离其真实的生活际遇，其思维训练与其所处时空的文化认知存在着难以跨越的鸿沟，学生是在被硬生生地灌入各种知识和技能，而不是被唤醒自己的力量去汲取知识的源泉，获得心智的提升，从而导致教师在教育中的误解以及教育本身对这些孩子的不公。很难想象，与乡村学生认知结构与心智意识格格不入的知识设计如何在学生的生命中真正扎根，如何在一次次与城市孩子的残酷竞争中胜出。而这样一种既不能充盈生命又不能提供实惠的教育对乡村孩子来说不仅是一种浪费，更可能塑造其独特尴尬的人格与生存方式：从学生时空意识的认知紧张延伸开去的是整个一代人文化认知和生存方式的紧张，他们中的大多数既无法真切地扎根于传统乡土社会，又无法有效地纳入现代城市社会，最终将成为漂浮无根的存在。

那么，在乡村学校教育过程中所遇到的尴尬和紧张是否是这一代或几代乡村学生必须为之付出的代价？是否就没有其他的出路和方式可以选择？或者说在现代化的认知框架中如何把准乡村教育的发展脉象？显然逃离现代化的进程既不现实也没有可能，关键的问题是如何在乡村少年的认知与思想触及现代化的番禺时能够接壤其现实的生活时空，从而使其既不徘徊于现代化的门槛之外，又能扎根于乡土社会，拥有健全的精神生活与充足的生命底气。那么，可能的出路何在？这需要自上而下的国家与自下而上的地方两种力量的参与和相互建构，只有在乡土文明依然拥有活力的前提下，乡村教育在现代化的冲击下才能具备生存的根基。

（三）教育现代性的想象：国家力量与乡土参与

在现代学校的现代性转变过程中，至少在时空意识的变迁过程中，我们看到更多的是自上而下的国家单方面的制度化努力，从时间的规范到空间的调整，每个阶段都有其标志性的制度建设。这种努力的过程同时还伴随着这样一种现代性的认识陷阱：现代性在社会认识上所造成的后果，是促使人们用一种传统—现代、落后—进步、非理性—理性的二元对立的单线史观来看待社会的变迁。"现代性的后果因而不只是社会转型，而且还是对我们的社会生活有深刻影响的认识贫困和社会认识单向化"（王铭铭，1999g）。于是在这一过程中，乡土或传统社会本身的文化和力量始终被排除在外，乡村独特的认知特质在乡村教育中无从显现，教育的时空设计也从整体上选择了对乡村视角的遮蔽。虽然建国60多年，"人民的教育人民办"始终是中国基础教育不争的事实，但是乡村社会对教育的参与更多是资金上的提供，而少有精神及文化层面的参与。另一方面中国社会正在从乡土中国走向离土中国，中国农民的生存样态越来越不依赖于乡土或以乡土为中心，可以说中国乡土文化本身也处在一种终结或崩溃的过程中，也正因为此，一种相互建构的想象才尤为重要。

相互建构的一个方面意味着：中国乡村学校教育的现代转型不仅需要国家自上而下的制度设计，而且也离不开自下而上的乡土社会的参与，这意味着两种力量（国家力量与乡土力量）和两种文化（现代文化与传统文化）的直接碰撞，乡村学校教育也只有在这两种力量和文化相互碰撞与磨合中，才能更深刻地领会现代教育的意蕴，以及反思和规避现代性所带来的问题与局限，从而找到乡村学校教育在现代教育中的真正立足点。个人的生命之根往往扎根于其成长的时空，对于乡村学生而言，乡土时空意识与现代时空意识之间的紧张依然存在，如何促成教育中的个人与其生存时空之间亲近的关系建构，如何实现个人在现代知识与乡土意识之间健康的文化融合，这是乡村教育现代性所要面对的一个不能回避的问题。

相互建构的另一方面意味着：中国乡土文化在乡村学校教育的文化提炼与参与中得以重建乡土社会的基本自信和价值。如果我们不是以"落后与先进"的功利性价值参照系，而是从"心灵和智慧"的视角来考察乡土意识与现代意识，那么我们必须承认，两者事实上并无高下、优劣之分，两种意识和文化不是谁替代谁的问题，而是如何相互汲取营养的问题。"现代性本身意味着以人类的理智来创造第二自然，从而把人类从自然的存在中抽离出来，它开启的是一个进取、征服、扩展、抽象的价值世界，更多地强调生存之上的获得性价值。传统乡村文化所蕴涵的泥土般的厚重、自然、淳朴、天人合一而又不乏温情的生存姿态，其更多地珍视生存本身的价值，是我们从技术所围困的现代性藩篱中可退而守之的生存底线"（刘铁芳，2011）[1-13]。因此，乡村社会如果能参与学校文化和学生精神建构的过程，并在这一过程中对自身文化加以提炼、体认和反省，构筑与学校教育的良性互动，保持与现代文化的必要张力，从现代性的遮蔽中寻找自身的存在价值，这不失为反思与改革现代乡村学校教育的可行且可能的出路。

参考文献

安东尼·吉登斯. 2000. 现代性的后果[M]. 田禾, 译. 南京:译林出版社.

巴尔. 1994. 人类困境中的审美精神——哲学、诗人论美文选[M]. 刘小枫, 译. 北京:知识出版社.

布莱恩·特纳. 2003. 社会理论指南[M]. 李康, 译. 上海:上海人民出版社.

丁宁. 2003. 西方美术史十五讲[M]. 北京:北京大学出版社.

丰子恺. 2010. 西洋美术史[M]. 长沙:岳麓书社.

费孝通. 1998. 乡土中国 生育制度[M]. 北京:北京大学出版社.

费孝通. 2004. 江村经济——中国农民的生活[M]. 北京:商务印书馆.

高水红. 2011. 学生符号世界的城乡区隔——时空的视角[J]. 教育研究与实验(4).

盖奥尔格·齐美尔. 2002. 社会学——关于社会化形式的研究[M]. 林荣远, 译. 北京:华夏出版社.

贺晓星, 仲鑫. 2003. 异乡人的写作——对赛珍珠作品的一种社会学解释[J]. 南京大学学报(哲学人文科学. 社会科学版)(1).

卢绍稷. 1934. 中国现代教育[M]. 上海:商务印书馆.

李书磊. 1999. 村落中的"国家"——文化变迁中的乡村学校[M]. 杭州:浙江人民出版社.

李洁. 2011. 对乡土时空观念的改造:集体化时期农业"现代化"改造的再思考[J]. 开放时代(7).

刘铁芳. 2011. 乡土的逃离与回归——乡村教育的人文重建[M]. 福州:福建教育出版社.

马戎, 龙山. 2000. 中国农村教育问题研究[M]. 福州:福建教育出版社.

毛礼锐, 沈灌群. 1989. 中国教育通史(第六卷)[M]. 济南:山东教育出版社.

皮埃尔·布迪厄. 2009. 卡比尔人的时间观[G]//约翰·哈萨德. 时间社

会学.朱红文,等,译.北京:北京师范大学出版社.

　　孙培青.2000.中国教育史[M].上海:华东师范大学出版社.

　　王楷元.1996.辛亥革命前后的私塾生活[G]∥中国政协文史资料委员会.中华文史资料文(第17卷).北京:中国文史出版社.

　　王铭铭.1999.教育空间的现代性与民间观念——闽台三村初等教育的历史轨迹[J].社会学研究(6).

　　熊春文.1999."文字上移":20世纪90年代末以来中国乡村教育的新趋向[J].社会学研究(5).

　　杨联升.2005.帝制中国的作息时间表[G]∥杨联升.国史探微.北京:新星出版社.

　　杨德睿.2011.现代学校教育与时间意识的革命——以道教学院为例[G]∥周晓虹.社会学与中国研究.南京:南京大学出版社.

　　晏阳初.1992.晏阳初全集(第一卷)[M].长沙:湖南教育出版社.

　　赵丹,范先佐.2011.偏远农村学生上学难问题及对策思考[J].河北师范大学学报(教育科学版)(12).

第十六章　教育改革的系统设计：协同
运行与效果评价[*]

“改革”是当下社会的热词，不仅在社会领域如此，教育领域也一样。从 1985 年《中共中央关于教育体制改革的决定》开始，到 1993 年《中国教育改革与发展纲要》，到 2001 年的《国务院关于基础教育改革与发展的决定》，再到 2010 年启动的《国家中长期教育改革和发展规划纲要（2010—2020 年)》（简称《教育规划纲要》），教育领域的改革似乎从来没有停息过。回顾那些早已过了规划期的改革文件，历次改革中所设定的诸如“大学自治”、“减负”、“素质教育”、“义务教育均衡化”等这些相当基础和重要的改革目标，似乎都没有实现（田磊，2010）。痛定思痛，必须承认的是，成功的教育改革是一项系统工程，不仅取决于教育系统内的各方合力，更取决于系统外、系统内的运作协调，需要从决策设计、启动实施、效果评估三个阶段进行通盘考虑与整体设计。

一、系统思维与全局设计：教育改革成功的前提条件

所谓“系统思维”，就是把认识对象作为系统，从系统和要素、要素和要素、系统和环境的相互联系、相互作用中综合地考察认识对象的一种思维方法。系统思维要求改革者在方案的设计阶段着眼全局，放眼全程，在方向定位、舆论动员、制度设计、机构建制上通盘考虑、

　本文原刊于《南京师大学报》(社会科学版) 2013 年第 5 期，现收入本书时略有改动。

运筹帷幄。

（一）改革方向定位：追求公平与发展优先

从东到西、自古而今，任何教育改革大抵有两项基本的价值诉求：一是推进教育公平，二是促进学生发展（褚宏启，高莉，2010）。不论是"缓解入园难、入园贵"、"减轻中小学生课业负担"、"义务教育经费制度改革"，还是"高中教育多样化"、"师范教育综合化"、"高等教育'去行政化'"等，其实质都不外乎推进公平与促进发展两个根本性目标。

从推进公平的角度来看，我国当下的大多数教育改革还只是较多地关注"入学机会的公平"与"资源分配的公平"，即是一种起点的公平，还没有更多地关注教育过程的公平与教育结果公平；从促进学生发展的角度来看，教育的根本目标就是"成人"，不仅成为一个有知识有技能的人，更要成为一个有追求、有信仰、有责任的公民。因此，所有的改革都应该围绕"成人"、"发展"这个核心来设计改革方案，展开改革过程，评价改革效果，不要本末倒置，把改革手段当成改革目的，导致"素质教育轰轰烈烈，应试教育扎扎实实"，学生的体质、创新能力、求真意志成为浮云。

（二）改革舆论动员：营造舆论与增进共识

教育改革不是在真空中发生的，它发生于真实的教育情境，牵一发而动全身，涉及价值重构、结构重组、资源调配、利益博弈，与教育内部系统（如教师、家长、校长、官员）、教育外部社会支持系统（如政府、企业、家庭、社区）等密切勾连、互为因果。因此，任何一项教育改革的设计与推行首先得协调政府意志与民众诉求，统筹各方利益与多元声音，使教育改革建立在最大限度的舆论共识之上，获得最广泛的社会基础，减弱拆解的力量与分化的动机。

为了能够凝民心聚民意，改革设计者要高度重视舆论动员与共识营造工作，为各项教育改革创造支持性的环境氛围。具体而言，可采取以下几个方面的步骤：首先，组建多元的改革方案制定队伍，彰显集体意志，摆脱官僚化流程；其次，扩大改革方案征集面，给利益相关者利益诉求的合理通道；最后，进行改革方案的公开辩论与社会宣传，引领观念、化解分歧。

（三）改革方案设计：统筹安排与注重行动（葛剑雄，2009）

设定了明确的改革方向，进行了充分的改革动员，教育改革的成功只是具备了基本的土壤，还缺少成功的关键因素——改革方案的整体统筹与配套设计。梁启超在总结戊戌变法失败的原因时说："变法不变本源，而变枝叶，不变全体，而变一端，非徒无效，只增弊耳。"（刘道玉，2008）因此，改革者在进行教育改革设计时，要运用系统思维，强化统筹设计，突出核心问题，细化行动方案。唯此，才能既把握改革方向，又呈现行动轨迹。

首先，改革方案要系统统筹、整体设计。所谓统筹，从表层来看，就是统一筹划的意思。具体而言，包括问题统筹、政策统筹、制度统筹、关系统筹、主体统筹等。其中，问题统筹是起点，决定教育改革的方向；政策统筹、制度统筹是关键，保障教育改革的顺利进行；关系统筹、主体统筹是影响因素，左右着教育改革的系统环境。

其次，改革方案要关注核心、突出重点。无数改革案例表明，制约目前各项教育改革成功的根本因素是落后的办学体制、投入体制、管理体制与评价体制，以及四者之间的相互关系。朱清时在南方科技大学进行的高校自主化改革曾经轰轰烈烈，然而，截至当下，也是步履维艰、困难重重。安徽芜湖当年的义务教育均衡化改革也可谓风生水起，然而，经过几轮回合后，也终于偃旗息鼓。可见，体制的结构性阻抗力量有多大。所以，当下的各种教育改革如果不把体制改革作为核心和突破口，就只能在教育的自身圈子里原地打转。当下中国的各项改革，无论是经济改革、政治改革，还是教育改革其实都已进入深水区，各种体制性阻抗力量与利益集团早已彼此山盟海誓、永结同心。如果政府不下彻底的决心，动用十二分的勇气，采取决绝的政治智慧，向教育改革的最后堡垒宣战，那么，所谓"减负"、"素质教育"、"义务教育均衡化"就永远是海市蜃楼。

最后，改革方案要突出行动、关注细节。改革方案不是哲学家的"理想国"宣言，不是诗仙们的酒后梦话，它必须是实实在在的行动纲领，有理想憧憬，更有对达到理想的路线图和时间表的细节规划。诺贝尔经济学奖获得者埃莉诺·奥斯特罗姆（E. Ostrom）认为"制度细节"是非常重要的，如果不注重制度细节，只是以隐喻作为政策基础的话，只是提出了一种"无制度"的制度（奥斯特罗姆，2012）[213]。从某些方面来看，我国的大多数改革文本，如1985年的《中共中央关于教育体制改革的决定》、1993年《中国教育改革与发展纲要》、2010年的《国家中长期教育改革与发展规划纲要（2010—2020年）》多为宏大设计、愿景描画，配套制订的"实施计划"、"实施办法"之类的行动性措施还不够细化。

（四）改革体制保障：组织建设与制度设计

如前所述，教育改革的核心是体制改革。所谓"体制"，主要包括"体"与"制"两个方面，即组织与制度。其中"体"决定了谁来改革，"制"决定了如何改革。

在"谁来改革"上，涉及改革的设计者、改革的执行者、改革的参与者和改革的卷入者四类主体。在以往的改革过程中，由于官僚作风的影响，改革的设计者、执行者大多为各级政府，甚至改革的设计者同时也是改革的执行者（马相武，2009）。可见，我国的教育改革基本上还是个"大政府时代"的教育改革，不管是教育部门、发改委，还是直属中央的国家改革委员会，都无一例外地具有政府属性。政府过于庞大、政府介入过多不仅影响经济体制改革的进程，也干扰着教育体制改革的民主化。

在"如何改革"上，最重要的便是制度建设。当下我国的各项改革不成功的重要原因便是制度短缺与制度失范。所谓"制度短缺"，是指改革设计者没有围绕改革目标，系统地进行相关制度建设，致使改革缺少特定的制度支撑。所谓"制度失范",表现在两个方面:一是改革初期制定的制度不能随着改革的不断深入而进行修正与完善,从而在实际上使支持性制度变成了限制性制度;二是指现行的改革制度不能得到很好的遵守,总是在执行过程中由正式制度转换为非正式制度,由显在制度转变为潜在制度。

教育改革从启动到成果(莱文,2004)[4]要经历一个漫长的周期,这其中,改革的酝酿与准备是非常重要的一环。如果改革设计者能充分运用系统思维、统筹意识进行启动前的方向定位、舆论造势、方案制定与制度建设,那么,教育改革也就成功了一半。而当改革的蓝图已经绘就,改革的序幕已经开启时,教育改革就从设计阶段走向了实施阶段,这时,系统整合与部门协同便成为决定教育成功的关键性要素。

二、系统整合与部门协同:教育改革成功的关键制约

改革方案的制定是对改革复杂性的预期与算度,改革方案的执行则会使改革者深陷改革的复杂性之中,不仅会面临改革方案设计时所面临的一系列问题、复杂的内外系统、胶着的利益冲突、旁逸斜出的多元关系,还会在改革方案的展开过程中不断地遭遇新的矛盾、新的冲突与新的关系。世界是普遍联系着的,而改革恰是对既有的联结进行重构、重组与再造,因此,必然会在改革方案的所到之处遭遇各种反抗。鉴于此,在改革方案的执行过程中,要关注系统的支持性条件,做好系统整合、利益均衡与部门协同三大工作,以实现上下协调、左右关联、内外沟通。

(一)增进系统整合

教育改革是一项复杂的系统工程,简言之,至少涉及教育改革的内部系统与外部支持系统两部分,必须处理好三层关系,即内部系统关系、外部支持系统关系和内部系统外部支持系统之间的关系。

所谓"教育改革的外部支持系统"①，是指教育改革的"外部社会"，如政府、经济与非政府组织、公众与社会群体对教育改革给予的各种各样的支持所构成的总体格局。从政府的职能来看，主要包括政策支持、体制支持、财政投入支持；从经济与非政府组织的作用来看，主要包括人才市场支持、社会投入支持、社区支持；从公众与社会群体的影响来看，主要包括专家支持、家庭支持、社会舆论支持、公众文化支持。也就是说，教育改革的外部支持系统包括三大板块、十个要素。

要想实现教育改革外部支持系统的系统整合，就必须对系统的十个构成要素的运转规律与作用机理进行分门别类的研究。同时，还要进一步借鉴系统论、博弈论、生态学思想，考察十个要素之间的关联与互赖，探明在不同教育改革和发展案例（如择校、减负、创新性人才培养）、不同时空背景中各要素间的作用方式与联通策略，以真正实现教育改革外部支持系统的系统整合。

（二）展开利益博弈

正如孙立平所言，当下时代是一个利益时代，每个人都是不同意义上的利益主体，有着特殊的利益诉求。而任何改革又几乎是一场利益再分配，它总会在伸张了一部分人利益的同时，又贬损了另一部分人的利益，利益失衡由此产生。为了避免教育改革过多地产生零和博弈与负和博弈，改革方案设计时便要吸纳利益各方的代表或不同利益主体的代言人，并通过公开辩论、社会听证等方式把各方诉求明示于众，一方面供公众选择，一方面供决策者明察。这种公开的利益宣示方式使各种利益观点能够进行现场交锋与公正博弈，避免了改革过程中太多的利益失衡、暗箱操作与潜规则盛行。

但特别需要说明这样三点。一、利益博弈的仲裁方必须是第三方，而不能是政府、学校等利益相关者。二、利益博弈必须遵守弱者优先

---

① 详见教育部重大课题《我国教育改革与发展社会支持系统研究》开题报告。

原则。在进行公开的利益辩论之前首先要保护好处境不利人群的利益诉求，不能以牺牲他们的利益换取博弈的公正、透明。三、当下社会已经利益集团显性化（张振华，2012），寡头精英与垄断集团通过结盟操控改革进程。因此，在利益博弈过程中要慎防话语垄断与符号暴力现象的发生，把一部分人的利益诉求误判为整个社会的利益诉求。

（三）促进部门协同

教育改革是一项涉及多系统、多部门、多主体的活动，没有彼此之间协同，教育改革的成功几乎不可想象。在教育改革进程中，最重要的是横向部门协同与纵向部门协同。

首先，加强横向部门在教育改革中的协同。在教育改革中，横向部门协同包括三种不同的协同类型：一是同级政府不同部门之间的协同，如教育局与财政局、审计局、卫生局、规划局、编制办、人事局等；二是不同区域之间的协同，主要包括三种子类型：区域间政府协同、区域间高校协同、区域间机构协同。区域政府间协同最成功的改革案例便是"长三角教育综合改革试验区"（吴华，2004）；区域间高校协同最典型的改革案例是"江苏省高等教育综合改革协同创新模式"[①]；区域间机构协同的典型案例是由北京大学、国家教育发展研究中心、中国教育发展战略学会三方建立的"教育发展战略与政策研究协同创新合作体"（刿溪，2011）；三是区域政府与社会各方之间的横向协同。这类协同在高等教育领域表现得更加典型。如江苏省教育厅先后与省农林、卫生、体育、文化等有关行业、企业主管部门建立联席会议制度，积极探索高校与行业、企业合作实施的运作模式。

其次，深化纵向部门在教育改革中的协同。所谓"纵向部门"的协同主要指不同级别政府之间的协同。由于我国的大多数教育改革是自上而下式，因此，纵向部门协同有时会演变成改革设计者与改革执

---

① 江苏省高等教育综合改革协同创新模式［EB/OL］.（2012-06-19）［2013-02-10］. http://www.zjedu.gov.cn/gb/articles/2012-06-19/news20120619091601.html.

行者之间的协同。在我国的大多数改革文本中，中央政府发起的改革通常都要求地方政府进行地方性转化，以保证改革能适应地方性土壤。在 1922 年的壬戌学制中确立了七项目标。其中"多留各地方伸缩余地"具有重要意义，这意味着自上而下的教育改革必须为各地落实改革提供弹性空间和自主余地，否则地方政府一定会以各种方式阻抗改革措施的落实。

三、经验反思与成效评价：教育改革成功的反馈机制

在改革进展到一定阶段或暂告一段落后，改革设计者与执行者要有意识地对改革效果进行反思与评价，发现问题，总结经验，为下一阶段改革做好必要的智力准备。从系统论的角度来看，教育改革评价是对教育改革活动的系统协同度、政策矩阵相容度、改革成效的系统性调查研究。

（一）系统协同度

根据系统论的观点，系统是物质的基本属性（刘永振，1984）。教育改革作为一个系统，可以分化为教育改革内部系统和教育改革外部支持系统。无论是哪个层面的系统都需要对其系统的内在协同度进行检测与评价。教育改革能否取得成功、是否取得成功，也可以通过系统协同度的方式来加以度量。所谓"系统协同度"是指系统之间或系统要素之间在发展过程中彼此和谐一致的程度，体现系统由无序走向有序的趋势（周毓萍，等，2012）。

在教育改革领域，目前还未有相对成熟的数学模型用来计算教育改革各子系统之间的有序度，从而计算出系统协同度。但可以借鉴协同学原理和管理熵理论，寻找一系列反映教育改革内部系统、外部支持系统的协同度指标（王姣，2008），如系统要素的构成协同、功能协同、组织管理协同、技术协同、权力协同、文化协同、环境协同等七个方面。有研究者曾运用这些要素对前面提及的"长三角教育综合改

革试验区"的协同度进行研究（陈丹宇，2009）[159]。结果发现：长三角区域创新系统的整体协同度很低，而江浙沪各自的创新系统的有序度却相对较高。

（二）政策矩阵（王慧炯，2004）[255] 相容度

除了测量教育改革外部支持系统的系统协同度，教育改革是否成功，以及在多大程度上获得成功，还可以通过测量政策矩阵的相容度来加以说明。在任何一项教育改革从启动到成果的漫长过程中，总会出台大大小小的多类政策，有的政策以法的形式出现，有的政策以条例、法规、意见等形式出现；有的政策起始于教育改革之初，有些政策发端于改革进程之中，还有些政策甚至就是改革的成果。

为了中国教育改革能够更加理性，更加成功，有必要对教育改革过程中出台的各类政策进行矩阵式评估，考察各类政策的相关性、一致性与延续性。从有利于改革成功的角度来看，伴随着改革过程出台的各类政策应该成为一个首尾衔接、互相促进、互相影响的连续封闭回路（秦德，2007），成为一个自在的政策系统。只有前后出台的各类政策具有了这样的系统属性，各类政策才能在教育改革的系统回路中发挥整体功能。当我们用政策矩阵的相容度来度量《国家中长期教育规划纲要》时，则会发现《国家中长期教育规划纲要》的改革内容与现有政策文本之间的不相容（熊丙奇，2011）。

（三）改革的总体成效

除了系统协同度、政策矩阵相容度外，最常见的评价教育改革成效的方法还包括目标达成评价、最小代价评价和弱者优先受益评价（朱丽，2011）三个方面。

从目标达成来看，任何改革都有预期的目标，这些目标或微小或宏大，或具体或抽象，或远期或近期。但无论什么样的改革目标，其核心离不开推进教育公平与促进学生发展两个基本面相。因此，对不同的改革目标，可采用不同的评价方式。如过程性评价结果性评价、

定量评价定性评价、诊断性评价发展性评价等。在基础教育课程改革效果反思中，尽管官方的评价中规中矩，但许多基层教师与学生的感受却是茫、盲、忙。

从最小代价来看，改革不可能不付出代价，但改革不能付出巨大代价。有人曾批评美国的进步主义教育改革导致美国教育质量下滑，破坏了社会文化的稳定性。也有人批评日本明治维新所产生的教育病理症状，如划一化弊病、考试竞争、逃学、学校暴力、青少年不良行为等。但从最小代价原则来看，这些消极面远远低于其积极面。而从我国台湾的开放综合性大学改革来看，其"师范不师"的消极面要远远大于其积极面，因为这一改革直接导致了台湾师范教育的巨大滑坡。

从弱者优先受益来看，任何改革的底线是坚守公平、促进公平，千万不能通过改革而使"弱者更弱，强者更强"。"虏弱助强"的强盗逻辑是社会不平等的产物，它再也不应该出现在当下的教育改革中。然而，吊诡的是，在当下的众多教育改革中，这样的强盗逻辑不但没有消失，反而愈演愈烈。如学前教育领域中的财政投入政策就是典型的"锦上添花"之举，义务教育领域中的星级学校制度、校中校也是变了形的利己性政策。而我国台湾地区从 20 世纪 90 年代开始推行的"大学多元入学方案"、"国民中小学九年一贯课程"等措施，也事与愿违地加剧了出生贫寒家庭学生的教育不平等（邢红军，2012）。

可见，良好的改革愿景，美好的改革蓝图并不意味着改革的必然成功。一项改革从启动、实施到初具成效要经历一个艰难的过程。改革者只有以系统思维为引领，充分的预期改革风险，进行综合的方案设计，监控改革的实施进程，协调系统内外的复杂关系，进行理性的改革成效评估，才能最终赢得教育改革的成功，造福所有学生，探寻出我国教育改革特有的"中国模式"或"中国道路"。

参考文献

埃莉诺·奥斯特罗姆. 2012. 公共事物的治理之道：集体行动制度的演进[M]. 余逊达，陈旭东，译. 上海：上海译文出版社.

陈丹宇. 2009. 长三角区域创新系统中的协同效应研究[D]. 杭州:浙江大学博士学位论文.

褚宏启,高莉. 2010. 义务教育均衡发展评估指标与标准的制订[J]. 教育发展研究(6).

葛剑雄. (2009-04-29)[2013-02-10]. 教改,机制改革最重要[EB/OL]. http://news. shm. com. cn/2009/04/29/content _ 2559871. htm.

莱文. 2004. 教育改革:从启动到成果[M]. 项贤明,洪成文,译. 北京:教育科学出版社.

刘永振. 1984. 系统是物质的存在方式[J]. 哲学研究(3).

刘道玉. (2008-09-27)[2013-02-10]. 中国教育需要一场真正的变革[EB/OL]. http://learning. sohu. com/20080927/n259792912. shtml.

马相武. (2009-04-29)[2013-02-10]. 政府要把自己作为教改的对象[EB/OL]. http://news. shm. com. cn/2009/04/29/content _ 2559871. htm.

秦德. 2007. 公共政策的国家产出:质量与绩效[J]. 社会科学(3).

田磊. 2010-04-02. 中国式教育改革:能否超越医改? [N]. 南风窗.

王姣. 2008. 组织间信息系统协同形成机理研究[D]. 长春:吉林大学博士学位论文.

王慧炯. 2004. 中国发展与改革的综合研究:从工程系统到社会系统[M]. 北京:五洲传播出版社.

吴华. (2004-01-30)[2013-02-10]. 长三角区域教育协同发展的战略与政策选择[EB/OL]. http://www. ep- china. net/article/strategic/2004/01/20040130162042. htm.

熊丙奇. (2011-06-13)[2013-02-10]. 南科大还有多少改革空间? [EB/OL]. http://www. nbweekly. com/column/xiongbiqi/201106/26361. aspx.

邢红军. 2012. 三论中国基础教育课程改革:方向迷失的危险之旅[J]. 教育科学研究(10).

刘溪. (2011-12-19)[2013-02-10]. 北京大学、国家教育发展研究中心、中国教育发展战略学会签署加强教育发展战略与政策研究协同创新合作协议［EB/OL］. http://pkunews. pku. edu. cn/xxfz/2011- 12/19/content _ 224748. htm.

张振华. 2012. 利益集团与社会管理：挑战与出路[J]. 社会科学(2).

周毓萍,秦顺子,李清. 2012. 招商银行核心竞争力系统协同度研究[J]. 武汉理工大学学报(5).

朱丽. 2011-01-10. 什么是成功的教育改革？——教育改革成效评价标准构想[R]. 上海:"教育改革的哲学反思"国际学术研讨会.

第十七章　教育改革的体制关怀：
重建共同体*

　　在当今学校教育的体制建构及改革的运作逻辑与教育的本体关怀之间，存在着深刻的裂痕，新教育理念由于缺乏有效的体制依托，而只能"悬浮于空中"。学校教育本体关怀的真正实现呼唤着"共同体"这一人类联合的体制形式的真正确立（学校教育的本体关怀不外文化的生产与传承，或者说是知识的生产与人才培养，与之相对应的共同体形式分别是"学术共同体"与"学习共同体"）。为此，我们需要深入分析当今学校教育的体制建构及改革的运作逻辑，并探索迈向"共同体"的可能性。

一、"共同体"之于教育的意义

　　人的生存与成长发展是离不开具有内部密切关系的"共同体"的。离开了共同体，人就会感到孤单与寂寞，人的心理与精神就会趋向于萎缩。人只有在与他人结成的密切关系中才能成长，人的心智及社会性的发展是通过"主体间性"的建立实现的，而唯有在真正的共同体中，"主体间性"的形成才有可能。然而，在当今时代，这样一种共同体之于教育的价值并没有被明确意识到并倍加珍惜，而是时常处于被破坏或异化的状态之中。

　　教育是一种唯有在共同体的关联中才能得以展开的事业。因为教

　　*　本文原刊于《当代教育科学》2011 年第 14 期，现收入本书时略有改动。

育首先必须建基于教育者与学习者之间的密切关系基础之上，所谓
"教育是一种内心的沟通与对话"所表达的正是这样一种含义。教育的
进行是以关爱为前提和条件的，没有爱心的教育至多只不过是一种训
练，这与动物的驯练无异，而很难实现一种真正的教化。人只有在一
个充满爱意的环境中才能健康地成长，爱使一个人的心灵与精神真正
地伸展与开放，冷漠与恨则使人的心灵萎缩与封闭。爱是共同体的首
要特征，是共同体所能赋予我们的最重要的东西。教育的过程是一个
理解的过程，包括人与人之间的相互理解以及借助这种人与人之间的
理解而实现的人对文化的理解，理解的过程也是个体精神的建构过程，
理解是通过心灵的沟通与对话而达成的，唯有共处于一个真正的共同
体中，这种深度的理解方有可能实现。教育的目的是"成人"，即"成
就一个人"，或者说是造就一种理想人格，其中最核心的一点就是能担
当起自己所担负的使命。孔子说"士不可以不弘毅，任重而道远"，所
表达的正是这样一种境界。这种责任感与使命感的形成是唯有生活在
一个真正的共同体中才能在个体身上逐步出现的，这来自于与自己生
存密切相连的人的厚望与期待。如果个体无从感受到这种厚望与期待，
生命将会变得"不可承受之轻"，人生会从而缺乏意义与方向，正是共
同体赋予人生以意义。在共同体之中，我们可以自由地舒展自我，创
造性会不断地被激发，个体可以获得真正的自由。"关爱"、"理解"、
"责任"与"自由"所有这些对教育来说至关重要的东西都是在共同
体这种人类生活形式中才能形成的。

　　共同体是一个温暖而舒适的地方，一个温馨的"家"，在这个家
中，我们彼此信任，互相依赖，共同奋斗。在现代社会中，家庭是一
个人生活中的首要共同体，凭借家庭所提供的关爱、厚望、养育与教
导，儿童得以健康成长。充分的母爱，和谐的家庭关系，安全、稳定、
温馨的家庭生活，对儿童的早期成长乃至一生的发展都具有至关重要
的意义。家庭是一个风雨同舟的港湾，生命彼此关联，有福同享、有
难同当。家庭也是一个意义共同体，在这里，大家拥有共同的价值观
念，对许多事物都拥有共同的理解，许多意义大家彼此默会。在这里，

相互间会围绕一些问题展开探讨，孩子也经常会加入到对一些问题的争论中来，尤其是孩子那无数问不完的"为什么"更是经常迫使家长做出认真的思考与回答。家庭已经日益成为当今社会中的一个基本的"民主的公共领域"，儿童正是在这里自发形成了共同体生活中的参与意识。在这里，大人是孩子效仿的对象，大人的言行举止都会对孩子产生潜移默化的影响。家庭是一个无可置疑的共同体，当这样一个共同体被破坏，对孩子来说，其影响可能无异于我们正常生活中的天崩地陷。在我们这个时代，家庭的破裂与重组已经成为困扰很多孩子成长的突出问题，许多"问题儿童"、"问题学生"的出现都是由家庭这个共同体的破裂造成的，这甚至会影响他们的一生。

在传统社会中，个人所生活于其中的社区（村落）构成了家庭（家族）之外的重要共同体，大家彼此熟悉，相互信任，守望相助，拥有共同的理解与信奉。儿童在这个社区里可以受到大家共同的关照，并将很快融入到社区生活中。社会生活鲜少变化，人们沿袭着千百年来形成的传统，生活本身就是一种重要的教育方式，儿童的成长是濡染于生活之中的。现代城市生活的社区则基本上是由陌生人构成的世界，人们都从事着不同的职业，行色匆匆，相互之间很少了解，彼此不知道对方的过去，周围的人时常搬来又搬走，见面时能相互抱以善意的微笑就算是相当不错的邻里关系了。个人所归属的共同体除了家庭之外，只能到各自所工作的单位或亲戚朋友圈子寻觅了。儿童的教育则交给了专门的教育机构，儿童正是在幼儿园或学校的班级里体验共同体生活的，在这里，大家朝夕相处，逐渐变得彼此相互熟悉，逐渐建构起一个"共同体"的世界。在这里，儿童开始学习如何过一种社会生活。这是儿童所接触的除家庭之外的重要共同体，这是一个经过人为精心设计的生活世界。在幼儿园里，儿童开始在老师的指导下与同龄伙伴共同相处，大家彼此相互平等，遵守共同的纪律与约定，共同维护集体的荣誉，逐渐发展着公平公正观念、规则意识、集群意识，性情相投的伙伴之间开始发展出一种真正的友谊。在这里，孩子的自我在一种新的社会空间中寻找着自由，一方面寻求一种个性的无拘展现，另一方面又要接受集体的规约，孩子是集体生活的积极参与者，班级内每一项事务的开展每一个规则的制订都需要建立在孩子的理解与认同基础之上，由此可进一步确立班级内部的积极舆论，孩子所获取的各种知识与观念都是在与他人相互理解沟通协商基础上达成的。孩子在老师的关爱与同伴的友爱环境中，在心智能力及社会性方面都得到健康发展。在正式入学以后，整个学校生活被以知识学习为核心系统地组织起来，班级组织也变得更为正式起来，规范性日益增强，学生内部的等级划分也日益明显。尽管学校生活相对隔离于现实社会生活世界之外，并且很少被等同于真实的生活世界本身，但这种生活对于学生当下生命体验的意义是不容忽略的，学校中的班级是学生在家庭之外所生活于其中的一种最重要的共同体形式，班级生活对于学生来说是一种最为真实的社会生活，课堂是教师带领学生一起探讨真理、解决问题的"社会公共领域"。如果班级作为一种生活共同体的意义被忽略，那么整个学校教育的价值都有可能被扭曲。现在学校教育的很多问题都是与对这种共同体意义的忽略相关的。承认班级作为"共同体"，意味着学生真正主体地位的确立，意味着大家都是平等社会的一员，意味着真诚地沟通与协商合作，意味着对集体事务的民主参与，意味着一种自觉的纪律而非强制，意味着每个人充分的自我认同以及在此基础之上的对共同体的认同，这是每个人温馨的家园，人人都可以在这里找到自我，并作为共同体的一员而深感自豪。对于每个班级来说，共同体既是一种现实又是一种追求的境界，是一种应该共同珍视的精神。但如果现实中或是出于体制的原因或是出于教师意识的原因，使班级建设背离于这种精神，班级共同体也就不可避免地处于危机之中了，这就需要我们自觉地向共同体回归。

对于教师来说，学校是自身生命所依托的重要共同体。在学校中，教师所建构及从属于其中的共同体是双重的，一重是与学生共同建构起来的共同体，在这里，教师是与学生身份不同的成人，是共同体的引领者与凝聚者；另一重是与同事们一起建构起来的共同体，在这里，教师是平等中的一员，是学校教育事业的积极参与者，教师的生涯发展融入于其中，学校对于教师来说是精神与事业的家园。任教于同一班级学生的教师结合成一个教育共同体，共同促进学生们的成长；同一个教研室的教师乃至全校教师一起结合成学习共同体，相互学习、观摩、共同探讨问题，实现专业的成长；全校教师在学校领导的带领下共同构成一个事业共同体，共同自觉维护本单位的利益与荣誉；全校教职员工一起构成一个生活共同体，大家共同在这里寻求一种家的温馨。对于高校教师来说，学术共同体对于一个人的学术思想的形成、发展与成长更是至关重要，在一个共同体之中，人们之间相互享有许多不言自明的观点、信念与思想方式，并且需要在共同体内部有较长时间的积淀。"生活在共同体中"的确是每个人内心深处的一种渴望，但现实中的共同体总有许多不尽如人意，以至于对许多教师来说，工作变得不可承受之重。学校中的现实工作生活与共同体的精神愈是偏离，这样一种感觉便会愈是强烈。

二、现实学校生活中"共同体精神"的变异

综观学校生活世界，致使共同体精神发生变异的一个首要直接因素是当今学校普遍盛行的教育评价方式。根据当前所普遍采用的学校教育质量评价体系，学校教育质量首先被细化为一系列外显的行为表现指标，甚至被简单等同于学生最终的考试成绩，学校教育往往被标准化至一个普遍及单一的尺度之上。根据这个标准化的尺度，所有学校教育均被放置在这个尺度下被评估、考核、监察，以决定是否符合标准。当学校教育被放置在这个标准化及常模化的机制后，学校教育内的各个个体——学生、教师及学校的表现均会被考核、排等，并得到应得奖励或惩治。这样，一个"标准化—常模化—审查及考核—层级化—奖励与惩治"的评价机制便普遍确立起来，而其他与这种评价机制不兼容的学校教育的理念及实践，就被边缘化了，结果对学校教育理念与实践的界定就出现了一种霸权，一种只认可标准化和数量化的教育质量的霸权，而学校教育实践更异化为一连串无休止的"合模"

竞逐游戏。在这样一种评价体制之下，教师的教学往往被简单化为刻板地执行既定标准，而专业精神难以真正发挥作用；学生的学习则被强制性地追求标准化数量化的公开考试成绩及制度化的证书、文凭，其结果成就了一种"应试主义"、"分数主义"及"文凭主义"的学习取向；整个学校教育也就被推向一种"达标主义"、"争取宣传曝光"及"公关主义式"的学校行政管理，甚至可能出现伪装式的学校管理，学校教育的整体内涵却被忽略了（曾荣光，2006）。这种评价机制所突显出的是福柯（M. Foucault）所曾揭示的规训权力的运作（福柯，1999）。这样一种规训权力的策略目前正被越来越多地运用于对学校教育状况的监督与评价中来。持续不断的检查与评估经常使学校处于被动应付状态，一线教师有大量的精力被消耗于其中。

与这样一种规训权力的运作相并行的是个人主义观念的盛行，教育中的评价被简化为对个人表现的评量，而个人所身处的共同体的作用则基本被完全忽略。社会学家威克斯勒（Philip Wexler）对美国高中学生的研究发现，在强调"个人化"学业成绩的表现主义文化下，学生群体内的社会基础与联系正在受到破坏以至解体，取而代之就是一种极具"个人化"的竞争主义的抬头。事实上，在现行的教育评价体制之下，学校内教师的专业共同体及学生之间的同伴共同体极有可能被"个人化"的表现主义所破坏，传统学校中的组织文化与价值，如同事情谊、兄弟/姊妹般情谊以至大家庭的比喻均被表现指标与表现评量乃至简单的考试分数与排名所取代（曾荣光，2006）。在这样一种个人主义观念影响下，学生的学习被看作完全是一种个人的事务，学生个体内在的品质诸如智力、能力、努力等因素成为关注的核心，而学习所需要的共同体因素则被忽略，同学之间在排名的压力下相互竞争，学校生活中原本应受到强调的合作、互助与沟通等品质变得隐匿不彰。同样，教师的教学也被看作完全是一种个人的事务，教师的专业素质与业绩备受强调，教师也不断处于被排名、评优乃至淘汰的压力中，这不仅关系到个人荣誉，还与个人现实利益密切关联，在这种情况下，个人之间紧张的竞争也就取代了原本教育共同体内部彼此合作相互支持关怀的温馨氛围。事实证明，学校中的排名评比越多、来自上面的评优诱惑越大，则学校内部共同体的破坏程度越大。对于学校来说，由于持续面临着来自外面的指标化评量的压力，便不断把这些压力转化为对教师与学生的评量压力，学校日益变得在这些评量的压力下自动运转，学校中的共同体精神也就持续地处于被碾压之中。

如果说对学生及教师的日常常规化的考试、考核与评价所彰显的是一种规训权力，那么当今学校教育领域中所普遍盛行的评优举措所彰显的则更多是一种来自于上级的任意的权力，这类似于一种君主式的权力，握有权力者掌握着人们所普遍稀缺的重要资源，他们要使对这些的资源的使用尽最大程度地显示出其权力的存在，凸显出其权力意志的作用，最好的方式莫过于对其认为优异者的奖赏。由此，我们不难理解当今教育领域所谓"十佳"、"百优"……的评选之所以兴盛不衰的原因。但大凡了解这些评选的内情的人，不可能不为这些评选过程的任意性感到惊讶。这样一种评优方式所凸显的同样是一种个人化的表现主义观念，而忽略了个人所身处共同体的意义与作用，这样一种评优对于教师共同体的破坏也是不容忽视的，因为极大地拉大了共同体内部的不平等。这样一种注重教师个人业绩表现的评优奖惩机制从根本上无助于教师文化的整体改进，也未必有助于良好的学校教育传统的传承。正如有学者在评价我国当前大学人事体制改革问题时所指出的"在中国的大学改革过程中，制度设计的核心问题不是如何分配利益，激励更高的'学术'产出，而是如何培养促进中国学术自主发展的学术传统"、"凡教育和思想蓬勃发展的国家，其卓有成效的大学体制和学术制度并不能只靠严密的规章和刻板的条文，而是有其内在的动力。这种动力更多地来自能够将学术和教育的职业提升为'天职'的伦理或'精神'，在这种引导和推动学者献身'天职'的精神中，往往隐含了一种对该国成熟丰富的学术传统的认同。正是这些表面上看不见摸不着的东西，才能将这个国家人民的现实处境与其文化背后源远流长的观念传统联系起来，使其学术发展的活力具有深厚的底蕴，而不会变成一种无根的亢奋或是浮躁的虚假繁荣"、"而这种传统的营造，往往需要一种宽容平和的学术氛围和不计功利的学术热情，这些经常会与大学改革中必然涉及的各项精心算计的管理目标发生冲突"（李猛，2004）。其实，不仅大学改革需要自觉地维护这样一种传统与精神，而且整个教育事业都需要从根本上意识到维护这种传统与精神的重要意义，这只有通过共同体氛围的营造才能达成，而仅仅对个别表现优异者的奖励或将表现平平者淘汰出局无异于舍本而逐末。

在这种主导着当今学校运作的规训权力及行政任意权力的背后正是在现代社会逐渐发展起来的规训体制与科层体制以及国家与市场体制对学校生活世界的宰制（王有升，2005）。随着这些体制发展的日益"完备"，教育中的共同体精神逐渐变得隐匿不彰。

三、现代社会生活中共同体的失落与重建

当然，在现代社会，传统共同体的消解以及共同体精神的丧失不仅发生在教育领域，这可以说是整个现代社会生活变化的一个共同特点。当代英国社会学家齐格蒙特·鲍曼（Zygmunt Bauman）说，"共同体"（community）这个词总给人许多美好的感觉：温馨、安全感、友爱、理解、没有嫉恨、相互信任、彼此依赖等，但遗憾的是，对于现代人来说，共同体意味着的并不是一种我们可以获得和享受的世界，而是一种我们热切希望栖息、希望重新拥有的世界。"今天，'共同体'成了失去的天堂——但它又是一个我们热切希望重归其中的天堂，因而我们在狂热地寻求着可以把我们带到那一天堂的道路——的别名。"（鲍曼，2003a）[5] 在经典社会理论的现代性诊断中，我们可看到，现代性问题在社会共同生活形态上首先突出表现为传统意义上的那种共同体的丧失。从某种意义上，现代社会正是从脱离或者说瓦解原先的共同体而起步的。齐美尔（G. Simmel）曾指出："如果社会学想用一种简明的方式表达现代与中世纪的对立，它可以作如下尝试。中世纪的人被束缚在一个居住区或者一处地产上，从属于封建同盟或者法人团

体；他的个性与真实的利益群体或社交的利益圈融合在一起，这些利益群体的特征又体现在直接构成这些群体的人们身上。现代一方面使个性本身独立，给予它一种无与伦比的内在和外在的活动自由。另一方面，它又赋予实际的生活内容一种同样无可比拟的客观性：在技术上、在各种组织中、在职业内，事物自身的规律越来越取得统治地位，并摆脱个别人身的色彩。"（齐美尔，2000)[1] 在现代社会，维系着传统社会联系的纽带逐渐融解，传统意义上的共同体也就逐渐消散了。但人是必须过共同生活的，共同体是人类生活不可脱离的形式，"我们能否共同生存？"（图海纳，2003a）成为当今人类面临的紧迫问题，重建共同体始终是现代社会的一种理想。在政治或社会理论中，共同体理想曾表现为不同的形式，从阶级团结或共享公民资格到共同种族血统或文化认同，对于每一种理论来说，共同体都是一种需要被塑造和界定的基础性概念（金里卡，2004)[375]。典型的共同体是古代希腊的城邦，每个公民都与参与政治生活的其他公民相识，面对面地开展政治活动。在现代社会，共同体则更多的是一种构想中的存在，已经逐步摆脱了地域的、血缘的乃至政治的局限，成为维系人之存在的精神家园。

在当今社会情势下，如何才能重建我们所生存于其中的共同体？传统是不可能回复其中的，所需要的只是我们每个行动者的自觉努力。

当今法国著名社会学家阿兰·图海纳(Touraine, A.) 认为，作为当今社会最根本特征的，是当今社会正在经历着"两个世界的分离"，即技术与市场世界和文化世界的分离，工具主义的理性世界与集体记忆世界的分离，符号世界与感觉世界的分离。"20 世纪末，我们的经验的核心是空间与精神的分离，用一句老话说，就是经济与文化的分离，交换与认同的分离。"（图海纳，2003b)[34]阿兰·图海纳把这种分离称为"逆现代化"。如果说现代化是以民族社会的思想驾驭合理化生产和人类主体的精神自由的两重性的话，那么，逆现代化的特点便是切断个人自由与集体效能之间的联系。阿兰·图海纳进而认为,唯一能使工具性与认同、技术与符号相结合的，是个人生活的设计。"这种设计是一种努力，其目的是为了抵御个性遭受破坏并能在技术和经济活动中发挥经验和文化的作用，从而使自己所经历的一系列事情形成一部个人生活的历史，而不是一大堆不相连贯的事情。"（图海纳，2003c）[20] 也就是个人必须成为真正的"主体"。在一个不停地变化着的、不可控制的世界里，要把自己的经历变成一种作为社会参与者的自我成长的过程，除了个人的努力以外，便无它途可寻。对于个体来说，若要转变成主体，唯一可行的办法是"承认他者也是一个以其自己的方法努力将文化记忆和工具主义的设计结合起来的主体"（图海纳，2003d）[21]。并且这种"主体"的确认必须得到制度的保护，"我们必须以一种为主体的自由和主体间交往的自由服务的制度思想来代替那种被说成是对公意的参与的旧的民主思想"（图海纳，2003e）[22]。

哈贝马斯（J. Habermas）所提出的"生活世界"概念勾画出了共同体生活的理想状态，在这里，人们以个人的意愿和价值取向为基础进行相互交往，就公私领域内一些共同关心的问题在没有外在和内在的压力和制约下进行沟通从而达成共识。这种交往本来不应受到体制的制约，而是从理性的角度进行。但事实的发展却正好相反，在现代社会里，人们的公私领域却处处受制于行政体制和市场的力量。哈贝马斯认为，解决现代社会困境的出路内藏于人们的沟通理性之中，唯有通过对压抑和束缚人的现实社会体制的批判，才能真正寻求到人类的解放之路（阮新邦，1999）[25-85]。

在当今社会，共同体只能是作为每个人自觉追求的理想存在着，这对于人之生存的意义不可或缺。那种凭借着"自然而然的"、"不言而喻的"共同理解而存在，不需要"任何反思、批判与试验的动力"（鲍曼，2003b）[7-8] 的昔日的共同体再也不能复返了，重建共同体需要每一个主体自觉的努力。

四、朝向"共同体"的学校重建之路

将学校建设成为真正的共同体，这首先取决于每一个教育工作者的自觉努力，取决于每一个人对"共同体精神"的珍视及对其教育意义的认同。对于今天的学校来说，首先需要朝着学习共同体的目标进行根本性的改造。诚如日本学者佐藤学（M. Sato）所说"学校再生之道，只能是恢复学校在现代化整顿并合理地武装的过程中业已丧失了的东西——领悟学习之甘苦的、合乎自然的'时间'、'空间'、'关系'，朝着'学习共同体'的目标脱胎换骨地改造"（佐藤学，2003a）[83]。佐藤学进而指出，当今学校生活中公共领域的式微所意味的是主动地参与、干预该领域民主型主体的丧失。作为制度的学校，当它由于对科学合理性与官僚制效率性的追求而带来的公共控制得以强化时，构成学校的个体（学生、教师、家长）也就不可避免地被异化，远离理应作为公共领域中的民主型主体应当从事的政治的、文化的、社会的、伦理的实践。学校中学习的经验已经被庞杂的片段知识所堆积，学习主体的自我意识已经被封闭在丧失了社会亲和之契机的纯粹个体的自我意识之中了。学生经验到的思考与见解也只能是纯粹主观的见解，离开了自身经验的实感，丧失了生成、发展、整合的契机，只能是虚幻地、抽象地存在着，犹如影子般地经历着。我们需要的是以学校的日常经验为基础，探索互补地、互动地形成共同意识与共同体的方略。内蕴于日常经验的"规范性"与"协同性"的契机，正是人们参与公共性构筑的基础。由此可以有效对抗教育的私事化，维护学校的公共领域，将学校建设成为"文化享受与探究的对话共同体"（佐藤学，2003b）[99-101]。这样一种共同体不仅是学习共同体，也是学术共同体、教育事业共同体。

将学校建设成为真正的共同体，需要我们全力冲破既有体制的约束。我们可利用批判的知识改变历史的路径，人不仅是历史的产物，更是历史的生产者，人的世界既然是社会建构的，也会被解构或重构，这才能使可能性的教育成为可能。这首先需要激起每一个教育实践者的批判反思意识，自觉参与到体制的变革中来。这也需要个人"主体"意识的真正觉醒，需要一种为主体的自由和主体间交往的自由服务的学校制度的真正确立。

　　教育始终都是人类理想的寄托之所，今天人们依然对学校教育充满了无穷的期待，并且提出了关于学校教育的一些崭新理念，这些期待与理念能否达成在很大程度上将取决于能否将学校建设成为真正的共同体。我们渴望使学校成为每一个学生及教师的真正精神家园。

参考文献

　　阿兰·图海纳. 2003. 我们能否共同生存？——既彼此平等又互有差异[M]. 狄玉明,李平沤,译,北京:商务印书馆.

　　曾荣光. 2006. 从教育质量到质量教育的议论——香港特区的经验与教训[J]. 北京大学教育评论(1).

　　李猛. 2004. 大学改革与学术传统[J]. 读书(1).

　　米歇尔·福柯. 1999. 规训与惩罚[M]. 刘北成,杨远婴,译. 北京:生活·读书·新知三联书店.

　　齐格蒙特·鲍曼. 2003. 共同体[M]. 欧阳景根,译. 南京:江苏人民出版社.

　　齐美尔. 2000. 金钱、性别、现代生活风格[M]. 刘小枫,顾仁明,译. 上海:学林出版社.

　　威尔·金里卡. 2004. 当代政治哲学[M]. 刘莘,译. 上海:上海三联书店.

　　王有升. 2005. 论现代学校的体制建构[J]. 教育学报(2).

　　阮新邦. 1999. 批判诠释与知识重建——哈贝马斯视野下的社会研究[M]. 北京:社会科学文献出版社.

　　佐藤学. 2003. 课程与教师[M]. 钟启泉,译. 北京:教育科学出版社.

第十八章 教育改革的院校支持：
教师教育改革的经验[*]

　　"社会支持"（social support）是心理学、医学、社会学、经济学、法学等众多学科关注的一个多维复杂概念，指来自个人之外的各种支持的总称，包括正式支持和非正式支持（林顺利，等，2010）；也有研究者将其分为客观可见或实际的支持（包括物质的直接援助和社会网络、团体关系的存在和参与）以及与个体主观感受密切相关、可体验到的情感支持（如个体在社会中受到尊重、支持和理解的情感体验和满意程度等）两大类（肖水源，1999）。

　　虽然人们对"社会支持"和"社会支持系统"的界定、分类等认识多有不同，但因"社会支持"一语最早和个体的生理、心理、社会适应能力等相关联，故已有研究更多聚焦于相对意义上的弱势群体及个体（如城市外来流动人口、下岗女工、农村留守儿童、艾滋病患者、残疾人等），将社会支持系统看作个体应对压力时的社会资源，对个体身心有普遍的增益作用，能够通过个体内部认知系统屏蔽、缓冲或防止压力事件的消极影响，使个体在互惠的社会网络系统中通过信息、情感交流，相信自己被尊重、被关心、被爱、有价值，从而增强个体资源、提高应对压力的能力；教育研究中更多关注中小学教师及其专业发展的社会支持系统，如有研究者指出："对教师而言，教师的社会支持系统主要包括学校、家庭、社会三方面对教师的支持所构成的社会关系网络系统，包括：教师在学校内的领导关系、同事关系和学生

---

　　* 本文原刊于《南京师大学报》（社会科学版）2012 年第 5 期，现收入本书时略有改动。

关系等，在家庭里的夫妻关系、亲子关系、亲属关系等，以及和社会接触中的朋友关系、合作关系、咨询关系等。"（李海燕，2008）

这些研究均已将"社会支持"的意涵扩展为"为特定群体或个人提供精神和物质资源以帮助其摆脱生存或发展困境的社会行为总和"；但支持对象仍多囿于主体行动者，关涉支持某项社会行动的研究相对欠缺。事实上，教育改革作为一项实践行动，面对正在或可能遭遇的种种阻抗，迫切需要思量和建构包括政策导向、体制建立、资源配置、文化生态、舆论营造等在内的整体意义上的社会支持系统。本文借鉴"社会支持"的概念语义，将教师教育改革中作为教师教育"产品"、"生产者"与"消费者"的师范院校与中小学校在发挥其可能的援助、扶持和支撑作用中表现出的各种社会心理因素总和称为"教师教育改革的院校支持系统"；通过考察近年来我国各级各类教师教育改革中发生的某些阻抗现象，分析作为一项集体行动的教师教育改革需要从院校支持中赢得怎样的信任、认同、理解或宽容。

一、规避标签效应，注重考核教育学术素养

伴随义务教育普及和高等教育发展，我国教师教育从"旧三级"走向"新三级"，以教育硕士专业学位研究生教育为主体的学士后教师教育（即专门的师资培养机构对已具有学士学位的学生进行教师养成教育）得到迅猛发展。在教师教育大学化的发展趋势下，加强学士后教师教育，即是致力于提高教师的教育学术水平，推进教师专业发展。

长期以来，教师教育的双学科专业性使得本科师范教育在四年有限时间内，试图用综合大学相同的教学时间完成两种学科专业的培养目标，无论如何都是艰难的，很容易造成"学术性先天不足、师范性又后天失调"、"两败俱伤"的结果。延长培养时间、拓展培养空间、加强学士后教师教育，显然有助于解决这一难题。其实，学术性和师范性不是非此即彼的对立关系，教师作为专业人员所必须具有的、不可替代的专业素养既包括学科素养，也包括教育素养，二者缺一不可，

核心则是二者自然融合后形成的教育学术素养。瑞士心理学家皮亚杰曾经提问："对一个 8 岁孩子教授数学和教授大学生高等数学相比，谁难度更大？"讨论结果是"难度相当"，两种教师需要的数学专业知识可能差别很大，但他们在教育教学方面的学问则是相同的，这种学问就是"教育学术"（皮亚杰，1990）[211]。

在学科专业与教育专业有机融合的基础上培养高素质的基础教育教师，重视、加强教育学术能力培养，使教学的专业性乃至教师教育的专业性真正得到社会的认同与尊重，是学士后教师教育的发展走向和责无旁贷的重任。新世纪以来，国内多所师范大学相继推出"4 + 2"、"4 +1 +2"、"3 +3"、"4 +3"等多种培养模式，纷纷在课程设置、实施、评价等环节着力彰显"教学是一项学术性事业"的改革理念，注重对研究生熏染"以教育学术为业"的专业追求，并切实提高研究生的教育科研素养和学术能力。然而，需要研究生在求学期间投入大量时间和精力磨炼、提高的教育学术素养，在求职中并没有明显的"用武之地"。比如，中小学校在招聘教师时大多并不重点考察应聘者的学位论文质量及其教育科研素质，虽然研究生学历越来越成为求职者必不可少的条件（特别是在教育发达地区和高水平学校），但更像一种"标签"，求职者需要接受的严格考核仍然主要集中于学科知识（如应聘者参加的考试中会出现大量的高考题）；近年来分量越来越重、形式越来越灵活多样的教育理论知识及教育实践能力的考察，值得称道，但对应聘者教育学术能力的考察仍然明显不足，这不能不令人遗憾，因为评价的"指挥棒"会直接影响初衷良好的改革能否坚持到底。

二、克服刻板印象，坚持公平公正

西方国家开展的学士后教师教育一般都是授予教育硕士专业学位。我国继 1997 年面向在职教师开展教育硕士专业学位研究生教育后，又于 2009 年开始了面向应届本科师范毕业生的全日制教育硕士专业学位研究生教育。发展教育硕士专业学位教育是一项符合教师人才需求和教师教育规律的改革举措，也是培养应用型、复合型高素质教师的重要渠道。

专业学位（professional degree）不同于学术学位（academic degree）。国务院学位办 1996 年 5 月在《关于开展教育硕士专业学位试点工作的通知》中指出："教育硕士专业学位是具有特定教育职业背景的专业性学位，主要培养面向基础教育教学和管理工作需要的高层次人才，教育硕士与现行的教育学硕士在学位上处于同一层次，但规格不同，各有侧重。该学位获得者应具有良好的职业道德，既要掌握某门学科坚实的基础理论和系统的专业知识，又要懂得现代教育基本理论和学科教学或教育管理的理论及方法，具有运用所学理论和方法解决学科教学或教育管理实践中存在的实际问题的能力。"可见，"教育硕士"与"教育学硕士"是层次与质量相同，但规格与类型不同的两种学位类型，教育硕士专业学位侧重培养善于发现和解决教育实际问题、具有教育学术能力的应用型高层次专业教师。

无论从西方发达国家经验还是我国基础教育发展对教师专业人才素质要求的实际来看，教育硕士专业学位教育理应成为我国教师教育改革的新路向。然而，大众由于对"专业学位"存有一种根深蒂固的刻板印象，会认为其"学术水平低"，这种储存在大众集体记忆中、难以改变的心理倾向被心理学家喻为"无法被激励和改变的懒汉"，对教育硕士专业学位研究生教育会产生"雪上加霜"般的负面影响。

如前所述，由于大众（甚至中小学校的领导和教师自身）对教师首应具备教育学术能力缺乏正确认识，在理解和考察"教师的学术水平"时往往会将其曲解为学科领域的学术水平，将专业人才培养中强烈的实践取向误解为"不重视学术能力培养"，进而又泛化地理解为"专业型人才的学术素养要弱于学术型人才"。全日制教育硕士专业学位研究生在毕业求职中的遭遇表明，尽管中小学校在招聘教师时很少对求职者的教育学术能力进行专门而细致的考察，但招聘者心目中仍会看重求职者的学术能力，只不过令人遗憾的是，对纯学科领域的学术能力的无意识倚重是通过一个被误解甚至扭曲了的学位性质来简单加以判定。事实上，我国近年来蓬勃开展的教育硕士专业学位教育，在本科师范教育基础上，进一步有针对性地制订培养方案、设计课程体系、确定教学内容、改进教学方法，重视教师知识养成的临床性、现场性和实践性，通过加强案例教学、模拟训练、顶岗实践等教学形式，重点培养和锻炼学生在运用教育专业知识、解决教育实践问题的过程中，提升教育学术水平，考核环节也是侧重评价学生的教育专业综合素养与实践能力，致力于提高毕业生的教育专业素养。这些在人才培养目标、课程体系设置等方面极力凸显的实践性、专业性（职业性）等特点是非常符应中小学校对教师人才的素质要求的；但是，毕业研究生若在求职中因大众对"专业学位"的刻板印象而屡屡受挫的话，这种刻板印象不仅会进一步固化，而且将直接影响教育硕士专业学位研究生教育能否可持续发展，迫切需要中小学校主动克服刻板印象、公平公正地招聘高素质教师，发挥对社会大众的示范作用。

三、扭转污名化倾向，宽容改革的暂时缺失

社会学家戈夫曼（E. Goffman）将"污名"（stigma）视为刻板印象的最初建构和社会歧视的起点，个体或群体因具有某种社会不期望或不名誉的特征（如为其所属文化不能接受的状况、属性、品质、特点或行为等）而被贴上贬损性标签，受到不公正待遇，进而产生羞愧、耻辱感（戈夫曼，2009）。污名化（stigmatization）涉及贴标签、刻板印象、隔离、地位丧失和歧视等要素，是强势的实施污名者（stigmatizer）通过贴标签（labelling）而将被污名者（stigmatized person）的某些负性特征刻板印象化并加以维持的群体互动过程。现实生活中对特定群体或个体（如身体缺陷者、特殊疾病患者、贫穷者、流动人口子女等）实施污名化的现象屡见不鲜；其实，现代社会中被赋予污名的对象并不局限于群体或个体，事物、技术、组织、制度设置等都可能被污名。

20世纪90年代以来，在深刻的历史背景及多种复杂因素的作用

下，教师教育改革在酝酿、发起之初，对改革对象的认知便伴有显示其不名誉特征（所谓"弊端"、"不足"）的污名化倾向；随着对现实状况的片面感知、标签固着以及对理想与现实差异的分类命名、话语建构，不平等的分类图式和结构进一步正当化，被纳入秩序建构与实践运作之中并逐渐内化为行动者的心智图式和性情倾向。比如，"师范教育"与"传统"、"封闭"、"非专业教育"等特点，"教育类课程"与"抽象"、"空洞"、"脱离实际"等特性，"教育理论研究者"与"远离中小学教育"等特质之间似乎"理所当然"的关联，便不啻为一种污名化倾向，致使相关的制度文化、组织机构、群体被连带上种种负性特征，原本客观中性的语词内涵则渐遭贬损、诋毁，进而固化为污名化的叙事和话语系统。又如，师范教育中"老三门课程"因教师个人德能差异而产生的质量问题被整体性放大，形成关涉"师范教育"及"教育类课程"的集体性负面形象，在改革意识形态背景下，这些存在不足与弊端的事物、机构、人群等便成为改革动议聚焦的对象，对改革对象的片面认知和标签化使得个体性不足被重新定义和阐释为集体性灾难，甚至转化为结构性的文化固着与偏见，呈现出明显的集体行动色彩，正如苏珊·桑塔格(S. Sontag)从癌症患者的亲身体验出发深刻指出的，疾病本身并不可怕，可怕的是人们看待疾病的方式；人们往往给疾病赋予了太多本不应当的隐喻、象征乃至污名（桑塔格，2003)[161]。

人在社会互动中需要对其自身和他人的社会位置和属性进行有效识别，社会行动者在区分"我物"与"他物"、"我群"与"他群"时获得的共识性概念及其呈现的差异便形成不平等的符号边界。教师教育改革语境下，围绕"谁是合格的教师教育者"而形成的"我群"与"他群"意识，以及个体知识结构、学术重心等方面的差异逐渐演变为成员的身份标识，对"没学科者"和"纯学科者"的污名化倾向便是这种社会分类的结果，成为教师教育秩序建构中的新隐喻。虽然这种日益凸显的身份污名不至于像性别、行业、种族、地域污名等那样会导致被污名者产生对社会的隔离感、敌意、不信任乃至反社会行为，但就教师教育改革本身而言，这种污名化倾向的蔓延会使被污名的组织、群体受到正面形象的损害，蒙受强烈的无助感、无能感乃至羞耻感，在改革的利益调整中也难以获得尊重和权益保障，更容易受到某种程度的制度性排斥。这种排斥和剥夺会随着改革的深入进一步合法化，旧秩序中相关事物的某些功能障碍即逐渐演变为制度性的隔离与排斥，乃至形成新的压迫性力量，固化进教师教育文化记忆中"存档"，最终阻碍改革取得预期成效。

当污名出现时，人们势必会寻找有力的社会支持来加以应对；为此，教师教育改革中不同程度的污名化倾向亟待有意识地扭转，才能有效减少因遭遇疏远、对立或排斥而不能顺利扮演改革要求之新角色的边缘群体对改革的阻抗，真正提高教师教育质量、推进整个教育事业的良性运行与和谐发展。

四、减少利益权衡，谋求合作双赢

利益是人和社会发展的驱动力量之一，人们奋斗的一切都与他们的利益有关（中央马恩列斯著作编译局，1995）[82]。任何改革在本质上都是利益的分化、调整和重新整合、分配，改革的动力归根结底也来自于各方利益相关者对改革预期收益和成本的权衡，改革的进程则是各方利益相关者根据自身对改革即期和预期收益以及自己与他人之间损益关系的判断而进行的博弈过程，改革的成效则取决于各方利益平衡和协调的程度和水平。

近年来教师教育改革中对原有组织结构和运行机制的调整必然导致既有利益格局的重塑；即使改革理念能够得到广泛赞同，但若缺乏真正在机制调整中加以体现的利益支撑，理念仍然难以产生实践效应。任何利益关系的形成与博弈都离不开利益相关者及其维护利益的行为活动；作为集体行动者的院校（师范院校及其内部机构和中小学校）和作为个体行动者的教师（师范院校和中小学校的教师），面对层出不穷的教师教育改革举措，也会首先考虑自身的改革成本与收益，也同样期待自身收益最大化、成本最小化的人性需求能够得到满足。比如，近年来教师教育课程改革此起彼伏、如火如荼，其中，实践性课程（含教育见习、实习）的改革更是重中之重。各级各类师范院校在教育实践课程的目标、形式、内容、资源、实施、评价等方面，积极探索与中小学校建立合作伙伴关系，在加强师范生教育实践能力培养上取得一定成效，但始终难以规避不同程度的利益冲突。

高师院校希望师范生通过教育实践能进一步增强对教育事业的热爱和教书育人的责任感，全面了解教师职业生活，锻炼和提高独立从事基础教育工作的能力，甚至还希望师范生通过开展教育调查、行动研究等方式，受到教育研究意识、方法和能力的熏染和锻炼，为成长为新时代要求的研究型教师奠定基础。然而，当走进教育现场时，师范生会在心理、角色和行为等方面遭遇激烈的冲突，需要指导教师在角色转换、人际关系、学科教学、班主任工作等方面给予及时、适恰的指导；实践中遇到的问题又往往没有现成的答案，需要指导教师充分利用多学科理论知识及实际工作积累的缄默知识，通过问题框定、行动示范等进行言传身教。这不仅对中小学指导教师的指导热情、理论素养等构成严峻挑战，而且由于长期以来，我国大学与中小学校的管理体制不同，关系相对疏远，缺乏互惠互利的合作基础和协同意识，大学也几乎没有资格对中小学指导教师选拔工作提出期望和要求，报酬微薄的指导工作事实上是增加了中小学校领导和教师的负担。

虽然高师院校积极谋求改善与中小学校的关系，但更多仍是立足自身而非基础教育的需要，中小学校则因在参与师范生教育实践中没有实质性收益却承受着影响教学秩序和质量、对师范生人身安全负责等风险，即使碍于校友等各种情面不便拒绝，也大多出于被动应付。特别是一些师范院校学习欧美国家经验，在教育实践课程实施中采取"螺旋式上升"形式，帮助师范生在从实地观察（观察中小学生特点，了解学校、班级的正常运作）到协助开展日常教学再到导师指导下独立开展教学的过程中，依序经历教师专业角色认知、体验和实践演练等阶段，循序渐进积累教育现场经验。然而，这种环节更分散、形式更灵活的贯通式教育实践课程虽然符合教师专业发展规律，也有利于促进未来教师成长，但"理论与实践互嵌"的课程组织形式需要将实践嵌入理论学习的全过程（比如，在教育学、心理学、学科课程与教学论等课程中组织中小学课堂观摩等实践活动），频繁地加强与基础教育实践的联系，才能确保专业体验的连贯性、实现理论与实践的融会贯通。原先连续 6—8 周的教育实习尚且不易，改革期望"四年不断线"的实践课程目标实现之艰难更可想而知。

为此，提升师范院校和中小学校对教师教育改革的共同支持，不仅需要加强高师院校与中小学校合作制度建设，更需要为双方合作伙伴关系的生长培植适宜的文化土壤。双方深层次的文化冲突是阻碍深度合作、共同发展并制约教育实践课程规范运行的巨大"瓶颈"。大学追求深厚的理论积淀和前沿的学术研究，理论性和研究性是其核心文化因子；中小学则以丰富的日常经验和实践智慧为优势，实践性和日常性是其根深蒂固的文化血脉；两种文化常常发生冲突。吴康宁教授在分析了三种 U-S 合作类型（利益联合型、智慧补合型、文化融合型）后指出，大学与中小学经过文化碰撞、交流，相互影响，最终创生出能够高效率推动双方合作、高质量促进双方发展的新文化，才能保证双方在相互依存和尊重的基础上共同探索、创新和发展；达至文化融合境界的大学与中小学是谁也离不开谁的共生性"依伴"（吴康宁，2010）。为此，打破教育实践课程管理的单一模式，在教育行政部门积极介入下，营造互惠互利的联合机制，构建全方位的合作伙伴制度；并借助这种制度保障，进一步推进高师院校与中小学校走向深度合作和文化融合，是更为重要而持久的改革任务。唯此，教育实践课程质量才能真正得到保障，也才能收获师范生、高师院校与中小学及其教师共同可持续发展的"多赢"硕果。

当然，师范院校、中小学校都非"世外桃源"、"真空之地"，对教师教育改革的积极支持还需要政府、社会、民众、传媒等各种力量给予大力支持。

参考文献

李海燕. 2008. 改善教师社会支持系统策略摭谈[J]. 辽宁行政学院学报(6).

林顺利,孟亚男. 2010. 国内弱势群体社会支持研究述评[J]. 甘肃社会科学(1).

欧文·戈夫曼. 2009. 污名:受损身份管理札记[M]. 宋立宏,译. 北京:商务印书馆.

皮亚杰. 1990. 皮亚杰教育论著选[M]. 卢睿,选译. 北京:人民教育出版社.

苏珊·桑塔格. 2003. 疾病的隐喻[M]. 程巍,译,上海:上海译文出版社.

吴康宁. 2010. 从利益联合到文化融合:走向大学与中小学的深度合作[J]. 南京师大学报(社会科学版)(3).

肖水源. 1999. 社会支持评定量表·心理卫生评定量表手册[M]. 增订本. 北京:中国心理卫生杂志社.

中央马恩列斯著作编译局. 1995. 马克思恩格斯选集(第1卷)[M]. 北京:人民出版社.

第十九章　教育改革的学校突围：
优质学校的建构[*]

一、引言

1993 年发布的《中国教育改革和发展纲要》提出，我国将于 2000 年前后，在全国范围内基本普及包括初中阶段的职业技术教育在内的九年义务教育。迈入 21 世纪后，我国义务教育步入一个全面转型的新阶段。义务教育由过去的"基本普及"开始向"全面普及和提高质量并重、着力促进内涵发展"的方向转变①。为推动和实现这一意义重大的教育转型，科学规划未来十年的教育改革发展，2010 年，中共中央、国务院颁布实施《国家中长期教育改革和发展规划纲要（2010—2020 年)》，提出了"扩大优质教育资源覆盖面"、"促进优质教育资源普及共享"、"加快引进优质教育资源的力度，探索利用国外优质教育资源的多种方式和途径"等重要构想和举措。

在普通民众的教育需要越来越多地受到各级政府的关注和回应的背景下，国家将"拓展优质教育资源"作为未来十年的重要目标和战略选择，无疑是顺应和照顾到了普通民众普遍而急切地享有优质教育资源的改革诉求。我国在 2000 年左右初步实现九年义务教育的普及目

＊ 本文原刊于《教育发展研究》2011 年第 10 期，现收入本书时略有改动。
① 教育部. 关于贯彻落实科学发展观，进一步推进义务教育均衡发展的意见 ［EB/OL］.（2010-01-20） ［2012-05-25］. http://www. moe. edu. cn/publicfiles/business/htmlfiles/moe/s4528/201005/87759. html.

标后，普通民众对于基础教育的改革发展产生了新的期待，他们不再满足和停留于"有学上"，而是呼吁国家为适龄儿童公平地提供优质的教育资源。由此，"上好学"成为了一种影响巨大的民间力量，它促使传统的求"量"的基础教育扩张模式开始向重"质"的基础教育内涵提升模式转变。

可是，问题在于国家对优质教育资源的承诺和民众对优质教育资源的期盼，最终均得透过义务教育学校系统的具体作为才有可能实现。然而，我国当下的义务教育学校系统，因为发展的极度失衡问题，严重阻碍了其功能的发挥和实现。说得严重些，如果有关部门不能理性地面对这一缺失，并积极探寻有效的化解之道，政府的承诺和民众的期盼就有可能化为泡影。正因如此，2006 年修订的《中华人民共和国义务教育法》（第一章第六条）特别规定，"国务院和县级以上地方人民政府应当合理配置教育资源，促进义务教育均衡发展"。而《国家中长期教育改革和发展规划纲要（2010—2020 年)》则把开发与应用优质教育资源，视为推进义务教育均衡发展的重要手段。

为了适应和推动这一转型，教育实践界和理论界早在义务教育政策调整初期就开始了相应的试验和研究工作。譬如，1994 年，昆明市五华区先锋小学就通过积极探索学校管理制度的变革，而使"一所教学质量低，教师不愿教、学生不愿读的落后学校发展成为教育质量高、学生争着进的优质学校"（陈兴华，1994）。教育理论界的反应则较实践界滞后一些，从有关研究文献看，我国教育理论界对优质学校的关注和探讨，大致始于 1997 年①。2004 年之后，研讨优质学校的中文文

---

① 中文里的"优质学校"这一术语，早期出现在1994 年由陈兴华撰写的"'先锋'的带头人——记昆明市五华区先锋小学唐宗仁"一文中。但该文只一次性地提及了该术语，并未对该术语进行深入说明和解释。直到1997 年，杭平和李军才在解读香港教育统筹委员会第七号报告书《优质学校教育》和香港公民教育的文章中，关注和探讨了优质学校的管理和教育实践问题。详见：陈兴华. 1994. "先锋"的带头人——记昆明市五华区先锋小学唐宗仁 [J]. 云南教育（9）；杭平. 1997. 优质学校教育——香港教育统筹委员会第七号报告书简介 [J]. 课程·教材·教法(7)；李军. 1997. 香港学校公民教育政策及九七后的对策 [J]. 华东师范大学学报（教育科学版）(2).

献才明显增多①。最近几年，一些来自教育一线的中小学校长和地方教育行政人员，亦以很大的热情投入到优质学校建设的研讨中来②。由此，我国似乎出现了一种优质学校建设的"研讨热"。

二、研究目的

仔细审视这场优质学校建设的"研讨热"，在热闹的表象背后，我们不难发现一些令人遗憾的元素，这主要体现在以下三个方面。一是系统深入的优质学校理论研究还很缺乏，人们对于何谓优质学校，以及如何建设、评价优质学校等问题，尚未达成共识性意见。理论界对于优质学校的本质性认识，还处于"公说公有理，婆说婆有理"的层面。二是一些基础教育阶段学校在热衷于优质学校建设的同时，遗憾地出现了以感性替代理性的缺失。有实际工作者甚至提出，对于有经验和较为成熟的考评者来说，以感性标准评判学校是否优质，远比理性标准来得简捷和准确。人们可以从学校整体面貌是否动静分明、师生是否热情友善、行为习惯是否整洁卫生、课堂教学是否简约灵动，以及师生精神生活是否丰富充实等方面，感性把握学校的好坏优劣（翁乾明，2008a）。三是在优质学校的理论探讨与实践探索方面一定程度地存在双重脱节的问题。所谓双重脱节，一方面，意味着理论探讨对实践变革缺乏应有的关注和兴趣，意味着理论探讨未能有效回应现实的挑战和变化；另一方面，也意味着学校建设在理论思考方面准备不足，意味着现实中的成功举措和有效经验未能经过理性锤炼而及时

---

① 这一时期，有关优质学校研究的比较重要的文章主要有：邬志辉，等. 2004. 优质学校的概念、建设过程与指标框架研究［J］. 东北师大学报（哲学社会科学版）（3）；谢翌，马云鹏. 2005. 重建学校文化：优质学校建构的主要任务［J］. 华东师范大学学报（教育科学版）（3）；谢翌，马云鹏. 2008. 优质学校的基本理念与文化形态［J］. 教育研究（8）；周峰，等. 2009. 论优质学校的内涵及特征［J］. 教育发展研究（12）.

② 王敬民. 2009. 优质学校建设的关键在于校长作用的发挥［J］. 新课程（8）：10-11；叶亚芳. 2008. 优质学校的首要原理在于促进教师的发展［J］. 新课程（8）：11-13；钟经汉强调，优质学校即是教育质量好的学校。优质学校须具备明确的不断创新的办学理念，要有先进的教育教学思想和教育手段，具备敬业、奉献的教师队伍和良好的育人环境［西江教育论丛，2003（4）：5-6.］

地上升到理论层面。为了消解这一痼疾，有研究者提出了旨在增进"理论与实践互动"的合作行动研究方式，并强调这一方式是促进优质学校建构的有效模式（马云鹏，等，2004）。

本研究的关注焦点在于，弄清楚我国教学管理人员（简称"教管人员"）对于优质学校到底持有怎样的看法？这些看法对于实践层面的优质学校建设会产生怎样的影响？本项质性研究前后一共访谈了40位教管人员，从他们/她们所属的单位和从事的工作看，40位教管人员可依次归属于三种类型。第一类是地方教育官员共8位，均来自我国东部某省市的教育厅和教育局，全部为男性。在本研究中，研究者将用Edo1-Edo8来代表他们。第二类是中小学校长共17位，均来自我国东部的一个大都市城区的中小学。其中，女性6人。17位校长中，10位为中学校长，7位为小学校长。本研究中，研究者将用Pms1-Pms10来代表中学校长，用Pes1-Pes7来代表小学校长。第三类是高校教育管理学教授共15位，他们/她们来自全国14所大学。其中，2人为女性。从区域分布来看，15位教授当中，来自华东地区高校的7人、华南地区高校的4人、华北地区和西部内陆地区高校的各2人。本研究中，研究者将用Eap1-Eap15来代表他们。我们选择这些访谈对象和开展这一调查研究，是想以一种"第三方"的态度而非"以我为主深度阐释"的方式，细心倾听三类教管人员是如何理解优质学校的。进言之，我们试图讨论以下问题：

第一，三类教管人员是怎样看待优质学校的？他们/她们对优质学校的理解有何异同？

第二，哪些因素妨碍着优质学校建设呢？理论研究可为优质学校建设提供什么建议？

三、研究框架

研究框架旨在明晰和圈定该研究所要探讨的问题范围。为此，探讨优质学校问题，首先需要确定优质学校的意涵为何？其次进一步设定优质学校研究拟要展开的主要方面和内容。

在优质学校的界说和阐释上，截至今日，我国对此问题的研讨虽然不足 20 年，但这并未妨碍人们提出见仁见智的观点。邬志辉等认为："优质学校就是能够不断获得和合理运用自身能力，改善学校文化、提升学校管理和教师能量，最终促进学生全面持续发展的学校。"（邬志辉，等 2004）谢翌等认为，优质学校具有如下属性：一是鼓励师生不断学习和追求卓越；二是优质学校建设表现为一种特定的历史过程；三是优质学校具有包容性，师生能从中感受到莫大的生命自由；四是优质学校把促进每一位学生的发展作为办学追求；五是优质学校将创新看成是学校发展的生命，优质学校凭借文化创新来促进自身的发展（谢翌，等，2008）。

周峰等主张，优质学校与优质教育是两个紧密联系的概念。创建优质学校是实施优质教育的基础，实施优质教育是创建优质学校的目标或归宿。优质学校是一个相对、动态、历史的概念，是指理念先进、绩效显著、业绩一流、勇于创新、可持续发展的现代学校（周峰，等，2009）。他们强调，尽管学界在优质学校的界定上尚存争议，但主要存在五种不同的观点：一是着眼于"质量优异"的优质学校观，以中国教育学会常务副会长陶西平先生为代表；二是着眼于"持续变革"的优质学校观，以东北师范大学的马云鹏教授等为代表；三是着眼于"系统优化"的优质学校观，以台湾师范大学的张明辉教授为代表；四是着眼于"学生发展"的优质学校观，以华东师范大学的胡东芳教授等为代表；五是着眼于"基本素养"的优质学校观，以美国马萨诸塞州塔夫茨大学罗伯特·斯腾伯格教授（Robert J. Sternberg）为代表①。

---

① 斯腾伯格主张，学校一般对传统的"3R"，即读 reading、写 writing、算 arithmetic）比较熟悉，而现代的优质学校则应具备全新的"3R"标准，即善于推理（reasoning）、具有韧性（resilience）和责任感（responsibility）。现代优质学校应坚持面向全体学生的办学理念，培养学生在快速发展的社会中成为积极主动和有创造力的公民所需获得的知识与能力。在斯腾伯格看来，为了"不让一个学生掉队"，眼里只有学困生的学校不能算是优质学校；只关注尖子生，推行精英教育的学校不能算是优质学校；试图用一种教学模式适应所有学生的学校也不能算是优质学校；同样，只关注考试成绩的学校也不可能是优质学校。参见斯腾伯格. 2009. 论优质学校的现代标准［J］. 杜娟，盛群力，编译. 教育发展研究（2）；周峰，等. 2009. 论优质学校的内涵及特征［J］. 教育发展研究（12）.

有研究者提出，关于优质学校，至少有三种不同的解读方式：一是实质性解读，认为既能让优生更优，又能让差生变好的学校，才是真正的优质学校；二是世俗性解读，宣称只要升学率高，能满足社会对高升学率的期待的学校就是优质学校；三是行政性解读，即教育行政部门对不同类型的学校在软、硬件方面有不同的评价与验收标准，符合高标准的学校就是优质学校（翁乾明，2008）。本研究在调研访谈40位教管人员时，对优质学校采取了一种实质性的解读方式。换言之，我们将优质学校设定为是在"人员、财物、事务、气质"等方面达到了相应的办学标准，能全面促进学生生动活泼的发展和健康自由成长的学校。在具体呈现和分析的过程中，我们拟从四个向度来组织和考察优质学校①，这主要包括以下四点。

一是优质学校的"人员"向度。优质学校是由优秀的管理团队和师生组成的，没有优秀的校长和优秀的教师队伍，学校培养不出优秀的学生，这样的学校也就难以冠名优秀学校。

二是优质学校的"财物"向度。任何学校要生存发展，就必须具备基本的办学条件。其"财"的指标表明了维持学校正常运转和促进学校进一步发展所需的各项经费条件，涉及经费的来源、支出及其管理效率等；而"物"的指标，则意指学校不可或缺的各项基本物质条件，既涉及整体上的校址选择、学校布局、规模以及教育信息化的程度，也涉及校园内部校舍、场地、仪器设备、图书资料、卫生生活设施设备等不同方面。我们在与访谈对象交谈时，简要地了解了他们/她们对于学校办学所需要的"财物"条件的相关看法。

三是优质学校的"事务"向度。这里对"事务"的考察，主要包括两个方面的内容：一是与教学科目直接相关的形式多样的专业教学活动；二是指为专业教学提供辅助性服务的各种学校管理活动。我们

---

① 张新平曾撰文提出，一般可从"人、财、物、事、气"等方面考评学校是否合格和优秀。本文这里提出的四个向度，参照和运用了这一研究成果。张新平. 2010. 关于基础教育阶段学校办学标准的若干思考［J］. 教育研究（6）.

在与访谈对象交谈时，特别注意听取他们/她们对于优质学校中各类"事务"活动的意见。

四是优质学校的"气质"向度。"气质"在这里意味着学校所秉持的理念和精神，它显示了学校的整体气氛。"气质"赋予学校以生命、活力、特色，"气质"涵盖的内容较广，像办学理念、学校传统、学校形象、组织文化，特别是相应的学风、教风、工作作风以及领导作风等，皆是"气质"的重要组成部分。我们在与 40 位教管人员交流访谈时，也特别留心他们/她们对该问题的看法。

四、研究方法

为了实现研究目的，切实把握教管人员对优质学校的看法，我们在研究方法上采取了一种质化研究设计方式（qualitative research design）。在收集研究资料阶段，我们采用了结构式访谈法（structured interviews）。我们编制了一份包含 20 个问题的访谈提纲，并撰写了一份致访谈对象的书面信函。在访谈具体进行前，我们要求访谈人员通过邮件或者亲自递交等不同方式，务必将访谈提纲和访谈信函送达给访谈对象，从而方便访谈对象了解本次访谈的目的和问题，并对访谈活动有所准备。虽然结构式访谈通常会束缚访谈双方，特别是访谈对象的主动性，限制访谈的深度。但是，由于访谈人员均系 20 岁出头的应届研究生，而访谈对象则为 35—55 周岁的社会经验丰富，且具有一定成就和相当社会地位的教管人员，这种访谈人员与访谈对象之间的地位和社会经验的差距，使得访谈过程走出了传统的"一问一答"的束缚。在某种意义上，我们可以说是访谈对象一定程度地主导了访谈过程，他们/她们在接受访谈过程中所表露出来的激情和责任感，很好地弥补了结构式访谈的局限和不足。事实上，访谈记录材料表明，访谈双方并不缺少激情的对话和交流，双方在交流讨论中，常有互动和彼此感动。

我们起初列出了一个包括中小学校长、省市教育厅局官员和全国各地大学教育管理学教授在内的百人访谈名单。通过多次的电话和书信联系，最后共有40位教管人员同意参与这一访谈研究活动。本研究的访谈人员，均为南京师范大学2007级教育经济与管理专业的11位研究生。为使访谈过程顺利开展，访谈人员除了集中学习和熟悉访谈提纲外，还上网查阅了访谈对象的所在单位及其访谈对象的个人资料等方面的情况，访谈人员还就访谈过程中的提问、倾听和记录等方面的技巧，进行了集中学习和研讨。这些准备工作为后续的访谈工作打下了良好基础。

具体的访谈活动是从2008年11月开始的，直到2009年2月才全部完成40位教管人员的访谈任务。所有的访谈都坚持以方便访谈对象为基本原则，访谈日期和地点都是在反复征询访谈对象的意见后确定下来的。在访谈方式上，访谈人员对于8位教育官员、17位中小学校长，以及其中的3位高校教育管理学教授，采取了实地面谈的形式，其余的12位高校教育管理学教授，因为散居在全国各地，为节省研究成本，经访谈对象同意，均采取了电话访谈的形式。在具体的访谈时间上，实地面谈一般控制在90分钟左右，电话访谈时间一般控制在60分钟以内。

经访谈对象事先同意，所有访谈内容都做了现场录音。访谈结束后，访谈人员对录音资料进行了认真的和及时的整理，所有访谈内容都被逐字逐句地整理成文，并最后汇编成为课题研究人员共享的教管人员访谈集，全部文字材料近25万字。本研究就是依据上述资料展开分析讨论的。

在分析研究资料阶段，研究者首先对汇集起来的教管人员访谈集进行了多遍的阅读，在阅读整理3类教管人员的访谈材料过程中，研究者同时完成了对研究资料的归类编码工作。在开放式编码（open coding）阶段，研究者认真阅读访谈资料，努力寻找那些重要的主题或事件，进而提炼出一些可资比较分析的异同点和类别；在轴心式编码（axial coding）阶段，研究者的头脑中带着初步的编码主题去看待资料、审读材料，这样做的目的在于确定和建立有关类别之间的相互关系，以便找到将初步主题聚合到一起的新主题；在选择式编码（selective coding）阶段，研究者围绕几个核心概念来对研究资料进行总体性分析，从而试图找到一个可以统领其他相关主题的核心主题。编码工作使得研究者摆脱了原始资料的细节，促使研究者从更高一个层次思考这些资料，并引导研究者走向概括、形成结论。在具体分析访谈资料的过程中，研究者较频繁地采用了归纳法和比较分析法，归纳法意味着研究者注重从单个的、经验的事例中提取相关信息，通过概括、抽象来努力形成一般性的结论；比较分析意味着研究者重视从材料中发现异同，探寻相关的原因并给予合理的解释。

五、资料呈现与分析

我们在解读教管人员访谈集时，大量的主题（themes）和分主题（sub-themes）不时地出现在研究者面前。针对本研究框架中的设定，我们将这些材料所彰显的主题逐渐聚焦在优质学校的理解及其附属的内容构成上，由此形成了五个彼此关联的主题：一是教管人员眼中的理想学校；二是"人员"视角的优质学校建设；三是"财物"视角的优质学校建设；四是"事务"视角的优质学校建设；五是"气质"视角的优质学校建设。

（一）教管人员眼中的理想学校

来自省市教育行政部门的教育官员，对于理想学校较普遍地采取了一种现实的态度和取向，他们强调理想学校首先需要在办学硬件和软件两方面都达到一定的标准。Edo5 这样说道："学校最起码是能让学生正常学习、安全学习、健康学习得到保证。不可能是住着危房，教室昏暗，没有体育运动场地锻炼，等等。而且老师的水平也要达到一定的标准，最起码要具备教育人的资格，要拿到教师资格证。"Edo1 强调，理想学校意味着"一流的校园，一流的设备，它在物资设备上应该是优越的，当然最主要的应该是师资方面，（学校）可以引进一些优秀的教师，并对自己的教师进行培训"。Edo6 则用"内外兼修"一语表达了他对理想学校的基本看法："所谓'内外兼修'就是要有好的外在的面貌，要有好的内在的精神、气质。好的面貌就是指学校（要有）一个好的基本的办学条件。好多人讲，我们过去没有好的办学条件不是（照样）培养了那么多大师么？苏联的乡村学校不也是优秀的学校么？这样说就好像不要追求办学条件了，我认为不是这样。教育是个面向未来的事业，是一个需要现代化的事业。办学条件应该不断改善。一个好学校就应该有一个优越的办学条件。如果一个学校连基本的办学条件都不具备，那称这个学校为好学校，这是不可想象的，这是所谓的'外'。'内'呢？就是指这个学校的办学理念怎么样，管理水平怎么样，教学的水平怎么样，再高一个层次就是这个学校的办学特色怎么样，学校的文化建设水平怎么样，等等，（这些）都是学校内在的东西。如果（学校）有很好的办学条件但是没有一个很好的办学理念，那也是不行的。"

教育官员对于理想学校的组织属性问题，似乎没有太多的理论兴趣。一共 8 位接受访谈的教育官员中，有 2 位坦承既无法也无兴趣比较学校组织与工厂、医院、政府等组织的异同问题。需强调的是，尽管教育官员表现出某种"反"理论的倾向，但教育官员也从不同角度或直接或间接地谈及了他们有关学校组织属性的看法。特别有意思和值得重视的是，教育官员在理想学校的认识上，似乎存在较明显的分歧和矛盾。Edo8 强调，人们应首先看到学校与其他社会组织的相似性和共性，不能因为强调学校组织的独特性而忽略甚至祛除现代社会所有组织都须遵守的基本规范。

"以'教学工作是个性化程度很高的工作'为理由，而忽视学校的规范化管理，这是不妥当的。我有一个通俗的说法，在任何单位，包括学校，必须遵循'死去活来'这样一个规范，不'死去'就不能指望'活来'。就是说，没有一个规范化的、精细化的、可操作化、标准化的管理程序，指望教师有充分的自觉、主观能动性，这恐怕是办不到的。所以，我认为，学校和工厂、医院、政府这些组织一样，规范化的管理是十分必要的。"学校在"过程性管理、制度的执行力度（方面）极度缺乏，考评细则也跟不上，所以导致学校虽然制度很多很全，但是制度规范人、约束人的作用，却发挥得很不够……（学校）许多工作，能量化的要量化，能标准化的要标准化，能流程化的就要流程化。不能以教师工作个体性强、一规定就束缚住了教师的手脚等为借口，不进行这方面的工作"。

与上述看法不同，Edo7 对于学校受到政治权力的强力干扰和被殖民，表示出特别的担忧。他这样讲道："现在有一个可怕的现象，学校管理行政化、官僚化，（学校设有）多个部门、多个岗位，等级森严，（这种）貌似很严格的管理体系，实际上是应该摒弃的。学校应该是思想之友、观念之友、言论之友，学校的民主化程度代表一个地区民主发展的程度。社会应该注重'人权'，（人权）代表了学校的水平，学校对学生、教师都要尊重。""理想学校除了高质量的教学外，人际关系平等、和谐、民主的管理模式，都是好学校的必备。一所民主的学校在历史的任何时期都会立于不败之地……民主化程度、言论自由都是好学校的特征。追求人权、民主、科学，永远是学校的主题。民主化程度越高，办学水平越高。"

中小学校长似乎更倾向于从服务对象的感受和态度来表达他们/她们对于理想学校的看法。Pes1 说，理想学校"就是孩子成长的乐园，（它）为孩子终身发展打下良好的基础，这是第一点；第二点就是，（理想学校要）让家长来认可，让家长满意，得到社会的赞许"。简言之，理想学校"就是人民满意、家长信赖、学生喜欢的学校"。Pms2对于这种看法甚为赞同，他强调，"理想学校是应当为学生的发展提供最好的条件，为他们以后的发展做最好的奠基，也应当为教师的发展，为社区的和谐做出一定的贡献"。Pms9 用诗性般的语言表达了他对理想学校的看法："理想学校是一个充满着生机活力、学生乐于其中（能够）健康快乐成长的乐园。具体而言，孩子每天渴望到学校来，在校园里（学生）也不只是（接受）枯燥知识的灌输，（而是同时）有文化的熏陶、有合作的小伙伴、有丰富的课外活动，孩子能在校园里健康快乐的成长。"

中小学校长对于理想学校通常抱较高的期待，对理想学校的构想也较为明确而具体。Pms10 这样讲道："我觉得理想学校，关键是学校要有个性，然后我觉得要有创新精神，要按照人的发展规律去组织整个学校的教育工作，包括学生的学习、生活等所有的方面。学校应该是很高雅的，不是那么世俗的。你看像我们学校的校风是：民主、进取、开放、创新。可能很少学校提（倡）民主，我是提（倡）民主的。我不希望学校中（出现这种情况），比如我现在当校长，就按我这套做。然后等我退休，再来新的校长，（将之）全部推翻，再来（搞）另外一套。学校呢（同样）要有法制，（要）依法办学……这样办学，人人在学校都有发言权，人格都能得到尊重。学校（虽然）有老师和学生的区别、有学校管理者和普通老师的区别，但是（他们）在人格上都是平等的，每一个意见都应该得到倾听。"

Pes4 则从四个方面介绍了他对理想学校的看法："第一个，我希望的（理想）学校是和谐的，这包括师生关系之间的和谐，教师与教师之间的和谐，教师与行政之间的和谐，这样一所和谐的学校应该是以学生的发展为本，一切为学校发展考虑。我比较重视老师的发展，老师的幸福，就是我刚才强调的。学校里面学生应该是阳光的，老师应该是幸福的，不是苦巴巴的，老师在学校里面应该有自己的价值，在工作中能感到幸福，而不是为谁在干或者像奴隶一样是被迫干的。所以我觉得学校首先应该是和谐的，大家有同样的目标、志趣，朝同一方向努力，求大同存小异。在工作中有成就感，找到一种职业幸福。第二个，理想学校中的孩子应该发展比较好，素质比较高……第三个呢，理想中的学校应该有自己的学校文化，有自己独特的办学特色、理念。在实践中，在社区范围内，有一套适合自己的能被同行接纳认可的东西。另外一个呢，学校、社会、家庭应该是三位一体，形成教育人环境人氛围。"

Pes2 以一种充满激情的方式向访谈人员介绍了她对理想学校的看法。在她看来，理想学校"第一个，应该是比较自然的一种状态。我讲的这个自然是学校自身发展的一种自然状态，是它不受外界干扰的这样一种状态，而我们现在学校的办学受到很多干扰。第二个，它应该有一种人文的气息。这个人文的气息，不仅是校长对教师的管理，也有教师对学生的管理，整个就是相互尊重、相互理解的一种人文的东西，就是说校长要理解老师，老师同样地要理解孩子，是这样一个状态……孩子虽然小，但在人格上我们是平等的。我觉得这样就是一种充满人文气息的氛围。第三个，学校应该是和谐的。现在提倡建和谐社会，这非常好，学校不要整天吵吵嚷嚷的，而是很讲秩序的；也不要有什么大事情，搞的惊天动地的，就是很平常的那种，大家和平相处，平安、平稳，安安稳稳地、和睦地相处的这样一种氛围。（第四个，学校）办学，我认为最主要的，还应该是教师队伍，一个理想的学校必须要有一个敬业爱生的教师群体……有了好老师，我们就不怕培养不出来好学生。还有一个（第五个）就是，我最近在想的一个问题就是，一所（理想）学校，应该以学校为中心，以社区周围的环境为半径，这样来'圈化'学生方方面面的发展。这样表达不知道清不清楚。学校当然是培养孩子的主阵地，但我觉得社区、社会的资源也要充分利用，这也是我最近在想、在尝试的一个事情"。

教育管理学教授偏向于从学校组织属性的角度来展开他们/她们对于理想学校的认识。Eap1 认为："（学校的）独特之处，最主要还是其教育目标的独特性。教育目标本身是很难评估的，它为学校工作不管是过程还是事后的评价，带了很多的困难。"Eap2 认为，"（第一，）学校的最重要的独特性在于它可以改变平凡人的命运；第二个特殊的地方在于，办学的过程和结果是难以测量的；第三个就是学校办学具有很长的周期性。要办好一个学校，三五年、三五十年都不一定做得到；第四个，学校是关系到国家和民族未来命运的地方；最后一个是学校输出的是'人'，具有文化属性、社会属性的人。这是学校的独特之处……理想的学校应该是使教师和学生在尊严上和价值上有所享受的地方……应该是能够创造和享受乐趣的地方……是使我们的潜能得到发挥的地方。"Eap3 认为："理想学校，简单说就是学生乐学、会学；

教师乐教、会教；管理人员乐管、会管。"

　　教育管理学教授特别强调，学校是一个专门的育人机构，务必以服务学生和促进学生发展为核心追求。Eap13 强调，"学校笼统讲是一个育人的场所，有利于学生发展的，这样可以称为理想的学校……另外一个维度，学校应该有自己的特色，它应该有自己足以吸引人的地方，这样每个学生或教师到了这样一个学校，他知道他的优势是什么，他能做什么，能够为这样一个学校做些什么，也能够从这样一个学校获得什么，否则学校与学校之间，没有太大差别，千校一面，可能导致更多的学校追求升学率……第三个维度，理想学校在当地或社区当中，既是文化的中心，也是价值评判的中心，还是在当地具有影响力和领导力的场所。学校不应该是社区中的孤岛或者说是社区中的世外桃源，它应该对当地的社区有影响力……第四个维度，在学校内部，它应该是一个让教师和学生都感受到乐在其中的场所，而不仅仅是工作在其中的场所，它应该让教师和学生在这里感到身心愉快。那么什么是身心愉快呢？一方面是各自都能找到利益追求，从这个学校中获得想要的东西；另一方面它足以让学生和教师看到将来发展的方向和需要，也就是他知道在这个学校将获取什么，以及将来为他个体发展提供一个什么样的平台。总之，教师和学生都喜欢在这样的学校待，这样的学校才是理想的学校。"

　　针对当前教育负担过重、学校片面追求升学率的问题，Eap15 提出理想学校"应该是幸福指数最高的学校，包括老师的幸福指数、学生的幸福指数。也就是说，学校应该是老师和学生的精神家园，而不应该是分数的奴隶，也不仅仅是获取知识的场所，它应该是从多方面给人们幸福感、给人们一种生命价值感、给人们一种精神的享受，应该是在这些方面让大家自由地、主动地、和谐地发展。"Eap4 则认为理想学校，"如果用一句话来概括（就是），校长不是为了升迁而工作，而是为了实现自己的教育理念而工作；教师不是为了谋生而工作，而是为了实现自己的生命价值而工作；学生不是为了学习而学习，而是为了快乐而学习"。

（二）"人员"视角的优质学校建设

1. 关于校长

优质学校不是空洞虚幻的东西，它是由相应的人员搭建起来的。其中，校长在优质学校的成长中发挥着至关重要的作用。教育官员倾向于认为，优质学校的校长应该专职，应该熟知国家的教育政策法规，既要有足够的专业知识，又要有良好的管理领导力和办学能力。Edo1认为："校长首先应该是个专职校长，校长可以去评价教师的课，但不能自己去上课，因为你的精力不是去上好一门课，尤其是一把手校长，应该是思考怎么管好这个学校的。"Edo6提出，有些校长只懂业务不懂行政，也有校长只懂行政不懂业务，这都不是优质学校所需要的校长。他提出，最糟糕的校长是既不懂业务也不懂行政，而理想的校长应该是业务与行政齐头并进，两方面都很优秀的校长。"第一种，既懂得业务又懂得行政，这是最好的一种。教育教学很精通是专家，同时也懂得行政管理，懂得怎么样去运作，怎么样去协调校内校外的关系，行政这一块他运用起来也很自如，这一类是最高明的校长，既懂业务也懂行政"。在Edo6看来，只有既懂业务又懂行政的校长，才能处理好复杂的社会关系，在社会现实与社会理想之间寻找到平衡。"校长应该既要有高远的理想又要有对现实状况有着比较清醒的认识。没有教育理想，我们的教育就很可能走向庸俗化，我们的教育可能就会陷入应试教育的泥潭无法自拔，我们的学校就办不出品位，办不出特色……同时教育教学的改革要追求实效，要讲究有效管理、有效教学，这些要作为工作的很重要的方面牢牢抓好……校长要在理想与现实之间找到平衡点，（找到）这个平衡点很难。有了基本的认识能够在现实与理想之间找到平衡点的校长才能称得上是好校长"。

中小学校长认为，校长首先应能从思想上引领教师成长，校长应敬岗爱业，有事业心和责任感。Pes1强调："校长主要是起引领作用。校长通过自己的管理意识和行为来慢慢地引领教师，去改变教师；校长要以身作则，校长要让教师感觉学校就是一个大家庭，有家的温暖和关怀。"Pms5 强调："校长应该用自己的人格魅力来引导教职工，校长不是管理的角色，管理职能应该由副校长和职能部门承担。校长的领导，最重要的就是教育思想的领导。校长的办学理想和决策往往都没有错，为什么在执行的过程中打折扣呢？有很多方面原因，所以校长应该用自己的人格魅力来引领学校的发展。校长必须是廉洁的，校长掌握学校的人事权和财权，如果一个校长做什么事情都想到自己得到什么好处，这个校长其他方面的能力再强，也是不行的。所以校长的角色要求校长必须是超脱的，脱离物质诱惑，至少不能'贪'，群众的眼睛是雪亮的。"Pms5 还认为，在复杂的社会背景和教育转型阶段，校长要有强烈的办学治校愿望，要有强烈的开拓创新精神，"第一，合格校长应该具有强烈的事业心和责任感，必须具有一种'我必须把这所学校盘好'的原动力……第二，我认为校长应该有自己的教育理想。教育本身是一项富有理想的事业，虽然我们每天多与事务性的事情打交道，但校长头脑里面应该有自己的理想追求"。Pes4 也持相近看法，"第一，校长要有志向，就是要有一个教育家管理学校的志向……第二个，仅有好的'德'还远远不够，校长还应有知识和能力……第三个呢，从目前来看，校长还应有开拓进取意识……第四个呢，一所学校要有自己的根，要有自己的文化积淀。"

教育管理学教授更看重校长的多重角色，Eap11 强调："校长是一个承担多元角色的综合人，他肩负着多种社会责任，必须履行多种角色职能。校长是学校的法定领导人，他需要对学校的人、财、事、物进行管理，他肩负着对师生员工的教育工作，他要确保学校的运行和管理严格遵守国家的法律法规，他要引导学校师生员工塑造独具特色的学校文化。另外，校长还要积极参与社会活动，承担相应的社会责任和义务，并积极争取社会支持，努力使学校得到更好的发展。"Eap3 强调，校长既是一位管理者，也是一位教育者，同时还是一位领导者。Eap10 认为，校长要有效履行多重职责，就必须具备如下能力："第一，分析决策的能力；第二，组织协调的能力；第三，他应该有业务实施能力，比如说学校搞课程改革，校长自己对听课都不懂，这就不行；第四个就是要有改革创新能力……第五，他要有一定的社会交往能力……就是说校长要有一定的社会交往能力，能吸取社会资源为教育所用……第六，就是要有很好的语言表达能力。"当然，也有教授担心，校长如果将精力过多地分散于社会交往方面，那会影响了他履行教育教学和管理的职责，而这显然是得不偿失的。Eap13 将那些特别热衷于社交的校长领导行为，称为"校长的官场寻租"，"现实中校长忙于各种各样的'酒场'，这可能对学校发展造成不太好的影响。"

2. 关于教师

三类教管人员对于优秀教师的看法较为接近，均认为优质学校很大程度上取决于是否拥有一个量足质优的教师群体。而教师是否优秀，主要是从师德和师能两方面体现出来的，Edo7 认为，"师德就是要为人师表、关爱学生、不侮辱学生的人格等；师能就是专业知识、能顺利完成教学任务等"。Edo6 强调，考察教师，关键是看其学历和能力。"有的地方过于偏重学历，就是学历本位。（实际上，）更重要的是要看重教师的能力……首先教师的业务要娴熟，这是最基本的一个条件……从目前来看，我们的教师队伍的沟通协调能力这一块有些欠缺，尤其是师范教育近几年（对）这一块可能重视的不够，'另类教师'的比例在不断提高。现在校长感到很头疼的就是这些另类教师，他们难以合群、难以沟通，难以和家长、同事、学生沟通。这一类的教师就很令人头疼。作为合格教师来说，专业基础要相当扎实，其次要有很强的沟通协调的意识和能力，这方面很重要，因为教书是一个群体性工作，教师不是单打独斗就可以胜任的。工匠可以一个人完成一个凳子、一个桌子，但教师只教一门学科，在学生的成长过程中，需要多个教师的合作才能够把学生的知识体系建立的比较完善。这种群体性的工作就需要很强的沟通协调能力了。教师需要和学生沟通，和家长沟通，和社会沟通，这时候，教师的合作的意识、协调的能力就很关键了，我觉得很关键。对合格教师来讲，业务和这方面的能力都很关键，作为一个优秀教师来讲，那条件就很多了，对优秀教师来讲最重要的就是有没有教育的理想……如果教师只是把日常的教育教学工作当成一个谋生的手段的话，这个教师很难成为一个优秀的教师。教师要打心底里热爱教育，热爱学生，追求教育理想，这个很关键。发自内心的热爱教育、热爱学生，这样的教师才有可能成为好教师。只是把工作当成谋生的手段，这个是没错的，但层次相对来说就低一些了，就难以达成理想的境界。真正成长为特级教师、名师的那些教师实际上都是对教育饱含满腔热情的教师，都是十分关爱学生的教师。这些老师的成长过程中，他们常常讲'爱'，一个'爱'铸就了他们的成功。"Pms1 强调："教师自己本身的个性很重要，要爱孩子，这是个前提。如果不爱孩子的人做教师，他不可能是个优秀的教师，要爱孩子，要宽容，因为孩子毕竟是未成年人，会有很多不足的地方，在孩子发生问题和错误的时候，要有宽容的心，宽容他。另外我觉得还要对学生严格。宽容和严格是不矛盾的，在严格要求的前提下，对孩子有颗宽容的心。"Eap12 提出，一个教师是否合格乃至优秀，取决于两个条件："首先，热爱教育事业、具有奉献精神；其次，知识丰富、教学技能完善。除此以外，在日常的教学和管理中，关注学生成长，促进学生的全面发展。"

3．关于学生

尽管优质学校最终一定是由它所培养的优秀学生来体现和展示，但三类教管人员都不约而同地表示，学生评价方面不能简单地将学生区分为好学生或者坏学生。Edo2 明确地说："每一个学生都应该有选择其自身生存发展的自由"，"我认为没有好学生的存在，学生也没有好坏之分。学生一定不能分三六九等"。Pes1 这样讲道："在小学里面，我的观点是还不能用好或不好来区分学生，也不能用喜欢不喜欢。我们承担的是教育，不管你喜欢不喜欢都要来培养，（有）好的行为习惯的孩子可能让班主任很省心，但是如果有不好行为习惯的孩子，你能把他改正过来就是一种成功。孩子在发展当中肯定有高有低，行为习惯肯定不一样，对于不好的行为习惯的孩子我们不简单的训斥，要帮助他改变过来。"Pms7 认为："在我们老师心中每一个孩子都是可爱的，因为他们有个性的差异，都是不成熟的，需要我们去关爱。每一个孩子都是有价值的，价值就在于他们的生命性。从我们学校的培养目标来谈，我希望我们的学生要学会生存，掌握生存的技能，学会在社会上处理好人际关系，有强烈的社会责任感，成为合格的公民。培养一个会生存的人其实有丰富的内涵，是一个高标准。"Eap11 也发表了近似的看法："作为教师，个人认为，不要区分好坏学生。好学生和坏学生没有严格的区别。如果教师首先从定义功能上界定了好学生和坏学生，那么教育的结果肯定是出现了好学生和坏学生。在我看来，每个学生都是好学生，只要你怀着一颗认真的心去对待他。并且，他最终会成为一个好学生。好学生的特点就是全体学生的特点。"

在三类教管人员所列举的学生特质中，经常提及的要素主要有心理素质、身体素质、人际关系、品德、社会责任感、生活态度、人生追求、全面发展、善良正直、积极进取、社会适应力、持续的学习力、生存能力、感恩心态、良好的行为习惯、理解父母尊重别人、有批判精神、好奇心强、有创新冲动等。三类教管人员都不赞同以学习成绩好坏作为衡量学生成功与否的唯一标准，强调多元评价的重要性。Pms8 坦承："我觉得好学生，首先应该是一个社会人，他能够在未来社会被社会所容（纳），他又能够很自然的融于社会，他能够成为一个社会人，（而）不是那种孤芳自赏，（与社会）格格不入，怀才不遇（的人）。其实他如果不被社会所容（纳），他就缺少基本才学，缺少（适应）社会的能力。"Eap14 强调优质学校所培养的学生，"应该有较强的适应性、进取性、批判性。这要从基础教育抓起，我们现在的教育大多数是填鸭式或者是循规蹈矩式"。Eap15 提出："第一个方面，学生应该知情达理；第二个方面，学生应该主动学习；第三个方面，有自己的独到见解，能够有自己的思考，有自己对问题独到的理解。这些学生有好奇心，另外能体贴关心人，能够和别人和谐相处；第四个方面，学生应该有一种创造性，有一种独到的、对问题的思考和理解。好学生应该具有这样的特点，而不是一个只听话，老老实实、规规矩矩地在框子里面走的（人）。"

（三）"财物"视角的优质学校建设

众所周知，优质学校建设除了要有相应有"人员"资源的保证外，学校是否具有充足的办学经费，是否具备充裕的教育物质条件，也是相当重要的。三类教管人员均认为，目前的办学经费大体上能够维持学校的正常运转，但却难以满足学校的改革发展之需。Edo5 这样说道："总体上讲，学校的经费不可能全部满足学校的要求，只能是勉强维持。目前国内的学校经费还是比较紧张的，一般而言很多教育问题还是出在经费问题上。办学质量不高也是经费投入不足造成的，由于经费的投入不足就造成了课桌椅不好啊危房啊，甚至师资水平不高。现在的情况比前几年好多了。以前在我读书的时候，年轻的男老师找不着对象，由于收入太低社会地位低。优秀的人才都不愿意做老师。如果教育投入高的话，就能保障学校的办学质量。"Pms1 认为："现在政府在教师津贴、补助或者绩效考核上，有了一定投入，校长在这块上的压力跟以往相比要小一些。应该说，现在教育经费在满足学校正常运转上没有问题，但是要进一步发展、创新上，还不够。"Pes3 也表示："如果说维持学校正常运转的话是够的，但考虑到学校将来的发展，那是远远不够的。所以说，现在我们在教学上搞创新，就感觉到物质资源不够用了，如我们的合唱团和一些文艺活动，我们现在没有专门的活动室，如果可能的话还要建个艺术楼。这样的话经费是不够的。"Eap13 认为："随着政府教育职能的加强，中小学办学经费问题已经在很大程度上得到缓解，办学经费紧张和困难这种情况，它是因时因地而异的，从世界各国教育发展状况来讲，都不会存在教育经费绝对充足的格局，都只是相对的，办学经费相对于过去，应该说有了很大改变，各地政府如果能严格执行国家保障教育的经费制度的话，正常运行应该是没有问题，现在我们国家在东部、中部和西部，划为三个等次，由中央政府转移支付，这样来保证小学生均经费是150 元/人、初中是 250 元/人、高中是 350 元/人，如果能做到这一点，维持学校正常运转，应该是没有问题的。但是发展创新所需则是因各地而异。"

需要指出的，在接受访谈的教育官员和教育管理学教授中，没有一人认为办学经费是充足的，但是在接受访谈的 17 位中小学校长中，却有 5 人表示现有的教育经费能够满足学校的发展改革需要。同样，在学校拥有的相关物质条件能否满足日常的教育教学和管理需要方面，教育官员和教育管理学教授均无人认为充裕，但接受访谈的全部中小学校长中，却有 9 人认为是充裕的。

当问到中小学校长是否需要花费时间处理学校财务和经费方面的问题时，接受访谈的校长们对这个问题存在较大的差异。Pms3 表示，他用于处理经费方面的时间占到他全部工作时间的很大一部分，"最起码是三分之一吧，或者还要多。因为这是校长肩上的'三座大山'之一，第一是整个（学校）的安全，第二（是）质量，第三（是）经费。实际上最重要的是经费，因为经费是一切的保障，没有经费，怎么保障安全？比如现有的教学楼，可以说是危房，是六七十年代（建起来）的，需要维修，没有经费，怎么保障？而办学质量，同样需要经费保障。"Pms7 也表示，筹钱是他的一项重要职责，筹钱在他的工作中"占很大的比例，每天要盘钱，想着办法去'跑'钱。学校好点嘛，它需要的钱也相对多点。在教师待遇方面，也稍微要高点。其他学校有台式电脑，我们学校可能就要发笔记本电脑。总之，学校大了，需要花钱的地方也多了，校长更是每天想着如何筹钱"。但是，也有部分教管人员表示，现在无须为办学经费操心费力。Edo1 强调："校长应该把注意力放在办学上，像学校内部管理与教育教学质量的提高上面。中小学学校的经费主要是国家保障的，中小学校长就不需要为了经费花费心思，而不像大学的校长为了建设特色学校而奔波筹款。中小学校长现在的主要任务应放在搞好学校建设和提高教育教学质量上。"Pes7 以他自身的经历强调"基本不需要为经费的问题花费太多时间"。Pms9 也表示他"用于处理经费的时间不是很多，尽管经费也很紧张。但如果一个校长把百分之五十的精力都用于处理经费，就失去了校长本身的意义。我个人认为教育应该由政府去买单，校长应把主要的精力用于谋划学校的管理、文化建设以及发展方面"。

（四）"事务"视角的优质学校建设

优质学校是由良好的日常教学活动及其管理构筑起来的，一个完全以追求分数崇尚应试的学校教学系统和管理组织，是不可能发展成为人们向往的优质学校的。在访谈调研过程中，三类教管人员对于当前学校教学及其管理中存在的种种问题，都表达了相当的担忧。三类教管人员均认为，应试教育及以分数、升学率为评价指标的教育评价，是阻碍优质学校建设的关键因素。Edo4 认为："如果从教育管理上看，应试教育影响比较严重，历史因素可能没法摆脱，但作为有良心的、教育理论比较深厚，有思想的校长，在困难中应该能找到比较好的（出）路，能够克服应试教育弊端，找到（实施）素质教育的好办法。"Eap3 指出："教育教学管理，我觉得还是应试的成分比较多，教是为了考，学是为了考，管也是为了考，特别是在中学阶段，这个我认为是阻碍学校发展的一个症结。"三类教管人员都觉得高考指挥棒对中小学的办学治校产生了严重影响，以分数和升学率为考评手段的评价体系，扭曲了中小学的教育目的。Pms4 认为，现在的教育教学及其管理"仍然是受高考'指挥棒'的影响。现在高考成绩是一把尺子，上级和家长都拿他来衡量你的办学。所以，我们也不得不跟着走，如果不这样做，家长也不会同意的"。Pms6 认为："分数作为评价的手段对学校的改革影响还是很大的。如果这种评价手段不改变，会直接制约学校的发展和学生的发展。"Eap6 认为："管理中最重要的问题，就是评价体系的问题。评价是导向，是管理的一个重要组成部分。现在的中小学都在讲素质教育，全面发展。但是一碰到升学率就无计可施了。这就是问题所在。除非我们改变整个教育评价体系，或者是把分数淡化到一定程度，学校才能走出困境。"

当然，由于工作的性质和他们/她们所处的境况不同，三类教管人员对于当前中小学教学及其管理中存在的问题的认识，也存在某些不同的看法。教育官员和教育管理学教授似乎更倾向于认为,培育优质学校需要学校管理者及时反思、更新管理理念,提升执行管理制度的相应能力。Edo8 认为:"最突出的问题就是经验性的管理,没有上升到科学化、系统化、序列化的高度。我认为这是一个最大的问题。校长们不缺少智慧,缺少的是意识。"Eap10 认为:"我觉得我们现在存在的最大问题就是教育思想不端正,确切说是办学指导思想不端正,我们的校长是不是真的弄清楚了为什么培养人?培养怎样的人?怎么培养人?有实践工作者在一个区的教育局长工作会上就坦言,我们现在真的不知道是在为谁培养人,这三个问题没搞清楚。"而 Eap12 则强调,当下学校教学及其管理的根本缺失是,"教学管理者的管理思想没能根本转变。管理的手段和方式落后,对教师的管理缺乏信任。重数量轻质量。重教不重学。管理效率不高,浪费严重。教学管理的改革创新性淡薄"。Eap2 认为,当前中小学在教学改革方面的主要问题是缺少稳定明确的理念,改革流于形式,"中小学,它们搞改革,像搞运动一样。它们没有一种持之以恒的东西,就喜欢跟风。你提我也提,你搞运动我也搞运动。看到报纸上有个东西,感觉'这个很好'……理想的学校应该是充满活力的,同时又比较平和的地方。如果今天搞这个运动,明天搞那个活动像走马灯一样,感觉很热闹,但没有灵魂。一个理想的学校应该有自己的灵魂。今天搞这个运动,明天搞那个活动,领导一讲话又改了——这是什么学校?"

中小学校长倾向于认为,阻碍优质学校建设的主要因素,是学校人事制度的不完善和教师所面临的职业倦怠问题。Pms5 认为,"学校管理特别是公办学校中,教育管理的最大问题是人事制度问题。理论上(讲)校长拥有人事上的权力,比如说教师管理及雇退上的权力,但实际上,尤其是公办学校,不是这种情况。"Pms9 提出:"从校内的管理来看,主要是教师的进口和出口没能敞开。有些教师是为了谋生从事教育,这会影响到其以后的发展。从出口来看,有些教师虽然不合格,但被解聘者几乎是微乎其微。要解决这个问题,我认为教师应在具备教师资格证的基础上,(学校可在)一定年限以后(对其)实行强制性淘汰。"Pms6 则强调："现在的老师（是）很辛苦的，我们初中的老师还好，高中的老师都是晚上九点半以后才离校。目前教师的职业压力很大，职业的倦怠感（是）很强的。此外，还有教师的待遇问题，也会影响教师的思想以及工作的积极性。再说，如果教师感觉不到职业的成就感，那他们又怎么会积极地影响学生和对学生好呢！"

在影响优质学校建设的诸多因素中，教育管理学教授似乎更关注学校的办学自主权和校长的专业素养问题。在教育管理学教授看来，像教师评价中重其行政级别而轻视乃至忽视其德行和教学能力考察的这种现象，主要是由政府干预学校过度，导致学校办学缺少自主发展空间所致。Eap1 认为："政府对于学校干预太多，学校的自主发展空间较小，政府管得太多，学校没有什么余地，即使一个校长是有思想有理念的人，在目前这样的情况下也做不出什么像样的改革来。"Eap7 强调，现在的学校是"行政化管理色彩太浓，强制性非常明显，从上到下，每个人都在为应付上一级而工作。学生为老师工作、老师为校长（工作）、校长为教育局（工作），下级没有任何发言权、（工作）没有任何弹性余地，上级说要检查就是要检查，这个问题就是行政化色彩太浓"。对于这类问题，校长们更是深有体会，也深表赞同。Pes4 这样说道："学校的'婆婆'比较多，想做的事情没时间做、没精力做、没权力做，不想做的东西呢要检查太多，准备材料等的事情太多……就是说想做的事做不了，不想做的事一个接一个，很痛苦。"还有教育管理学教授指出，个别校长的素养不高也妨碍了优质学校的建设和发展。Eap1 这样说道："我接触过一些校长，在我看来，首先他（指校长）个人的素养就有问题，对于处理人际关系的技巧不太能谈得上，这是管理方面的问题。"

另一个需要注意的现象是，相比于教育官员和中小学校长，教育管理学教授对于怎样改变学校教学及其管理中的问题，表现出了更为强烈的兴趣。访谈资料显示，在整治教学及其管理缺失方面，教育官员几乎没有发表任何看法，中小学校长也只表达了有限的关注。而 15

位接受访谈的教育管理学教授，几乎人人都讨论了这个问题。Eap1 认为，学校教学及其管理是否有效，关键取决于两个因素："一个是能不能有效利用学校的硬件设施，再就是能不能把教职员工的积极性调动起来。如果这两方面都做到了，我想它就应该是有效的。比如说有些地方设备本来就不是很充足，但新装的电脑又没有用，这就是设施设备的利用有问题，闲置起来了。更突出的问题就是，很多的学校管理者在管理上不是很得法，人员积极性不强，大家都出工不出力，磨洋工，这种情况可能对学校的正常运转有影响。"也有教授着重从原则角度阐明了对学校教学及其管理问题的看法，Eap11 指出："合理有效的教育教学及管理要符合以下几个原则：一是公平、公开原则。只有公平、公开的教学及管理才能激励师生积极参加学校的工作。二是效率原则……三是教育教学质量标准化原则。教育和教学工作都有明确的目标和质量要求……四是及时总结经验、处理教育教学事故的原则。对经验要实事求是，及时善于总结；对教育教学事故要查明原因，及时补救，追究责任。"还有教授从价值观念和教学哲学的角度提出，优质学校的教学及其管理，最根本的是要推进自由和民主，Eap13 强调："从理想的角度来讲，学校教学最主要的应该是自由和民主，有了这两种，我觉得才更有利于人的智慧和潜能的发挥，不管是老师还是学生。但这种自由和民主在现实中出现问题，一个是它自身的纪律问题，再一个是社会传导到学校的压力，比如说就业……所以从理想的角度讲，教育教学应该是自由、民主最好，但现在又难以做到……从内部讲，它（学校）要让老师和学生喜欢在这所学校待，我认为这样的学校就是一所好的学校，这样的学校管理也就是一种有效的学校管理；从外部来讲，别人认可你这所学校在社区中的地位，或者自觉接受学校对他的影响，这样的学校管理就是有效的。我们现在正在努力地这样做，有了这样一种倾向，比如说学校向社会提供的一些家长学校、家长开放日、市民学校、学校的资源向社会开放等，学校已经做了一些这方面的努力，但还远远不够。学校在当地居民中的口碑还有待提高。居民对学校还总是在抱怨，这种抱怨一方面是学校把居民拒之门外，另一方面学校向社会只有索取没有贡献，这样的管理当然是让人不满意的。"

（五）"气质"视角的优质学校建设

1. 关于办学理念

教育官员认为，办学理念应该是学校极具个性化的思想见解，它源自于学校的长期历史积淀，而非某个校长的个人主张和随意表达。当下，学校在办学理念的设计和提炼上，应更多地彰显"服务"职能。Edo8 认为，那种"千人一面、众口一腔"的办学理念是很难令人满意的，"学校的办学理念应该个性化。当然这并不是要求为个性而个性。个性化的办学理念，应该是在学校办学历史、学校办学底蕴当中，挖掘出来、提炼出来的东西。然后再加上校长的一些想法形成的一个东西。所以说，任何一个有些历史年头的学校，都应该有一个一以贯之的、超越时空的办学理念。"Edo7 认为："一个好的理念，对于一所学校是合适的、有效的，但是对于其他学校就是不合适的。所以说，办学理念很难统一，每个学校应该注重自身的基本情况，在此基础上，发现本校的办学理念。现在，办学理念的形成有两种途径：第一种是由教育理论工作者策划研究出某种办学理念，然后相应的研究出一套实施方案，学校便依照方案一步一步的实施；第二种是学校经过长期的发展，经过历史的积淀，在自身的发展过程中，经过总结逐渐形成本校的办学理念。我个人认为，学校的办学理念不应该是研究得出的，而应该是学校在长期的发展过程中，逐渐形成的，是水到渠成的。"在学校办学理念的具体指涉上，Edo6 提出，服务是学校办学的宗旨和追求，"学校要为教师服务、为学生服务、为社会服务，学校就是来服务的。教育首先是服务……服务于学生的终身发展。"

中小学校长认为，学校办学理念不能过于空泛和抽象，过去在办学理念上讲"以人为本"比较多，但这里的"人"到底指代的是"谁"？这个问题在实践中有时却很模糊。Pms2 指出："现在绝大多数学校都在喊'人本治校'，但实际操作中，我们更多的还是依赖于'制度'。因为很多人，尤其是我们的老师，对'人本'的内涵理解不透彻，多数人（所说）的'人本'，实质都是'己本'。"现在一些学校办学急功近利，眼中只看到有限的经济效益。Pms9 认为，"现在学校部门的设置，很利于成人管理，但不利于学生，孩子遇到问题时很茫然"。在校长们看来，办学只有坚持"依靠教师和为学生发展着想"的理念，学校才有希望和前途。Pes4 如此讲道："办学光看学生不看老师是不行的。依靠一群不幸福的老师，要带出一批幸福的学生来，那是行不通的……老师如果'不阳光'，学生便'不阳光'。虽然学校最终是为了学生发展，但过程不能不关注老师。"Pms7 认为，办学理念必须聚焦于学生，学校办学"要面对每一个学生，把学生看成是发展中的人，是一个从自然人走向社会人的人，是一个从不成熟走向成熟的人，是一个从不完美走向完美的人。面对这样的人，学校要履行职能，学校是培养人的特殊的团体，要以教学为中心，去培养人的知识技能，培养德、智、体全面发展的人"。

教育管理学教授认为，办学理念与具体现实的办学行为是不同的，它们甚至是两回事。现实中有些学校说一套做一套，办学行为与办学理念脱节，这需要引起全社会的警觉。Eap8 指出："现实中很多人办学没有理念，追求的只是'分数'。很多学校不会考虑学生的长远发展、以人为本等，他们关注的只是成绩。理论上可以提（人本），但在实践中有很多冲突的地方，要解决这个问题有很多矛盾，所以在实践中，老师和学校都陷入'博弈'的困境。行动不是理念可以指挥的，不是想做什么就做什么，很多时候是不得不这么做。如果学校不把成绩放在第一位，就办不下去。很多时候，学校也是身不由己。"Eap1 坦承，学校办学强调以生为本、以人为本，这当然是好事，但真正实施起来却困难重重，"从一个比较理想的角度来讲，应该把每个孩子教好，不嫌弃任何一个小孩，但实际上很难做得到，如果我办学的话，肯定不是所有学生都收的，进来的时候就有选择性。要一个学校的校长、每个教师，打心眼里喜欢每个小孩，我感觉做不到"。Eap7 提出，人本理念虽然是办学的最基本理念，"但是我们国家是做不到的，以谁为本，这个人指的是谁？……（因为）实行人本管理……真诚、信任、无条件积极关注，是很重要的（条件和前提）"。

尽管如此，大多数教育管理学教授依然坚持，以人为本和一切为了孩子的办学理念乃是优质学校建设不可或缺的宗旨和追求。Eap5 认为，办学治校"要以人为本，要有人本理念。学校的全过程是人组成的，管理者是人，管理对象是人。所以，在这个过程中，一切从人的发展出发非常重要。另外，人本理念更多的还体现着学校领导管理的方法、手段等，能更多地体现人性化、人文关怀。"Eap3 认为，"学校的基本办学理念当然就是一切为了孩子的发展，应该以学生为中心"。Eap6 明确提出，学校办学必须坚持两个核心理念："第一，学校的领导者要有民主，和谐的理念。学校的管理是以一种民主的方式为教师、学生提供服务的，而不是高高在上的、专制的；第二，学校要以学生的发展为本。这也正是学校不同于其他机构的重要方面。"

2. 关于学校文化

三类教管人员在学校文化的认识上，共通性明显多于异质性。首先，在学校文化的内涵界定上，大多认为学校文化是一个复杂的组合体，其内在的精神远比其表面的形式要重要得多。Edo2 批评有些地方和学校并不懂得文化的真义，指责他们只是抓住了文化的皮毛，"许多学校现在不过是在书写文化符号。比如在学校刷一些标语，树立一个雕塑。但这些不是文化本身，只是文化的表现形式。它们的存在并不代表这所学校就有这样的文化"。Pes3 认为，"学校文化应该在学校所有人的心中，挂在墙上的不是（文化）。学校文化应该是学校所有人共同的价值观念、行为方式等这些东西"。Pms7 认为，学校文化作为优质学校形成的关键和灵魂，它"是一种观念形态的东西，它包括硬件层面、制度层面和精神层面。其中最核心的是精神文化，它虽然看不见，但是它无时无刻不在发挥着作用。建设这种文化，首先是理念的引领，其次就是长期的坚持"。Eap3 认为，当代的学校文化应该是一种

"现代文化，现代文化就是能体现科学、民主、法制精神，而且是培养现代公民"。Eap5 则提出，中小学学校文化主要由两方面构成："第一个是以人为本的文化。就是说校长和教师谈话不应该是居高临下的，而应该是平等的。教师对学生也应该是教育型的，不是看管型的。第二个是积极进取的文化。学生在进取，教师也在进取。核心是，学生的天职是学习，教师的天职是教书。老师和学生都爱读书，都爱获取新知。其他的，如平等啊、团结啊、友爱啊（等）很多，也是需要的。但是最基本的就上面两个。"Eap6 则提出，优质学校的文化内涵应从以下方面体现出来："一是严谨的文化。因为学校是培养人的地方，不能是懒散的。二是进取向上的文化，也就是说学校文化是积极地，不是破坏性的。三是团结的文化。只有合作的，团结的学校，大家一致，才能把学校建设好。学校里有这样一种氛围，才像一个学校的样子。"

其次，三类教管人员均认为，学校文化对于优质学校的构建功能，是以一种内隐的"潜移默化"方式显现的。Edo4 认为，"好的文化氛围可以让学生产生潜移默化、健康向上的力量"。Edo6 认为，学校文化类似于人们日常生活须臾不可缺少的空气，虽然看不见，但却实实在在地影响着我们，"一个好学校应该有好的文化传统，这对学生的发展产生潜移默化的作用，'润物细无声'的作用。所以我们学校的管理者和办学者要高度重视学校文化的建设。一个好的、高品位的学校，要有好的文化传统、文化氛围。在这种优秀的文化中，学生终身成长都受益"。Pms1 认为，"学校文化是一个无形的场。有的时候（它）不需要明文规定教师怎么做，他（老师）就知道怎么做"。Pes7 认为，"学校文化起着引领的作用，它不是通过（言）说，也不是通过管（教）得到贯彻落实的，（而）是通过营造一种文化氛围，产生一种文化力，从而对师生形成一种感染，产生影响力。没有自己文化的学校，在发展的过程中是没有方向的，没有定力的，它所培养出来的人是没有个性的，也很难有大的成就"。Eap11 则较系统地概括了学校文化的四种作用："一是导向作用。校园文化的导向作用就是，在具体的历史环境和社会发展条件下，将人们的事业心和成功欲转化为具体的奋斗目标、人生追求和行为准则，形成广大师生的精神支柱和精神动力，推动学生为成为社会需要的人才而努力，促使教职工自觉地完成国家和社会赋予的教育任务。二是约束作用。校园文化作为一种无形的文化上的约束力量，形成一种行为规范来制约人们的行为，以此弥补规章制度的不足。三是激励作用。校园文化使学校产生精神振奋、朝气蓬勃、开拓进取的良好风气，激发每个学生的学习积极性和创造力，从而形成一种你追我赶的激励环境和激励机制，将学生的被动学习转化为自觉学习，化外部动力为内部动力。四是辐射作用。校园文化塑造着学校的形象。良好的学校形象是重要的无形资产和学校成功办学的标志。"

再次，三类教管人员都认为学校文化是在较长时段的办学治校实践中生成起来的，是长期积淀的结果，而非一蹴而就的。Edo6认为，学校文化，包括物质文化、制度文化、精神文化在内，都是"通过学校一点一滴地形成的。学校的文化，归根结底就是'育人'"。Pes7认为，"文化不是有意强加给师生的，是学校在办学过程中逐步积淀出来的，是得到师生认同的，根植于学校的，一种文化要想得到师生的认同必须有适合其生长的土壤，这样的文化才有生命力和感召力"。Eap3认为，"文化不是设计出来的，是靠内在的精神底蕴积淀出来的。文化建设是一个长期的工程，也是内涵发展的一个过程，不是靠外在的形象设计就能造出来的"。Eap8认为，"文化建设不是一两天的事，要渗透到具体的操作方式中去就需要统一很多人的想法，所以说起'文化建设'来，大家都会觉得很重要，但做起来太难"。

六、发现与结论

如果将理想学校看成是优质学校的发展目标和未来选择，看成是教管人员对于优质学校的愿景构想，那么就不难发现，三类教管人员所冀盼的优质学校，尽管有关联交叉的方面，但差异和不同也同样是存在的。之所以如此，这可能与教管人员所从事的工作和所处的位置有关。大体上看，教育官员明显倾向于以一种"工作任务"的方式来构想优质学校。教育官员来自地方教育行政部门，作为一种科层制类型（bureaucracy），教育行政部门会将科层制所倚重的一些价值，譬如崇尚理性、追求效率等，传导给它的属员。一个谙熟科层制规则的教育官员，也就会自觉或不自觉地将"务实"和"完成任务"视为他们的首选行动逻辑。正因如此，教育官员优先关注那些能够量化的学校软硬件标准的重要性，也就不足为奇了。也正因如此，教育官员特别强调学校工作的规范化、精细化和标准化运作，也就理所当然了。还因为他们深知科层制在彰显法规条例和不讲人情的同时，也可能变得"僵化呆板"和不近人情，于是有教育官员发出警示，提防学校组织误入"官僚化"陷阱，伸张学校在建设民主而和谐的社会中必须履行的职责和理应发挥的作用。

相比于教育官员的中规中矩，中小学校长的个性特征就要鲜明许多。在中小学校长看来，优质学校建设既需要校长抱持事业心和责任感，更需要校长饱含工作激情、富有开拓进取意识和创新精神。之所以如此，是因为校长们相信，优质学校的先进性，既体现在它的个性和活力方面，也体现在它的自然性与和谐性方面。优质学校将自己的生命深深地植根于特定的社会环境之中，与家庭、社区结成同进共赢的共同体。校长们对于优质学校的这种理解和定位，与他们/她们身处教育第一线，更能敏锐捕捉国家、社会和家庭的教育需求不无关系。《国家中长期教育改革和发展规划纲要（2010—2020年)》指出，"深化教育体制改革，关键是更新教育观念，核心是改革人才培养体制，目的是提高人才培养水平"。面对科技经济、社会文化竞争日益加剧的国际环境，国家、社会、家庭迫切希望学校创新人才培养模式、变革教育教学方法，期盼学校培养善于独立思考、勇于探索和创新的高素质学生。就此而论，中小学校长们关于优质学校的愿景想象，既体现了较为强烈的时代特征，也夹杂了他们/她们对于创新型人才培养的实践体悟。

高校教育管理学教授对于优质学校的构想，相比于教育官员和中小学校长来说，似乎更具学术性和整合性。学术性是说，教育管理学教授偏好从教育事业属性的角度来阐释论证学校组织的育人功能。学校的使命是育人，而育人理应成为一个令人快乐和幸福的事业，而非使人消沉、失去信心和饱受折磨的"苦差"。用教授们的话说就是，作为一种理想态的优质学校，必定是学生乐学会学、老师乐教会教、管理人员乐管会管的学校。一言以蔽之，优质学校应该是师与生的幸福指数双高的学校。整合性是说，学校组织应该担当多种职能，校长应该履行多重角色，教师应该德能兼备、博学多才，学生应该诚信负责、勤学好思、全面发展。实际上，高校教育管理学教授有关优质学校的这种想象，既与他们／她们习惯深究教育的本质和学校组织的独特性有关，也与他们／她们身处相对超脱的研究环境有关。

经由对教管人员访谈资料的分析，我们还能看到，当下创建优质学校主要存在两大阻碍：一为"财物性阻碍"，二为"应试性阻碍"。前者是说，一方面，优质学校建设在当代中国，依然面临经费投入不足的掣肘；另一方面，优质学校建设也常受阻于场地用地、教学设施等办学条件的束缚。后者是讲，优质学校在教学管理方面还须摆脱长久存在的应试教育的惯性诱惑。应试教育是一种以升学考试为目的、以选拔或淘汰为手段，以书本知识考试优劣为评判标准的教育形式。应试教育的弊端集中表现在，一是将有生命力的学生变成了学校和家长实现他们自身利益和愿望的装载知识的器物；二是将科学、文化、理论等高层次的教育活动降低到"术"的演练层次，把本应揭示知识规律、提高认识能力的教育内容简化成互不关联的死的知识点和标准化的答案，诱使或强迫学生死记硬背；三是以牺牲人的全面、根本、长远发展为代价，全力追逐眼前利益，从而导致了严重的社会问题（郭振有，2005）。营造一个积极的支持性社会环境，是优质学校建设不可缺少的背景条件。这就需要国家政府在教学管理、师生评价和考试招生等制度方面，积极研制和切实推行一揽子的改革举措和办法。

在优质学校的理念文化设计上，一个需要正视和亟待化解的难题，是如何界说"以人为本"问题。教管人员访谈资料显示，无论是教育官员、高校教授，还是中小学校长，均广泛谈及和强调了"以人为本"，认为优质学校的共有特征表现在它们都高举"以人为本"大旗，学校文化具有浓郁的"以人为本"气息。可问题在于，当下对于"以人为本"却缺乏一个共识性的理解。日常生活中，人们对"以人为本"通常给予表面化的解释，认为它是不证自明的，无须深究。针对这一现象，国内有研究者提出，要防止简单化地理解"以人为本"，关键是要阐明"以人为本"中"人"和"本"的含义（李慎明，2007）。循着这一思路，有研究者认为，我们可从生活层面、工作层面、国家层面、人权层面和哲学层面来解读"以人为本"中的"人"。进言之，生活层面的"以人为本"，意味着首先要不断地满足并日益提高人的物质生活和文化生活的需要。这是"以人为本"的基础和根本要求；工作层面的"以人为本"，意味着今天所开展的一切工作都是为了人。所有工作都是社会实践的一种形式，而人从事工作和开展社会实践，目的均指向于人自身；国家政权层面的"以人为本"，意味着一要做到国家政权为人民服务，二要实现人民对国家的管理；人权层面的"以人为本"，意味着尊重人的生存权、自由权、平等权和追求幸福的权利，维护人的尊严、推崇人的价值；哲学层面的"以人为本"，意味着"人"应当是现实的人、具体的人（李士坤，2005）。还是循着这一思路，有研究者提出，"以人为本"中的"本"，包含了四层意义。一是要以满足人的需要为本，更准确地说，应以满足人的全面需求为"本"，不能把"以人为本"仅仅理解为满足人的物欲，而应理解为满足人的物质、精神、文化、心理等各方面的需求。二是要以满足人的发展为本。由于发展存在着"片面的不自由发展"与"全面的自由发展"之分，因而更准确地说，应以满足和实现人的"全面和自由的发展为本"。三是要以实现"人自身的价值为本"。人自身的价值就在于创造，人只有有效创造社会价值，其自身价值才有实现的可能。四是"以人为本"，归根到底就是"以人的本质为本"，亦即促使人实现自己的本质，使人真正像"人"那样活着。人的本质是由很多要素、层次、方面构成的复杂系统，整体性是其主要属性。当下强调"以人为本"，要点在于必须明确"人"是整体性的存在，也就是说，"以人为本"，即是以整体性的人为本（陈学明，等，2009）。我们认为，这些研究及其成果，对于优质学校的研究和建设来说是颇具启发的；同时我们也深信，只要深入领会"以人为本"的实质，逐一化解"以人为本"理念文化塑造过程中的种种困难，优质学校建设就将不再是一种"玻璃天花板"（glass ceiling）（张新平，等，2011）现象，它定会变成一个为大众所信任、所追求的共同社会行动。

参考文献

陈兴华. 1994. 先锋的带头人——记昆明市五华区先锋小学唐宗仁[J]. 云南教育(9).

陈学明, 金瑶梅. 2009. 以人为本: 以"什么样的人"和"人的什么"为本?[J]. 哲学研究(8).

郭振有. 2005. 应试教育之弊端: 反科学发展观[J]. 中国教育学刊(9).

翁乾明. 2008. 判断优质学校的感性标志[J]. 中小学管理(9).

李慎明. 2007. 以人为本的科学内涵和精神实质[J]. 中国社会科学(6).

李士坤. 2005. 对"以人为本"的解读[J]. 中共福建省委党校学报(3).

马云鹏, 谢翌. 2004. 优质学校建构的取向、模式与策略[J]. 东北师大学报: 哲学社会科学版(3).

邬志辉, 等. 2004. 优质学校的概念、建设过程与指标框架研究[J]. 东北师大学报: 哲学社会科学版(3).

谢翌, 马云鹏. 2008. 优质学校的基本理念与文化形态[J]. 教育研究(8).

张新平, 田秀云. 2011. 女校长选任: 突破"玻璃天花板"的隐形束缚[J]. 中小学管理(3).

周峰, 等. 2009. 论优质学校的内涵及特征[J]. 教育发展研究(12).

索　引

出 版 人　所广一
责任编辑　罗永华
版式设计　郝晓红
责任校对　贾静芳
责任印制　叶小峰

图书在版编目(CIP)数据

社会学视角下的中国教育改革／高水红主编. —北京：教育科学出版社,2016.1

ISBN 978-7-5191-0222-7

Ⅰ．①社… Ⅱ．①高… Ⅲ．①教育改革－研究－中国 Ⅳ．①G521

中国版本图书馆 CIP 数据核字(2015)第 321735 号

社会学视角下的中国教育改革

SHEHUIXUE SHIJIAO XIA DE ZHONGGUO JIAOYU GAIGE

出版发行　教育科学出版社

社　　址	北京·朝阳区安慧北里安园甲 9 号	市场部电话	010-64989009
邮　　编	100101	编辑部电话	010-64981252
传　　真	010-64891796	网　　址	http://www.esph.com.cn

经　　销	各地新华书店		
制　　作	北京广联信达文化发展有限公司		
印　　刷	北京易丰印捷科技股份有限公司		
开　　本	169 毫米×239 毫米　16 开	版　　次	2016 年 1 月第 1 版
印　　张	19.5	印　　次	2016 年 1 月第 1 次印刷
字　　数	267 千	定　　价	58.00 元